本专著获得"闽南师范大学学术著作出版专项经费

U0592975

Study on the Transfer and
Employment Issue of
bors from the Perspective of
New Urbanization

新型城镇化进程中农村劳动力转移就业问题研究

许晓红◎著

经济管理出版社
ECONOMY & MANAGEMENT PUBLISHING HOUSE

图书在版编目（CIP）数据

新型城镇化进程中农村劳动力转移就业问题研究/许晓红著.—北京：经济管理出版社，2020.11
ISBN 978 - 7 - 5096 - 7547 - 2

Ⅰ.①新… Ⅱ.①许… Ⅲ.①农村劳动力—劳动力转移—研究—中国 ②农村劳动力—劳动就业—研究—中国 Ⅳ.①F323.6

中国版本图书馆 CIP 数据核字（2020）第 215388 号

组稿编辑：何　蒂
责任编辑：何　蒂　李光萌
责任印制：黄章平
责任校对：陈晓霞

出版发行：经济管理出版社
　　　　　（北京市海淀区北蜂窝 8 号中雅大厦 A 座 11 层　100038）
网　　址：www. E - mp. com. cn
电　　话：（010）51915602
印　　刷：北京虎彩文化传播有限公司
经　　销：新华书店
开　　本：720mm×1000mm/16
印　　张：13.75
字　　数：239 千字
版　　次：2020 年 11 月第 1 版　　2020 年 11 月第 1 次印刷
书　　号：ISBN 978 - 7 - 5096 - 7547 - 2
定　　价：78.00 元

前　言

　　党的十九大报告鲜明提出有效推进农村劳动力转移就业是实现新时代背景下新型城镇化的有效途径。农村劳动力转移就业是我国面临的重大经济与社会问题，近年来已上升为国家发展的战略问题，农村劳动力的非农就业关系到工业化和城镇化的推进质量，关系到农业现代化以及全面建设小康社会目标的实现，也是解决我国"三农"问题的关键。尽管农村劳动力转移数量不断增加，但是如果转移到城镇的农村劳动力不能实现稳定就业，就会导致农村劳动力在城镇的生活质量低下。因此，如何创造更多的就业机会、构建和谐的就业关系、提高农村劳动力就业质量是以人为本的新型城镇化能否实现的关键。

　　2019年，我国常住人口城镇化率已达到60.60%，标志着新型城镇化建设进入了新的阶段，人口城镇化水平的提高主要是依靠大量农村劳动力转移到城镇实现的，就业是他们在城镇有立足之地的最为根本的保障。因此，如何协调人口城镇化的发展与农村劳动力转移就业的问题具有很强的现实意义。本书选取了新型城镇化作为研究视角，以促进农村劳动力转移就业为主题，分析其理论基础，剖析其作用机理，系统研究城镇化的发展与农村劳动力转移就业的相互协调与促进的关系，在分析制约二者协调发展因素的基础上，借鉴国外农村劳动力转移的先进做法，从城乡融合发展的角度提出促进农村劳动力转移就业的实践模式和对策建议。本书主要包括以下内容：

　　绪论。简要介绍研究背景、研究意义，在对国内外有关劳动力转移就业的原因、转移就业的制约因素、转移就业的效应以及与城镇化的关系等研究成果进行综述的基础上阐述了本书的研究思路、研究方法，界定了本书研究的主要问题并提出研究框架。

　　第一章，相关概念与理论基础。这一章主要深入探讨和分析农村劳动力转移就业的理论依据，为解决我国农村劳动力转移就业问题提供理论指导。①阐释了城镇化和农村劳动力等相关概念。②从马克思主义经典著作中探寻有关农业剩余劳动力转移与城镇化发展关系的论述，得出城乡统筹发展是解决农村剩余劳动力就业的经验借鉴。③从西方人口流动和就业的理论和模型中，寻找解决我国当前农村劳动力转移就业的路径。④由于农村劳动力在转移就业过程中经历着从务农到务工的职业转换，从农村到城镇的地域转移，大多数农村劳动力的求职就业并非一蹴而就，会经常面临着摩擦性失业或结构性失业。农业科技水平始终在不断提高，意味着农村会不断产生剩余劳动力，短期不会消除农村劳动力剩余的现象，农村剩余劳动力面临结构性失业也就成为长期的现象，因此在分析结构性失业相关理论、主要类型和形成机理的基础上寻求解决农村劳动力转移就业进程中面临的结构性失业的途径。⑤阐述了城镇化与农村劳动力转移就业的作用机理。城镇化的发展机制是复杂的动力系统，主要包括城镇化的动力机制、促进机制、调控机制等。从总体上看，促进农村劳动力转移就业的城镇化发展要素有产业支撑、人口迁移、公共服务、资源要素。城镇化的发展创造农村劳动力转移就业的机制效应主要表现为城镇化通过聚集机制把大量的人口、产业、资本等发展资源集中到城市，实现高效率发展；在空间聚集达到一定程度后，人口、产业、资本等各种资源又会随着扩散机制分散到城市周围郊区或下级城市实现城市文明的扩散。此外，城镇化通过转移农村剩余劳动力，从而促进农业规模化生产，增加农村非农就业机会，有利于实现农村就地城镇化。

第二章，新型城镇化的发展困境和动力机制。当前我国经济处于新常态，新型城镇化发展的内外部条件发生了新的变化。首先，立足于经济社会转型发展的实际，分析了新型城镇化建设对新常态下经济发展具有很强的内在推动力，探讨新型城镇化发展面临内生动力不足、内需增长乏力、资源环境约束增强、农民市民化进程缓慢等困境，提出市场主导与政府引导相协同的新型城镇化建设路径。其次，以福建省为例，探讨了构建新型城镇化发展动力机制的重要意义。再次，在分析福建省通过分层次、分类型建设形成多种城镇化发展的典型经验基础上，简要归纳了福建省新型城镇化建设的现状和存在的主要问题，依据城镇化发展动力机制，从市场和政府两个层面选取了几种动力因素，阐述了这些动力对福建省新型城镇化发展的作用机理，并定量分析了这些因素的作用程度。最后，在此基础上认为新型城镇化动力机制的构建应坚持"市场主导、政府引导"的发展原则，从市场与政府在城镇化发展中的职能分工和协同补位两个维度，在产业发展、投资环境优化、创新人才培养、农村劳动力有效转移等方面提出推动新型城镇化可持续发展的协同策略。

第三章，城镇化进程中农村劳动力转移就业的问题及成因。这部分主要介绍劳动力市场出现的新变化、农村劳动力转移就业的基本特征及发展的态势，为进一步解决农村劳动力转移就业问题提供现实思考。城镇化建设作为拉动内需、促进经济增长的主要方式，将产生巨大的就业创造效应，然而劳动力市场出现供给日趋减少的新变化在一定程度上缓和了就业的压力，但由于经济结构的调整升级对劳动力素质的要求越来越高，进一步加大了劳动力市场的结构性矛盾。首先，分析城镇化进程中农村劳动力转移就业的基本现状。城镇化的快速发展带来了农村劳动力转移就业量的增加，同时也出现农村劳动力异地转移就业规模减小，就地转移就业量增加的趋势，尤其是中西部地区农村外出劳动力回流的现象明显，与此同时，农村劳动力在第三产业的就业比重增加。从当前劳动力供给量减少和城镇化带来的劳动力需求增加的角度说明劳动力市场就业压力相对缓解。其次，以福建省为例，分析了农村劳动力转移就业的地区和行业结构。再次，分析农村劳动力转移就业面临的问题及成因。近些年经济的高速增长以及城镇化的快速发展，尽管带动的就业岗位不断增加，也促进了农村劳动力转移的规模不断扩大，但是由于城镇化建设滞后，相关的制度和政策不健全，使农村劳动力转移就业质量不高，结构性矛盾突出。最后，从理论和实证两个方面分析了城镇化进程中农村劳动力转移就业的影响因素。

第四章，农村劳动力转移就业质量及其影响因素。首先，阐释了农村劳动力转移就业质量的内涵。就业质量主要涉及就业者就业机会的可获得性、平等性，就业岗位的稳定性、安全性，就业者的工作效率、工资福利、权益保障，就业者与岗位的匹配程度、劳动关系的和谐程度以及就业者的满意度等方面。其次，提出农村劳动力转移就业质量的评价指标主要包括就业的安全性和公平性、工作时间的长短及其安排、就业的稳定性与社会保护、技能开发与就业培训机会。最后，利用调查问卷得到的数据，从农村劳动力个体特征、人力资本、社会资本、制度及政策几个层面分别考察对农村劳动力转移就业质量的影响程度。

第五章，以乡村振兴战略为契机，促进农民工返乡创业。随着城镇化的快速推进，大量的劳动力由农村流向城市，然而城市对农村的辐射带动作用较为微弱，由此造成农村劳动力老弱化和农业兼业化问题。党的十九大报告提出了"实施乡村振兴战略"，充分体现了党中央对新时代国情特征的准确把握。在人民日益向往美好生活的新时代，实施乡村振兴战略是解决"三农"问题的总抓手。实现乡村全面振兴迫切需要一个突破口，鼓励并支持外出农民工返乡创业，以创业带动就业，促进农村第一、第二、第三产业融合发展，实现更充分、更高质量的就业，是实施乡村振兴战略的重要举措。改革开放以来，数以亿计的农村剩余劳动力相继进城务工，这股"民工潮"为中国的工业化和城镇化做出了巨大的贡献。近年来，由于城市生活的不尽如人意且受到浓厚的乡土情结的牵引，农村劳动力转移出现了明显回流的迹象。农村劳动力外出打工到一定阶段返乡创业，是实现乡村振兴发展的有效载体，有利于解决农村劳动力就近就地就业，是推动中国实现新型城镇化目标的重要途径。根据目前的农村劳动力转移特点来看，就近转移就业模式可以有效地避免农村劳动力大量流入城市而造成城市的经济、社会、生态资源紧缺等一系列问题，同时减少了农村劳动力异地转移的成本支出，增加了转移就业人口的人均收入，提高了其就业创业能力。从当前农村劳动力外出就业面临的半城市化、结构性失业问题来看，利用乡村振兴发展战略带动农民工返乡创业，不仅可以为农村劳动力就地就近转移提供重要途径，而且能够推动农村经济结构的调整和升级。农民工返乡后所创办的企业大多涉及零售业、服务业等非农产业，有效增加当地劳动力的就业机会，增强小城镇人口集聚和产业集聚的能力，有利于推动中小城镇高质量的发展，而农民工返乡创业也是传播城市思维观念和行为方式的主要途径。因此，积极培育返乡创业的氛围，增强农民工返乡创业的意愿，带动农民工返乡创业有助于实现新型城镇化的发展目标。

第六章，国外人口流动与就业的经验与启示。首先，总结了英、美、日、韩四国人口流动与就业的经验，从中得出发达国家农村劳动力转移就业的共同点是不存在限制农村劳动力进入城镇的制度，而且这种转移意味着农民向市民身份的直接转变。其次，选取了韩国和中国台湾地区作为成功消除二元结构的典型代表，分析二者促进农村劳动力转移就业的经验做法，通过发展现代经济和促进产业结构转型升级，增加第三产业的就业比例。最后，从国外人口流动与就业的实践得出，促进中国农村劳动力有效转移就业的重要启示，即政府宏观调控在劳动力转移就业中发挥重要作用，而城乡统筹发展是解决农村劳动力转移就业问题的重要基础。

第七章，城镇化进程中农村劳动力转移就业的优化对策。首先，分析农村劳动力转移就业的路径选择。城镇化进程中解决我国农村劳动力转移就业的问题，可以从城镇的发展格局考虑劳动力转移的方向，以避免"大城市病"和"空城"

现象并存。同时基于城乡统筹的目标从产业布局的角度，在经济比较发达的农村地区，县域城镇可以实现凭借当地的资源优势主动承接相关产业，带动本地区的农村劳动力就地转移就业，这一过程即就地城镇化；在经济欠发达的农村地区，农村劳动力则主要转向劳动密集型产业和中小企业、民营企业数量较多的城镇，这种过程即异地城镇化，两种城镇化的方式都是解决农村劳动力转移就业的路径。其次，要充分发挥市场在资源配置中的决定性作用，调节各种生产要素在城乡之间、区域之间合理流动，促进产业发展和结构优化，以产业转移带动农村劳动力就地转移就业，通过提高农业产业化水平，促进农村就地城镇化。最后，加强政府的引导和扶持，促进农村劳动力有效转移就业。具体包括：政府要充分发挥宏观政策的调节作用；统筹城乡基本公共服务；扶持中小企业发展，扩大劳动力需求；深化体制机制改革，提高农村劳动力转移就业质量。农村劳动力就地转移就业和异地转移就业的战略关键是体制改革和观念创新，是政府与市场的有机协调，要充分发挥市场机制在经济社会资源配置中的主导作用，相关制度创新是实现农村劳动力顺利转移就业的关键因素。

本书研究的目的在于厘清新型城镇化的发展与农村劳动力转移就业的关系，通过剖析新型城镇化对农村劳动力就业创造的作用机理，更好地把握新型城镇化的内涵和最终目标。农村劳动力转移过程中存在就业质量不高、结构性失业等问题，要坚持城镇化发展和乡村振兴双轮驱动，促进有能力转移到城镇工作、定居的农村劳动力顺利实现市民化。同时要推进大量农村劳动力就近就地转移就业和返乡创业，实现农村劳动力有序流动，通过完善教育培训制度和劳动力市场运行机制缓解农村劳动力转移就业的结构性矛盾。本书对于提高新时代中国农村劳动力转移就业质量和实现新型城镇化的目标具有较强的理论意义和实践价值。

由于笔者研究水平和能力有限，书中难免存在疏漏与不足之处，敬请诸位同仁和读者批评指正！

许晓红

2020 年 6 月

目　录

绪　论

　　就业是民生之本。党的十八大报告将促进就业作为保障和改善民生的重要内容，提出要"推动实现更高质量的就业"，强调要做好重点群体就业工作。"更高质量的就业"主要包括就业机会充分、就业环境公平、就业能力良好、就业结构合理、劳动关系和谐等。尽管近些年中国经济高速增长创造的就业机会不断增加，但劳动力市场面临的结构性矛盾日益突出，城镇就业压力与农村富余劳动力转移压力相互交织，促进劳动者充分就业仍然面临着巨大的现实压力。大量农村剩余劳动力转移到城镇工作、生活，显然提高了我国的人口城镇化水平，如何保障这部分劳动力在城镇的稳定就业，提高他们的转移就业质量是中国城镇化建设持续健康发展的关键。城镇化就是伴随工业化进程，农民离开土地进入非农产业，使产业结构、就业结构和社会结构发生根本性转变的过程。在这过程中，农业发展推动农民离开土地，工业化的发展进一步拉动农民离开农村，第三产业的发展促进农民向城镇非农产业转移。因此，当前我国建设的新型城镇化，其重点和难点在于解决两亿多农村剩余劳动力的转移就业及市民化问题。然而，农民的就业技能难以适应经济发展"转方式、调结构"的要求，就业公共服务能力还难以满足农民工日益增长的公共服务需求。这些都说明，要在经济发展的基础上持续扩大就业规模，不断提升农村劳动力转移就业质量，增强转移就业的稳定性。

第一节　研究背景与意义

城镇化涉及经济社会发展各领域，是牵涉政府和民众共同实践的重要现实问题。党的十六大、党的十七大提出探索走中国特色的城镇化道路，这一时期城镇化进入转型发展的关键阶段。2012年，党的十八大正式提出新型城镇化发展规划和全面推进的战略部署。党的十八届三中全会明确指出构建城乡一体化体制机制是实现新型城镇化的目标和任务。

中国城镇化主要依靠大量的农民进城就业、农村居民向城市的迁移来实现。新型城镇化的重点和难点在于解决两亿多农村剩余劳动力的就业及市民化问题。然而，近些年来，土地城镇化快于人口城镇化，一些地方通过大量征用农民的土地，大搞工业开发区，却忽视这些失地农民就业问题的解决，违背了城镇化建设的初衷。新型城镇化应该注重城镇化的发展质量，城镇化的质量考核既要有经济社会发展总体水平和结构优化程度的评价，又要有微观个体生活质量和社会公平的考量。任何发展，最终的归宿都是人与社会的发展，社会是总体的人，因而人的发展状况是城镇化的终极目标。从这一角度来讲，人口的就业水平、生活水平、生活质量体现了城镇化的质量和根本目标，产业、人口和资本等发展要素在城市这一空间的集聚是实现这一目标的条件和手段。

一、研究背景

改革开放以来，我国经历了世界历史上规模最大、速度最快的城镇化历程，大量农村劳动力转向城镇非农就业，成为推动城镇化进程的生力军。新型城镇化在价值取向方面由传统的"以物为本"转向"以人为本"，更加注重追求提升人的生活质量，必然要求消费结构的升级、经济结构的调整。随着我国经济进入中高速增长的新常态，经济结构正在发生重大变化，服务业快速发展，已成为经济增长新的动力。以服务业为主导的经济结构对农村剩余劳动力转移以及身份的转换提供了机遇。在这之前，农村劳动力进城只能从事"脏、险、累"等城里人不愿干的活，而且遭城里人另眼相待，这些年在加快城镇化进程中，尽管促进了大量农村剩余劳动力转移到城镇工作、生活，但却因种种制度障碍导致农民工难以实现市民化。现如今，以人为核心的新型城镇化，助推了城镇对农村劳动力的巨大需求，由于只进行城镇单方面的户籍制度改革，还没有实行农村的土地制度改革，使农村劳动力不愿意"弃地"进城落户。2014 年中央政府发布了以"全面深化农村改革"为主题的一号文件，标志着新一轮的土地改革即将全面推广。人 – 地历来是最核心、最根本的社会关系，这一轮土地改革势必对农村劳动力转移就业产生深远的影响。在政府鼓励土地流转、引导农业变革的作用下，土地的集中耕种和现代化经营方式，必将进一步从土地中释放出劳动力，这就需要解决土地改革后农村劳动力就业的安置、医疗、社保等一系列保障问题。因此，新型城镇化的可持续发展，关键在于创造各种有利于提高城乡居民生活质量的条件，让农村劳动力在转移过程中能够安居乐业。

新型城镇化的建设与农村劳动力转移就业相辅相成、相互促进、相互制约。首先，城镇化带来农村劳动力就业机会的增加，这主要体现在城镇的形成得益于人口、产业在特定空间上的聚集。城镇一旦形成规模，便通过聚集效益和扩散辐射促进生产要素流动并实现最佳配置效率。比如产业的集群化带来工业企业的集中，相应的生产生活服务业企业也聚集其中，服务业的发展吸纳了大量的人口就业，人口的增多，市场需求扩大，促进了住房、饮食、服装、生活用品、交通等行业的发展，行业越来越多，就业机会相应增加，促使大量农村劳动力来到城市寻求比务农更好的发展机会。其次，农村劳动力进城务工促进了城镇化水平的提高。这是因为中国的农村劳动力资源丰富，成为推动城镇化发展的重要力量。城镇化建设是中国现阶段及未来一段时期经济社会发展的强大引擎，其核心应该是人的城镇化，如果盲目拉大城市框架，扩大城市占地面积，没有人口的聚集，那只是土地城镇化，建成的城镇也只是"空城"。近些年我国农业现代化水平不断提高，农村剩余劳动力人数不断增加，只有通过消除对农村劳动力进城务工经商和落户的各种障碍，才能促进这部分富余劳动力实现向城镇的顺利转移，才能提升人口城镇化水平。由此可见，新型城镇化的发展与农村劳动力就业是双向作用的。

二、农村劳动力向城镇转移需要研究的问题

首先，大量青壮年劳动力的转移就业导致农村空心化。由于农业生产技术的进步和机械的替代，农业的劳动力需求在继续减少，但同时这些年随着农村劳动力的进一步转移，剩余劳动力趋于减少，留守农村的大多是妇女、儿童和年纪较

大的中老年人，因此，农村广泛出现空心化现象。其次，农村剩余劳动力流入地过于集中，出现"大城市病"和"空城"并存的现象。大都市和大中城市因为其完善的公共服务和较高水平的社会福利，固然对生活在经济落后地区的农村劳动力产生巨大的吸引力，在户籍制度壁垒松开后，这些农村剩余劳动力怀着对城市生活美好的憧憬而集中流向大城市，劳动力转移过度集中，转移的规模过大而导致流入地出现超负荷，形成"大城市病"。再次，由于中小城镇的公共服务水平不如大城市，对广大农村剩余劳动力吸引力不足而导致有城无人，出现了"空城"和"鬼城"，使大量资源无法得到有效利用和配置，制约着新型城镇化的发展。最后，农村剩余劳动力转移就业质量不高。大多数离开农村的劳动力向往的是大城市发达的基础设施和城里人享受的高福利，然而事与愿违，大城市的就业门槛高、可供农村剩余劳动力就业的机会有限，在劳动力市场往往因为供需结构的不对称而无法实现在城里打工的预期收入，这些劳动力往往扎堆在城市的郊区，形成了城市的二元化现象。近两年，在新型城镇化的背景下，针对农村劳动力进城工作、生活却享受不到城镇基本社会福利待遇的"半城镇化"现象，一些地方政府努力通过户籍制度等制度改革，旨在消除农村劳动力入户城镇的各种体制障碍，但是却出现地方政府积极推进而农村劳动力对是否进城落户犹豫不决的局面。究其原因，主要是城镇对农民进城入户进行制度改革的同时，农村的土地制度并没有得到相应的改革，农民入户城镇必须放弃农村土地权利，这是农民所不愿意的。因此，在新型城镇化进程中，不仅要改革城镇的户籍制度，还原户籍本来的人口登记功能，剥离和城镇户籍相关联的教育、医疗、社会保障制度；还需要改革农村户籍制度，剥离和农村户籍相关联的土地分配收益，改革农村土地制度，让农民能够带着农村土地财产进城，让农民"带地"城镇化有利于提升农村劳动力转移就业抵御风险的能力，关系到城乡的稳定与发展。

三、城镇化中农村劳动力转移就业的研究内容

从研究文献来看，农村劳动力的转移问题包含着对农村劳动力就业问题的研究，"转移"强调的是农村劳动力所从事的主要职业的转换，即劳动力由主要从事农业活动转变为主要从事非农业活动，劳动力在改变职业的时候，不一定需要离开家乡或迁往异地；"转移"的另一个含义是就业地域的转移，即离开居住地从事各种职业，包括农村劳动力到自己家乡之外的其他地区从事第一产业。本书用的"转移"一词，主要指的是农村劳动力的转移就业问题。这是一个研究内

容丰富的课题，国外农村劳动力转移主要指这些农业剩余劳动力的流动、迁移和就业，因此本书研究所借鉴的国外农村劳动力转移理论实际上就是国外人口流动与就业理论。在中国，由于特有的城乡二元户籍制度，使农村劳动力转移的研究课题不仅包含农村劳动力流动与就业，还涉及这些转移劳动力身份的转变即市民化的进程，因此，我国农村劳动力转移问题的研究实际上包含劳动力流动、就业和市民化三个方面。本书主要探讨中国城镇化进程中农村劳动力的转移就业问题，研究这些农村转移劳动力就业的产业分布、地域分布以及转移就业质量等问题，试图从定性和定量两个层面，在运用全国农民工监测报告的基础上，通过选取农村转移劳动力聚集地进行问卷调查和深度访谈，得出相关数据，实证检验农村劳动力转移就业的质量及影响因素，从而设计有利于促进农村劳动力转移就业的优化对策。

四、选题的理论意义与现实意义

当前，我国城镇化建设如火如荼。可以说，城镇化将深刻改变我国固有的社会结构、组织方式、行为方式、生活方式和价值观念，进而推动我国实现农业现代化，提高人民收入水平，提升国民素质以及消除城乡发展差距，实现城乡一体化。加速人口城镇化需要实施就业优先战略，只有创造稳定的就业才能实现城镇化可持续发展的良性循环。中国农村劳动力资源丰富，成为推动人口城镇化的重要力量，城镇就业是农村人口流向城市的必要条件。没有与城镇化相适应的就业机会，即使通过户籍制度改革将农民工留在城市，也可能会因失业形成城市中的贫民窟。因此，农村劳动力转移就业问题要重点研究在城镇人口增长对粮食等农产品基本需求得到满足的情况下，农村劳动力转移的数量有多少，他们要转移到哪里，从事什么工作以确保农村劳动力转移就业质量。本书以新型城镇化的可持续发展为背景，对农村劳动力转移就业的方向、就业领域、就业形式及路径展开系统的研究，具有一定的理论和实践价值。

国外对劳动力迁移的研究大都置于工业化、城市化的进程中，并且西方国家的工业化和城市化以及劳动力的迁移是同步的，在中国，人口城镇化滞后于工业化的发展，其原因之一就是中国农村劳动力比例太大，要实现这些农村劳动力顺利转移就业是一项重大而艰巨的任务。城镇化的提法比城市化更加符合中国的现实国情，因为有中国特色的城镇化道路强调统筹城乡发展，提高全体人民生活质量，它把城镇化作为实现全体人民对美好生活期待的一种手段，包含的内容完整而实在。鉴于中国农村劳动力固化的生活习惯和较强的家庭观念，农村劳动力转移就业的方向主要是在原居住地附近的城乡接合部的小城镇。因为中国城乡二元结构的长期延续与固化，对农村劳动力的就业能力产生了深刻的负面影响，他们的受教育水平低，缺乏大城市新兴产业所需的劳动技能，尽管大城市经济的高速发展创造的就业机会多，出现了用工荒，但是从农村转移出来的这部分劳动力却很难在大城市拥有一份体面的工作。大城市的公共服务水平高、社会保障体系相对健全，然而由于财政能力有限，这些令农村劳动力向往的福利却难以覆盖他们，即使他们进入城镇工作，享受到的社会福利也相当有限。小城镇也即城乡接合部，它的公共服务水平与大城市相比还是非常落后，因此对农村劳动力的吸引力就不足了。鉴于农村劳动力供给与大城市劳动力需求在质量方面存在的严重不匹配情况，从统筹城乡发展的角度出发，应着眼于发展城乡结合部的小城镇，因为小城镇是连接城市和农村的结合点，小城镇的生活方式比较接近农村，从农村转移出来的劳动力能够较快融入小城镇的生活，但是小城镇的公共服务水平还有待于进一步提高。因此，加快小城镇的建设，实现农村劳动力向城镇的转移就业，才能改善农村的人－地比例关系，才能缓解大城市发展过程中出现的贫民现象以及生态危机。在中国加快破解城乡二元结构、形成城乡发展一体化新格局的背景下，研究新型城镇化的发展与农村劳动力转移就业的关系，对于我们准确理解新型城镇化的理论内涵、促进新型城镇化与农村劳动力转移就业双向互动、解决"三农"问题具有重要的理论意义和实践价值。

第二节　国外相关文献研究综述

研究国外成熟理论，对已有的研究成果进行系统梳理，目的在于分析国外经典理论对中国现实问题的解释力，为深入研究城镇化进程中的农村劳动力转移就业问题做好理论铺垫。国外有关农村劳动力就业问题的研究大都出现在劳动力转移理论，关于劳动力转移的研究成果极其丰富，并且很多研究都涉及到把城镇化作为促进劳动力转移的主要途径。根据行文研究的需要，本节主要对国外有关劳动力流动的原因、转移的制约因素和转移的经济效应等问题进行综述。

一、劳动力区域流动的原因

劳动力的区域间流动是劳动力资源在不同区域配置的空间表现。大量研究结果表明，区域经济的差异是劳动力流动的主要原因，追求更高的收入是个体劳动力流动的首要动因。

早在 19 世纪末，E. G. 雷文斯坦就对人口的迁移和流动进行了开创意义的研究，他认为经济因素是人口转移最为重要的原因。1932 年，英国经济学家希克斯（Hicks J. R.）指出："区域间的经济利益差异，其中主要是工资差异，是劳动力迁移的首要动因。"乔根森（D. Jorgenson，1961）则认为是消费结构的变化引致农业人口流向非农业部门。到了 1962 年，芝加哥大学教授沙斯特得（Sjaas-tad）在其经典论文《劳动力迁移的成本与收益》中首先提出了劳动力转移的成本收益分析模型，认为劳动者个体是理性的。之后，人力资本学家舒尔茨提出了迁移成本 – 收益理论，他把迁移看作是一种投资行为，通过该行为能够为迁移者带来某种经济收益，所以说经济动因是就业分布和劳动力流动的最直接、最主要的原因。

克鲁格曼等经济学家从空间经济学的角度分析认为产业集聚是促使劳动力区域流动的重要动因。个人特征因素（如劳动力的性别、年龄及受教育程度等）以及制度因素（如国家宏观调控政策、户籍制度等）也是影响就业分布和劳动力流动的因素。

此外，"推拉"理论认为人口迁移是原住地的推力与迁入地的拉力共同作用的结果，这些推拉因素包括自然环境、经济、政治、教育等各个方面。经济发展水平对农村劳动力转移行为也产生重要影响。Erik Jonasson（2010）通过实证方法得出市场规模、市场与人口居住地的距离以及受教育程度对农村劳动力非农就业发挥重要的作用。

二、劳动力转移的经济效应

库兹涅茨 Kuznets（1957，1966）分别从宏观和微观两方面，论述了农村劳动力转移与经济发展的关系。在宏观方面，他认为，人口再分布与经济增长相互影响，互为因果。现代技术进步引起的经济增长对工业化、城市化等方面有广泛影响，为农村劳动力在不同产业间、地区之间的转移提供了机会。因此，农业人口迁移是为适应开拓自然资源和现代技术进步引起的经济机会变化的结果。微观方面,库兹涅茨强调人口因素对农业劳动力转移的影响。他认为,流动人口在性别、种族、年龄、家庭、教育以及其他不同社会人口特征等方面有选择性,以寻求工作为目的的人口迁移更能促进经济发展。

三、农村劳动力转移的制约因素

20 世纪 50 ~ 60 年代,刘易斯、托达罗等发展经济学家掀起了二元结构转型和劳动力转移研究的高潮。20 世纪 90 年代以来,西方经济学界对劳动力转移的研究,关注的重点是农户行为,认为原有的理论只考虑城乡差距是劳动力流动的唯一动力,忽视家庭规模、人口构成、人际关系等因素对劳动力流动的影响,没有考虑风险和其他限制因素(资本、保险、劳动力等市场的不完善)对劳动力流动的影响。以斯塔克和泰勒为代表的经济学家创建了新经济学劳动力理论,试图弥补上述缺陷。这一理论认为个人因素、家庭因素和其他不确定因素都会影响劳动力流动的决策过程。

20 世纪 80 年代以来,以一些经典理论为基础的实证研究取得了丰硕的成果。这些研究大都运用数量经济学和计量经济学的工具,如多元 Logit 模型、Tobit 模型、持续性时间分析、结构性 Probit 模型等,研究结果大都证明各种因素对人口迁移的影响。如 Vilallonga(1998)认为,人口迁移是一种复杂的社会现象,人们的迁移习惯、家庭经验、工作经验、成功的社会价值和个人价值实现等因素都会影响其迁移行为;Seeborg 等(2000)在对中国劳动力迁移问题进行研究之后,认为单一的新古典模型已不足以解释中国巨大的人口迁移现象,政府必须努力消除一系列的制度障碍,促进农村剩余劳动力转移。

Daveri(1999)运用一般均衡的方法建立了相关模型,发现要素的价格、商品的价格、转移成本、社会制度等因素都会对劳动力转移产生动力或障碍。有些学者分析了人口增长率对农村劳动力转移的影响。Peter B. Nelsona(2014)研究认为美国经历婴儿潮之后,刺激了建筑业、家庭服务业和餐馆等行业对劳动力的需求,农村转移出来的劳动力往往填补这些工作岗位。Mariade Hoyos(2011)研究农村劳动力转移就业过程中面临的结构性失衡的问题,一方面是有丰富的农村劳动力资源,另一方面是存在着难以填补的空缺,这种问题的产生与产业结构的升级有关系。Shuchi Benara Misra(2014)在对印度农村劳动力转移问题进行研究之后发现,农村劳动力受教育程度低是影响他们顺利转移就业的最大障碍,通过发展农村非农业部门,有助于创造就地非农岗位,缓解农村贫困和为不断增长的农村劳动力提供有效的就业机会。

四、对国外相关研究的简要评述

有关劳动力转移问题的研究，国外经济学家通过建构模型阐述了劳动力转移的原因、途径、影响等。有的从宏观层面分析流动人口的转移与经济结构、经济发展的关系。如刘易斯认为在农村劳动力无限供给的情况下，城市现代部门通过固定工资来吸引农村剩余劳动力向城市转移，这一过程可以促进工业发展并使二元经济一元化；费景汉以刘易斯模型为基础，从工业与农业发展间的相互关系出发，认为只有转移农业过剩的劳动力，才能提高农业生产效率以满足更多的城镇人口对产品的消费需求。此外，国外一些学者以劳动者个人或家庭为基本单元，从效用最大化出发，考虑劳动力迁移带来的效用与费用，以此做出是否迁移的决策。随着研究的深入，假设条件不断放松，虽没有建立一个适合世界各国的统一模型，但对我们理性思考劳动力转移的现象提供了不同的研究视角。

第一，总的来看，国外有关劳动力转移的研究成果基本上概括了劳动力转移的一般过程与总体特征，将劳动力流动的原因由经济因素扩展到非经济因素，全面考虑劳动力转移的多元化利益需求，更强调家庭和环境因素对农村劳动力转移决策的影响作用，对解释我国农村劳动力转移具有借鉴意义。

第二，尽管国外近些年对农村劳动力转移问题的研究主要关注农户的微观行为，忽视了农村劳动力转移的宏观因素的研究。尽管国外文献提到了社会资本等因素对劳动力流动与就业的影响，但较少论及制度因素对劳动力转移的作用。在中国，农村劳动力转移就业主要受到制度因素的影响。国外劳动力转移的相关文献也主要探讨农业剩余劳动力转移的数量，较少论及这些劳动力的就业结构、就业质量与生活状况。

第三，国外文献研究的是经济发达的背景下农村劳动力的转移，然而中国正处于经济转型发展阶段，具有中国特定的历史条件和制度因素，因此，国外研究成果对解释中国农村劳动力转移就业的现象具有局限性。国外劳动力转移理论实际上是研究劳动力流动与就业问题，劳动力的这种迁移直接是农民到市民的转化，而且农民和市民只是一种称谓上的区别，并不存在身份和福利待遇的差异。中国农村劳动力转移不仅包含转移就业问题的研究，还涉及到农民到市民身份上的转化，即市民化问题的研究，国外有关农村劳动力转移问题的研究中，没有区分转移就业和转移人口市民化这两个方面。在中国，由于独特的制度、政策背景条件决定农村劳动力转移包含转移就业和转移人口市民化的内容，而且中国农村劳动力转移就业具有特殊性和复杂性，因此，本书研究的内容界定为我国农村劳动力转移就业的问题，主要从宏观、中观和微观的视角考虑影响农村劳动力转移就业的各种因素。

第三节 国内相关文献研究综述

国内学者从不同的研究视角出发，对农村劳动力转移的认识和理解各不相同。有的学者从人口学的角度把转移理解为迁移；有的学者从社会学的角度把转移理解为流动；有的学者从经济学的角度研究转移主要是指农村劳动力转移就业。国内学者对农村劳动力转移问题的研究具有明显的时代特征，从离土不离乡到离土又离乡再到返乡潮，这些变化都彰显了农业现代化、工业化和城镇化的发展与演进。党的十八大报告提出要鼓励多渠道多形式就业，促进农村转移劳动力就业，推动实现更高质量的就业目标，这对研究农村劳动力转移问题来说更是起了思想启迪和制度安排的作用。

纵观国外工业化、城市化发展历程，都伴随着劳动力的转移，西方国家用城市化来反映城市在工业化和现代化进程中的重要作用，然而在中国，城镇化是解决农业现代化催生的农村剩余劳动力转移的路径。实际上，城市化和城镇化的内容要求基本一致，但从中国的实际情况来看，城镇化的提法更加适合中国。近年来，学者在把握新型城镇化内涵的基础上，充分肯定了农村劳动力转移就业对推动城镇化发展的重要作用，并且深入讨论了促进农村劳动力转移的城镇化发展模式。新型城镇化对农村劳动力转移就业带来了机遇和挑战，学者也指出了当前城镇化进程中农村劳动力转移就业面临结构性失业和就业质量不高的问题，结合城镇化发展的动力机制，从制度和政策方面提出促进农村劳动力转移就业的路径。总体上看，这些研究成果主要探讨以下几个方面的问题。

一、农村劳动力转移与城镇化发展的关系

城镇化的基本要义之一就是非农人口比例增加，实现要素资源向城镇流动，因此，城镇化的发展要求转移农村劳动力，同时城镇化又是解决这些农村转移劳

动力就业的基本途径。城镇化的发展格局包括新农村建设、小城镇发展和城市现代化实现。辜胜阻（1991）提出农村城镇化是安置农村剩余劳动力的主要渠道。蔡昉（2013）认为，提高劳动参与率的最大潜力就是通过推进农民工的市民化，稳定农业转移劳动力在城镇的就业。杨鹏（2014）认为，加快农村人口向城镇集聚，有序推进农村转移人口市民化是城镇化的微观发展路径。要强化就业创业培训，鼓励各类企业吸纳农民就业，加快农村劳动力向非农产业转移，保障农民工正当权益，加强公共服务保障，提高转移劳动力就业质量。符瑾（2013）认为，新型城镇化的本质就是推动社会经济进步、惠及国内民生的举措。新型城镇化的一个鲜明内涵就是转移农村富余劳动力市民化，只有劳动力非农业化和劳动力在空间转移后可持续性发展才是真正意义上的城镇化。

二、城镇化进程中农村劳动力转移就业质量及影响因素

尽管工业化、城镇化的快速发展为农村劳动力提供了大量的非农就业机会，但是由于体制和机制的不完善和农村劳动力自身的特点决定了转移就业的质量不高。近年来大量农村剩余劳动力向城镇转移，但就业行业却相对集中，主要就业于建筑业和制造业等"苦、脏、累、粗"行业，不仅劳动强度大，工作时间长，而且薪酬水平也普遍偏低。由于经济发展把最容易资本化的青壮年劳动力引入城市，把最难以资本化的老弱妇幼残留在农村。由于城乡二元经济体制的存在，农民工难以在城市定居，把青壮年的黄金时间贡献给城市，将教育、培训、退回农村结婚、生子、培养下一代劳动力和自己养老的成本都留在农村，造成对农村资源的一种过度掠夺。这种情况将加剧城乡二元经济结构的矛盾，城乡发展不平衡以及相对落后的地区发展劳务经济与繁荣农村经济之间的两难困境也使依托城镇化来化解就业矛盾变得极为复杂，增加了解决农村剩余劳动力转移就业问题的难度。符瑾（2013）认为，现阶段我国城镇化进程中农村劳动力转移存在的主要问题有：转移难度较大、转移的盲目性大、转移的稳定性差、从业岗位技术性差、收入待遇较低。另外，影响农村劳动力就业质量低下既有宏观体制的不足，又有个体因素的制约。李靖等（2010）认为，农村劳动力就业面临要求稳定转移与难以实现定居、企业用工要求不断提高与培训远不能满足需求、发展现代农业需要新型农民与农业劳动力素质总体偏低等三大矛盾；王建永等（2010）认为户籍制度滞后、社会保障体系不完善、农村劳动力文化素质低是制约农村劳动力非农就业的主要因素；张务伟等（2011）通过入户调查数据的实证分析得出人力资本是

影响农村劳动力就业状况的最主要因素。

学者对农村劳动力转移就业质量的研究除了在定性方面考察了农村劳动力转移就业质量低下的表现及原因，还通过选取调查样本得出统计数据，运用计量模型的方法实证检验农村劳动力转移就业质量水平及影响因素。就业质量的影响因素包括宏观、中观、微观三个层面。学者主要考察人力资本、社会资本、制度等因素对农村劳动力转移就业质量的影响。李强等（2016）通过 Logistic 模型得出人力资本显著影响流动人口的就业质量和城市社会融入；罗明忠等（2015）基于对农村转移劳动力问卷调查数据，选定就业技能、职业认同、社会资本三个维度代表农村劳动力转移就业能力，再以工资收入、劳动合同的签订情况、工作稳定性三个维度代表农村劳动力转移就业质量，运用回归分析方法实证检验农村劳动力转移就业能力对其就业质量的影响；明娟（2016）利用 RUMIC 数据，通过等价收入测量模型分析农民工就业质量受年龄、性别、人力资本、就业形式、企业规模、就业地区等因素的影响；钱文荣等（2012）探讨了农民工人力资本与工资关系的性别差异及户籍地差异，结果表明教育收益率对工资水平具有显著影响并且未表现出显著的性别和户籍地差异；王晓刚等（2014）运用概率选择模型，得出人力资本、社会关系网、社会保险参与度和征地补偿款显著影响农村劳动力转移就业质量。

三、农村劳动力转移就业中面临的结构性失业困境

中国的城镇化进程为广大农村劳动力转移就业创造了就业机会，但是中国农村劳动力转移就业过程中还存在诸如政策或制度不健全、劳动力转移就业能力不足、转移就业观念落后等问题，其中最突出的就业困难主要表现为结构性矛盾，而且农村劳动力转移就业中面临结构性失业的矛盾日益凸显，进而妨碍了农村劳动力转移的规模与速度。这种结构性矛盾主要表现为农村劳动力职业技能不高，就业竞争能力较弱。结构调整、产业升级、第三产业的快速发展，在创造了大量就业机会的同时，就业结构变化导致了劳动力供给结构与劳动力需求结构出现较大差异，缺乏技能的劳动力供大于求，然而新兴的产业、行业和职业需要的高素质人才又供不应求。国际经济波动和世界经济结构调整使我国劳动力素质与岗位需求不相适应的矛盾更加突出，这就意味着城镇化进程中，解决农村劳动力面临的结构性失业问题是实现农村劳动力顺利转移就业的重点和难点之一。

当前和今后一个时期内，就业结构性矛盾仍将存在，一定程度上的"招工难"和"就业难"将并存，就业质量有待提高。一些用人单位面临技术人才的用工短缺，一些大龄、低技能的劳动者找工作却相对困难。农村劳动力的转移就业也同样面临着结构性失业的困扰。

对于结构性失业的定义表述似乎已无需再做探讨，实际上并非如此。关于结构性失业的问题，经济学家一致同意这种现象的客观存在，对结构性失业的表现特征也达成一致的认识，但是一谈到它的严重程度如何，甚至它的产生原因，人们的看法就大相径庭。很多人都认为所谓结构性失业就是经济结构调整所引起的失业，这种理解应该说是过于简单了。笔者认为，结构性失业概念的表述应该主要揭示结构性失业的表现特征、引发根源以及考虑所考察的"结构"的维度。

对结构性失业的研究，国内学者主要是就中国目前出现的失业形式，从结构性特征给予探讨的。多数的学者从技术进步、产业结构的调整与升级、就业结构的变迁、劳动力的短缺与滞存等方面得出中国失业的结构性特征明显。根据西方结构性失业理论，判断中国农村劳动力流动就业中结构性失业矛盾日益突出。

（一）结构性失业的两种基点：劳动力市场均衡与非均衡

西方经济学流派关于结构性失业理论大部分只是涉及结构性失业在特定历史时期的成因、表现形式及治理措施，对结构性失业的研究只是停留在表现特征，未能深入其本质。国内学者蒋选（2003）认为对结构性失业的理解应从更广意义上加以考察，不能仅仅局限于劳动力市场的均衡条件，因为结构性失业主要是由于各种结构性因素导致劳动力供求结构矛盾，然而结构性原因也会造成劳动力市场非均衡，这就是说，结构性失业和总量性失业并不能明确地区分开来，从更深远的意义看，总量性失业是结构性失业的最终表现形式。因此，以劳动力市场总体均衡为条件，认为在失业与岗位空缺相等的情况下，只要获得岗位空缺的统计数据，就可以直接计算出结构性失业的数量，这只是结构性失业的最理想状况，现实中的结构性失业的常态是失业数量与岗位空缺数量不相等。结构性失业的计算也就要先求出劳动力供求之差，这个数字是总量性失业与结构性失业之和，其中总量性失业是失业者数量与招聘岗位数之差，结构性失业是求职者与用人需求数之差，这里的求职者则不仅包括失业者，还包括已就业但想跳槽者以及隐性失业者等其他人员，这样基于劳动力市场非均衡状态，统计的结构性失业更符合实际。

结构性失业的表现特征是统一的，但其深层体现却是复杂的，因为导致结构性矛盾的经济原因比较多，其中主要包括科技进步、产业结构变化、劳动力素质、劳动力市场分割等。笔者认为，结构性失业可以用供求论来说明，即劳动力供给结构、需求结构、劳动力市场机制三者中只要有一方出现失衡，就会引发结构性失业。

（二）结构性失业与其他类型的失业密不可分

如果说结构性失业是由于结构性原因造成的失业，那么有些学者就认为结构性失业与其他类型的失业不能完全区别开来。蒋选（2002）以产业结构调整为主线，在分析各种失业的特征之后，认为通常所说的"结构性失业"不足以涵盖产业结构变化中的失业现象，现实情况下，出现的是古典失业与凯恩斯失业并存的混合失业，主要反映在二元劳动力市场造成的隐性失业、开放型经济中出现的技术进步性失业，实际上它们都带有结构性质，都与产业结构的变化有密切的联系。另外，如果用结构主义的观点去理解结构性失业，经济增长过程中出现的结构性失业一定程度上也能表现为并能解释周期性失业。结构性失业与周期性失业二者的界限不仅不能划分得很清楚，而且两者之间还可相互转化，相互加剧。当经济陷入衰退，周期性失业增多时，其中也有一部分可能就此很难重新就业，成为结构性失业者；而且经济衰退往往促使企业更多更快地使用新技术、新设备，以提高劳动生产率，降低成本，结果直接增加了结构性失业；反之，结构性失业增多，购买力下降，减少社会总需求，触发衰退提早到来，从而加剧了周期性失业，从这方面来说，劳动力市场非均衡条件下出现的周期性失业本质是结构性的，或者说是加剧了结构性失业。

有的学者从制度分析入手，认为结构性失业的产生更多的带有体制上的原因。李旭照（2003）基于我国经济体制转轨、经济增长方式转变、工业化、市场化进程的历史背景，分析出现的失业特征，认为结构性失业与体制性失业并存。李培林（1998）认为，经济结构调整过程中出现的结构性失业带有制度安排的特征。中国目前存在的两大就业难：农村剩余劳动力流动以及由此带来的就业和失业问题、城镇国有企业职工下岗失业问题，是二元经济结构失业和国有经济重组过程中的转轨型失业，但它们都是体制变迁所引致的失业。

（三）我国结构性失业矛盾突出

对于我国面临的失业主要矛盾是总量过剩问题还是结构问题，国内学术界有不同的观点。大多数学者认为中国首先是一个人口和劳动力过剩的国家，因此总量失业是主要矛盾。有的学者认为在存在总量压力的同时，中国的结构性失业矛盾也十分突出。祖章琼（2000）认为，中国的"结构性失业"与"体制性失业"

并存；张卫东（2002）认为，中国目前的失业是在经济高速增长时期，由于产业结构的变化和调整所引起的结构性失业，是社会进步过程中遇到的"进步型"失业；王元颖和王筝（2000）认为结构性失业是产业结构调整的产物；李帅帅和李向晖（2000）认为产业结构的变动、生产技术水平要求的提高、失业者择业观念陈旧、劳动力市场结构失衡是目前中国结构性失业产生的主要原因；蔡昉和张车伟（2015）指出，"十三五"时期，中国的就业总量矛盾在一定程度上依然存在，结构性问题将成为就业的主要矛盾，相对来说，农民工、高校毕业生及城市本地就业困难群体的就业问题较为突出；尹蔚民（2016）认为，农民工的文化知识、技能水平整体偏低，就业竞争力较弱，其就业形势比高校毕业生、城市本地就业困难群体更为严峻，更容易加入结构性失业大军。

结构性失业是劳动力市场供需结构失衡而引起的，它是由各种因素综合作用所致。熊斌（2001）通过分析结构性失业产生的理论、现实原因，并且在区分失业者与求职者包括的不同范围的基础上，分别计算出劳动力供求之差、求职－用人数之差，得出总量性失业和结构性失业的具体数字，最后得出中国目前的失业压力大部分来自结构性失业的结论。这里我们可以借助结构性失业的产生条件来考察我国经济生活中是否存在这些条件。劳动要素流动滞性是结构性失业的成因之一，即使劳动力总供给不存在过剩，只要超过一个市场存在劳动力供给与需求结构不对称，然而劳动力又无法在不同市场中转移，就会产生结构性失业。造成劳动力不能迅速地在不同市场（如一元劳动力市场和二元劳动力市场）转移的因素有：①国家在劳动力市场中间设置了进出壁垒；②劳动力自身的技能、教育、所处地区、年龄、性别等；③市场的信息机制运行不灵，两个劳动力市场供求信息不能在相互间有效传递；④劳动力自身难以负担转移的成本。上述四种情况在我国都曾经或依然存在。比如计划体制下形成的森严的户籍制度就为劳动力进入不同地区的市场设置了进出壁垒；农村劳动力普遍低素质使农村剩余劳动力难以形成对新兴技术产业的劳动力供给；劳动力市场信息机制不健全，使劳动力转移存在盲目性；社会保障体系不健全，劳动力转移成本较高，因而流动性差。

结构性失业的表现特征之一就是不同劳动力市场工资率水平差距明显，结构性失业越突出，工资率水平差距就越大。这一特征在中国表现得尤为突出。从1992年开始，我国劳动力市场逐渐发育并走向成熟，劳动力在产业间流动的制度障碍逐渐消除，但行业、产业间平均工资差距却不断拉大。此外，平均工资水平较高的产业工资率还处于奔腾式上升，说明这些产业劳动力供给短缺，然而平均工资水平处于中间等级的产业工资率只能随经济增长保持走步式增长,因为这些产业劳动力供求基本平衡,对于平均工资水平最低的产业来说,由于劳动力过剩导致生产效率低下,其产业工资率也只能爬行式增长。然而,问题就在于劳动力需求收缩产业所排放出的劳动力因教育文化、技能结构不能适应劳动需求扩张产业的需求,这样就形成因不同产业间劳动力供给和需求结构错位的结构性失业。

(四) 中国结构性失业的深层体现

我国结构性失业问题的日益突出也引起了许多学者的研究和探讨。关于结构性失业的定义目前尚无定论。经济学家和一些经济学著作的表述较为普遍地认为结构性失业是指由于科技进步引起经济结构的改变,劳动力的供给与需求在职业、技能、产业、地区分布等方面的不协调而引起的失业。国内学者严燕飞(2003)基于中国的结构性失业现状,认为"结构性失业是指由于经济结构、体制、增长方式等的变动,使劳动力在包括技能、经验、工种、知识、年龄、性别、主观意愿、地区等方面的供给结构与需求结构不相一致而导致的失业"。这一定义既指出了结构性失业的形成根源,又较全面地概括了结构性失业的种种表现形式。同时也指出了结构性失业的产生必须同时具备两个条件:一是由于经济变动使社会对劳动力的需求结构发生了变化(这是必要条件);二是由于种种条件的限制使劳动力的供给结构满足不了需求结构的变化(这是充分条件)。满足不了需求结构变化的那部分劳动者便成了失业者,得不到满足的工作岗位则成了空位,这就构成了结构性失业的表现特征。

由于结构性失业的概念至今还没有形成完整、全面的表述,对结构性失业成因的探讨也就众说纷纭。国内学者在对国外结构性失业理论分析的基础上,分析了结构性失业在中外不同社会环境背景下的共性和特性。其中,经济增长学、新制度经济学认为经济增长过程中结构调整的因素以及制度因素是结构性失业产生的重要原因,这一观点得到大多数国内学者的共识。由社会经济结构转型带来的劳动就业问题,是全球任何国家都面临的一个世界性难题。纵观所有国家的经济增长过程,随着生产力的发展和经济结构的变化,就业人口和职业结构也相应发生了重大改变,农业人口向非农业人口,特别是向工业人口进行大规模转移;然而到了20世纪70年代,世界主要资本主义国家物质生产领域的就业人口又开始向第三产业部门转移,新成长的劳动力相当大部分开始依赖这些服务部门吸收就业,就业结构的调整与升级成为一国经济增长的内在动力和必然要求。我们知道，引起一个国家劳动就业结构发生变化的原因是多方面的，按其性质划分，大致可分为外因和内因两大方面。外因主要包括劳动生产率的提高、科技的进步、产业结构的调整等，这对于每一个国家来说，在具体的发展过程中都会经历这样的历史阶段；然而内因则主要是针对某个国家所制定的具体的制度对就业变动的影响而言。可见，这种就业结构变迁所引发的结构性失业具有普遍性。

针对结构性失业的不同成因，国内学者也从不同的角度在借鉴国外经验的基础上，提出治理我国结构性失业的对策。从劳动力供给结构的角度分析，大多数学者认为，通过教育改革和创新职业培训制度，加大人力资本投资是解决我国结构性失业的战略措施。主要从教育改革和职业培训制度入手。谌新民（1999）认为制度和政策选择对缓解中国结构性失业具有重要意义，基于历史、经济原因造成的中国劳动力整体素质不高的现实，在经济增长过程中要处理好技术密集型和劳动密集型产业之间的关系，积极推进员工培训产业化，提高资源配置效率。邓文勇等（2018）指出，随着产业结构转型升级不断推进，农民工由于文化知识、技能水平整体偏低，就业竞争力相对较弱，便会面临结构性失业的实然困惑，实施教育救济是降低农民工结构性失业风险的应然选择。综上所述，从结构性失业的深层体现来看，我们应该更多地从制度入手考虑治理结构性失业的有效途径。经济新常态下，在结构调整与升级的过程中，通过健全和完善劳动力市场机制，缩短劳动力失业与岗位空缺并存的时间。

四、城镇化发展的动力机制

新型城镇化的本质即要实现系统性发展转型，这一转型过程的枢纽环节是动力机制。城镇化动力机制是指推动城镇化发生与发展过程中所依赖的各个要素之间相互联系、相互制约、相互融合的运作机理，以及维持和改善这种运作机理的各种关系、组织制度的总和。国内外的学者对城镇化的动力机制进行了深入研究。Henderson（1974），Thlley、Gardner 和 Graves（1979），Ades Glaeser（1995），Fujita 和 Krugman（2000）等国外专家都认为农业现代化、工业化以及现代服务业等多元力量共同驱动城镇化的发展；国内学者对我国城镇化的发展动力机制进行了大量的研究，其分类标准大致围绕着城镇化的生成机制、推动或阻碍机制、关键因素、支撑作用等方面。主要形成以下观点：第一，二元城镇化生成机制。这种观点主要从推动者的角度把城镇化分为"自上而下"和"自下而上"两种类型。杨虹等（2002）比较了这两种城镇化模式的特征和差异。"自上而下"城镇化指的是政府在城镇化进程中起着主导作用，政府通过计划手段制定城镇整体发展规划；然而"自下而上"动力机制则强调在中国改革开放之后，随着市场经济的发展以及工业化进程开启了农村劳动力向城镇转移的浪潮，这些农民工是城镇化的主要建设者，与此同时，乡镇企业的发展、小城镇建设也构成"自下而上"城镇化的内容。第二，内在动力和外部动力。这种分法主要依据城镇化的来源和影响程度分析了城镇化的内因和外因。胡杰（2014）指出内因是指区域本身所固有的，能够决定城镇化的发展方向、特征的各种自然和人文因素，然而外因是相对于内因而言，主要指内因之外的其他因素；陆大道和陈明星（2015）认为社会经济发展是城镇化的内在动力，城镇化发展的内因主要是自然基础和生态环境；陈扬乐（2000）认为城镇化的内因主要包括区域的资源禀赋、生产能力、交通条件、企业和个人的主体行为等；胡杰（2014）把企业的区位选择和组织形式的演化、农业生产率提高产生的对农村劳动力的推力和城镇化发展带来的对农村劳动力的拉力细分为城镇形成和发展的微观动力。第三，制度与政策调控力。制度作为外在因素，对城镇化的发展方向、速度、规模起着重要的作用。王晓东（1993）把制度的安排与变迁归类在城镇化的宏观动力机制；胡杰（2014）把宏观管理和调控政策归类在城镇化的外生动力；曹广忠（2010）通过对城镇化驱动因子的研究，指出经济改革和对外开放等国家政策是地区间城镇化发展不平衡的主要来源；邱晖（2015）指出，社会制度变迁是决定城镇化发展质量的关键因素，可以推动或阻碍城镇化的发展，是城镇化的推动或阻碍机制。第四，支撑力。产业发展和就业增加支撑着城镇化进程。陈柳钦（2005）分析了三次产业在城镇化发展中的作用，认为农业是城镇化的基础动力，工业化是城镇化的核心动力，第三产业是推动城镇化的后续动力；陆大道（2015）指出工业化和服务业发展支撑了城镇化。第五，多元城镇化动力。这种观点认为城镇化的发展是多种动力共同推动的。王树春（2016）从经济新常态下提高城镇化质量的角度出发，分析了物质产品的生产、消费结构应转向知识密集型的社会生产模式和个人发展型的社会消费模式，提出构建金融业态多元化、工业生产智慧化和公共财政服务化相结合的新型城镇化动力机制的具体思路；辜胜阻认为我国城镇化体现了"政府推动"和"市场拉动"的双重动力机制；陈明星等通过多元回归模型分析表明中国城镇化应强化市场经济体制改革，统筹城乡发展；蒋贵凰（2015）把城镇化动力区分为外推力、内促力、内拉力、基础环境限制力和软环境限制力，并将每一种动力再细分出各自的二级动力，从而分析这些动力对城镇化的作用方式。

城镇化动力机制研究的目的是通过构建动力机制模型，分析各种动力对城镇化发展的作用程度，预测未来城镇化发展趋势，进而提出城镇化发展路径。国内对城镇化动力机制的研究在内容上由理论向实证拓展，方法上由定性分析为主向定性、定量综合分析转变。从研究视角来看，由于城镇化动力机制研究具有地域性特点，因此，可以分为跨省尺度、省级尺度、区域尺度、市级尺度等地域多尺度研究城镇化发展现状及动力因素；此外，由于每个城镇的资源禀赋各不相同，可以根据城镇的发展定位分析城镇化发展动力的地域特征。从研究方法上看，首先定性分析城镇化发展动力，其次通过构建模型，定量分析不同动力对于城镇化的作用程度，主要有以下几种实证方法：滕玉成（2015）运用多元回归模型得出市场力是山东省城镇化发展的主要动力；陈斌（2015）运用 VECM 模型，考察城镇化发展的动力机制，定量分析城镇化与三次产业之间的关系；李晓梅等（2013）运用 VEC 模型分析了我国城镇化动力机制的变迁；李涛（2014）通过计算新型城镇化各项指标的权重值，指出广西省城镇化的发展主要表现为经济城镇化和公共服务城镇化，并运用主成分分析得出行政力、市场力、外向力和产业集聚力均对广西新型城镇化的发展起到积极推动作用，其中行政力作用最大；刘林（2009）利用主成分方法分析了城镇化发展的初始动力、根本动力和后续动力对城镇化的影响；魏冶（2013）运用面板数据分析得出我国城镇化动力机制具有内生性特点，即市场力、行政力以及内源力作用比外向力强；刘世薇等（2013）利用动力因子分析方法研究了黑龙江省垦区城镇化发展的四种主要动力：市场力、内源力、行政力和外向力；宋艳等（2014）利用历史数据分析了东北地区的城镇化发展得到了四种动力机制。

由此可见，学者从不同的视角和切入点，运用理论阐释和计量分析深入解剖了推动新型城镇化发展的各种动力因素。整体上看，这些研究成果注重于提升城镇发展质量和功能，加强了对城镇新型度的综合评价，但关于动力机制模型与城镇化发展路径之间的关联研究较少，同时也缺少对不同动力之间相互影响的研究以及对整个动力机制模型与城镇化的关系研究。对某种类型的动力分析主要侧重于整体性描述，较少有细分各种类型的动力对城镇化作用的机理，包括作用强度、未来变化趋势等。

五、促进农村劳动力转移就业的城镇化发展战略

城镇化是一项复杂的、系统的工程，推进其发展的路径多种多样，其中产业、人口是城镇化发展演进的重要要素。对此,学者提出了促进农村劳动力转移的城镇化发展战略。

(一)形成合理的各类城镇协调发展的格局

城镇化发展带来的要素集聚和扩散效应,在创造城镇就业机会的同时也促进了城镇周边经济的发展。中国农民的特点决定了在未来相当长时期内还将会有大量劳动力居住在农村,繁荣农村经济、建设美丽乡村是城镇化发展的重要内容。此外,随着农村转移出来的劳动力在城镇落户,为了满足更多城镇人口的农产品需求,就要加快发展现代农业,实现城镇化可持续发展。因此,有中国特色的城镇化道路就是要实现大中小城市、小城镇和乡村城镇协调发展的格局,这就为农村劳动力转移就业提供了更为广阔的空间。谭永生(2011)分析内向型消化方式和外向型转移方式的特点,认为实行"双向"流动才是符合我国现实国情的理性选择。张车伟和蔡翼飞(2012)认为城市群吸引人口和经济聚集能力不断增强,成为推动城镇化的重要力量。李亦楠等(2014)认为,在城镇化、工业化、农业现代化三化协调发展中,稳步推进新型城镇化建设是促进农村剩余劳动力转移就业问题有效解决的根本途径,在"三化"协调发展中,逐步推出和完善城镇化相关配套政策和措施则是解决农村剩余劳动力转移就业问题的基本保障。徐安勇(2013)认为,在推进新型城镇化发展过程中,坚持大中小城市和小城镇并举的方针,加快形成分工合理,并且具有特色的城市体系,促进农村富余劳动力转移就业。要统筹城乡科技、教育、文化、卫生事业发展,加强对农村转移劳动力的职业技能和创业培训,培育和造就大批新型农民,提高农民的素质和技能,拓宽农村富余劳动力转移就业渠道。

(二)坚持就地城镇化和异地城镇化并举

中国特色的城镇化建设形成了富有特色的城镇演进类型。其中,按照农村劳动力转移地域来划分,城镇化发展模式可以分为就地城镇化和异地城镇化。改革开放以来,东部沿海地区经济先发优势吸引了农村剩余劳动力"离土又离乡",主要是中西部地区的农村劳动力大规模流向东部地区,这股"民工潮"是推动中国城镇化快速发展的生力军,他们的转移路径主要是以异地转移为主。第一代农民工由于自身素质不高,大多数在城市的低层次劳动部门就业,务工的工资收入使他们自身都难以支付城市的各项高昂的生活成本,让他们的家人迁移到打工城市生活更是无能为力,于是产生了"留守老人""留守妇女""留守儿童"等社会问题。即使在新生代农民工中一些文化程度较高、具备一技之长的劳动者成为城镇的高级技工，他们能在城市实现相对稳定的就业，但是由于制度和政策因素，使他们难以融入城市社会，因此，异地城镇化成本太高。对此，学术界研究了异地城镇化的难处和就地城镇化的好处。朱宇（2004）发现在中国东南沿海地区部分经济发达的城镇，农村劳动力并未选择向大城市迁移，而是就近和就地城镇化。辜胜阻（2009）认为就近和就地城镇化是中国城镇化特有的发展模式。李强等（2015）区分了就地和就近的含义："就地"突出新农村建设中对农村劳动力世世代代居住的地区进行改造，使乡村实现城镇化和现代化；"就近"是相对于跨省或跨地级市的长距离流动而言，主要是农村劳动力在户籍地所在的市、县、镇区域内流动。许多学者对就地城镇化的研究不仅关注农村劳动力空间转移，更重要的是界定就地城镇化的内涵，即农村劳动力通过这种城镇化发展模式实现职业非农化、生活方式城市化和思想观念现代化。潘海生（2010）研究了就地城镇化的微观机制，包括农村劳动力流动的意愿、制度设计和政策引导。祁新华等（2012）研究认为发达地区的农村劳动力更倾向于就地转移，张向东（2012）提出农民通过土地的股权置换进入城镇的工厂、工业园区或服务业工作；通过宅基地置换，集中居住在"城镇化功能型社区"。有关就地城镇化推进重点的选择，学者也有不同见解。郑新立（2013）认为城镇化发展条件好的区域，以县城为中心推进就地城镇化；张国玉（2014）认为，异地城镇化已难以持续，通过区划调整和行政体制改革，以小城镇的发展和建设作为推进就地城镇化的重点。

六、对城镇化进程中农村劳动力转移就业研究的简要评述

国内有关农村劳动力转移问题的研究已取得丰硕的成果，探讨了农村劳动力转移的动因和障碍，提出了促进农村劳动力转移的对策建议，这些研究成果对于指导我国农村劳动力转移就业的实践具有一定的理论参考价值，但是，仍然存在以下不足之处。

第一，相关研究主要集中在宏观层面，如分析经济和社会发展对农村劳动力转移就业带来的机遇和挑战，从新型城镇化视角进行的研究还比较少。

第二，促进农村劳动力有效转移就业的对策建议缺乏完整性和系统性，尤其缺乏从市场、政府、农村劳动力自身、社会组织等层面建立全局性的、长远的战略规划。

第三，多数研究还停留在定性分析，缺乏构建适合国情的理论模型并利用相

关数据进行定量分析。

具体来说，国内有关农村劳动力转移的研究包含转移就业和农民工市民化两个方面的内容。其中，对城镇化进程中农村劳动力转移就业问题的研究主要聚焦在农村劳动力转移就业与城镇化关系的探讨、农村劳动力转移就业质量低下及原因、促进农村劳动力转移就业的路径设计几个方面。这些成果侧重于从宏观视角进行定性研究，较少采用宏观、中观、微观相结合的方法综合评价农村劳动力转移就业及影响因素。现有对农村劳动力转移就业的分析大多数考察转移就业数量和变动趋势，较少涉及对农村劳动力转移就业结构的分析。事实上，由于制度设计的缺陷和制度变迁的滞后性使中国城镇化进程中农村劳动力转移就业具有复杂性和艰巨性，我国农村劳动力转移就业的路径应该多元化。国外"逆城市化"规律对中国农村劳动力转移就业路径的选择提供了借鉴经验，在此基础上，我们应该立足于新型城镇化的发展目标，选择有利于提高农村劳动力转移就业质量的城镇化发展模式。

第四节　研究思路与方法

一、研究思路

本研究聚焦人口城镇化进程中的关键点——农村劳动力转移就业问题，在中国城乡体制由"对立"走向"融合"的过程中，优化农村劳动力资源配置涉及结构的调整与制度的变革，是一项系统的工程。相关的研究成果主要集中在农村劳动力过剩的原因、数量，过剩劳动力转移的动因、特征、阻力和影响因素以及转移的模式、路径等方面。实际上，农村剩余劳动力的转移不仅要实现职业的转变、生活空间的转移，更要通过这种转移带来生活质量的提高，也即要实现身份的转换，从原先的农民脱胎换骨为市民，在作为新市民融入新环境的过程中，只有切实解决他们的就业问题，才能实现农村剩余劳动力的真正转移。本书首先在研读国内外有关劳动力转移的文献基础上，以提高农村剩余劳动力转移就业质量为目标，分析其相关制约因素即社会经济发展方式、城镇化水平、制度设计、微观主体决策；其次，分别论证这几大因素对农村劳动力转移就业的影响机理和影响程度；最后，针对这些影响因素，设计城镇化进程中促进农村劳动力转移就业的具体路径并提出相关的政策建议。本书主要解决农村劳动力转移到城镇的方向及如何转移的问题，在户籍制度改革逐步深入的背景下，现代产业结构调整、经济转型对劳动力在技能、素质等方面提出了较高的要求，然而我国农村劳动力整体素质低下，这就是劳动力市场的供需矛盾。即使这些劳动力进入大城市的门槛降低了，但是他们在大城市仍难以站稳脚跟，劳动力素质的高低直接影响其就业方向，农村劳动力转移就业大多从事低技术行业，以体力劳动为主。在 2008 年全球金融危机之后，我国加快了经济的转型，产业结构不断调整升级，资本、技术密集型产业所占的比例不断加大，这对文化素质低、就业技能差的农村劳动力转移就业提出了巨大的挑战。新型城镇化的建设目标不单单是提高人口的城镇化水平，更重要的是通过农村劳动力向城镇的转移就业来提高生活质量，这就要解决农村劳动力转到哪里、如何转的问题。新型城镇化既要避免城镇化建设造成有城无市、仅有空城的现象，又要避免农村劳动力盲目流向大城市，因缺乏劳动技能而导致生活困难，形成大城市的贫民窟。笔者认为，基于中国农村劳动力自身的素质，在未来转移农村剩余劳动力的过程中，应主要聚焦于地级市和农村就近的城镇、城乡接合部。重点建设这些地带能解决大城市的"城市病"和"贫民窟"问题，这是因为城乡之间以及大城市和小城镇之间在公共服务水平存在很大的差异，致使广大农村劳动力向往着大城市而当他们在大城市遭受心理上巨大落差时，应调整好正确的转移方向。此外，有些城市郊区的土地开发建设速度也很快，土地集中了，然而产业发展没跟上，人口形不成规模，因而违背了城镇化的初衷。因此，未来城镇发展的重点是应该大力发展城镇的支柱产业、特色产业，加大对城镇的基础设施建设力度，全面提高城镇的公共服务水平，促进当地农村劳动力就地转移，只有转移人口顺利实现非农就业，城镇才能可持续发展。

推进新型城镇化，关键是要城乡统筹发展，各级政府不能只盯着城市，忽视了农村。事实上，小城镇的发展极大缓解了大、中城市发展的压力。现有城镇承接了大量从农村走出来的农民，这些人如果都去了大、中城市，那么中国的大、中城市，无论是交通，还是医疗、教育、就业，可能要崩溃。因此，新型城镇化的发展目标是要缩小城乡差别，实现全体居民的共同富裕。县城和城镇是农村与城市之间的桥梁、纽带，是中国社会发展进步的纽带。新型城镇化的发展重点是让农民进城住有所居、城乡能够提供就业岗位、拥有较低成本的生活条件。从这一层面来看，就地城镇化的发展模式对中国解决农村劳动力转移具有独特优势。

二、研究方法

本书主要采取理论和实证相结合的方法，在分析过程中也涉及一些经验研究的方法。

（一）唯物辩证法

把农村劳动力的转移就业问题置于新型城镇化的发展背景下加以研究，首先要深入分析农村劳动力转移就业的现状、转移的发展轨迹及特点，准确把握城镇化发展格局及各类城镇对劳动力的需求量，同时要在尊重客观事实的前提下，采用辩证思维方式，探索城镇化与农村劳动力转移的关系。因此，本书将马克思主义的唯物辩证法作为基本的研究方法，按照从现象到本质、从形式到内容的路径，对城镇化的发展与农村劳动力就业二者的关系展开较为系统的、全面的分析。在阐述城镇化发展过程中应避免的问题时，运用了一般与个别相结合的方法，每一事物既有共性又有个性，每个国家的城镇化发展模式及规律都各不相同，但每个国家城镇化建设的经验与教训都值得我们借鉴和吸取。

（二）演绎与归纳相统一的方法

演绎法，是指从一般原理归纳到具体问题研究的方法；归纳法，是指从具体事实分析到一般原理概括的方法。在研究农村劳动力转移问题时，本书采用了归纳法，即通过查阅、梳理国内外相关文献资料，弄清城镇化与农村剩余劳动力转移的关系，总结出各个国家城镇化进程中劳动力转移的特征、机制、路径和对策。接着，从城镇化发展的客观规律出发，从抽象到具体，联系到中国特色的新型城镇化实现路径，从劳动力市场供给和需求变动的趋势指出未来中国劳动力的总量性矛盾相对较小，结构性矛盾更加突出；从中国的经济结构已由工业主导转变成服务业主导的宏观经济形势，分析农村劳动力转移就业面临的新经济环境因素。

（三）实证分析和规范分析相结合的方法

实证分析研究的是"是什么"，是对事实的客观反映，不加入价值判断，实证分析重在用统计数据、模型等分析；规范分析研究的是"应该怎样"，加入了价值的判断，规范分析重在逻辑推理、论述道理。本书首先对城镇化的发展与农村劳动力转移就业的关系通过实证分析，得出二者的相关系数；其次，在阐述当前中国城镇化发展格局及出现的诸如"城市病""被城镇化""空城"等问题后，采用规范分析方法论证了农村劳动力的流向；最后总结出有利于新型城镇化可持续发展的国际经验与教训，探索出农村劳动力转移就业的具体途径，提出促进二者相得益彰的策略。

（四）以定性分析为主，定量分析为辅

定性分析是分析者凭借直觉和对分析对象的过去、现在以及最新的信息，判断分析对象的特点和发展变化规律。定量分析是运用数据建立模型，并用模型分析的结果对分析对象做深入的研究。本书在分析就业质量内涵时用了定性分析的方法，分析现阶段农村劳动力转移就业质量不高的表现之后，通过实证检验得出影响农村劳动力转移就业质量的因素；运用计量模型定量分析农民工返乡创业的影响因素。

第五节　研究框架与研究视角

一、研究框架

本书研究框架如图 0-1 所示。

二、研究视角

城镇化是现代化发展的必经阶段，是一个集聚与扩散的双向过程，在实体形式构成上，包括向城镇的集中与向农村的扩散两个紧密相连的过程。城镇化的具体途径有农村城镇化、人口城市化、城市现代化、城市文明向农村的普及即现代化农村的完成。中国城镇化进程面临的最大结构性矛盾是城乡二元结构，在某种程度上已经形成经济和社会的城乡"断裂"。一般而言，二元结构是不发达经济走向发达经济的必经阶段，我国发展环境的特殊性在于，农村人口占全国人口总数70%的国情要求大力发展劳动密集型工业以转移农村劳动力，然而参与世界经济竞争要求城市工业发展高科技以提升产业竞争力。农村人口大量转移的社会结构转变与城市产业结构升级的生产力发展阶段产生的矛盾，说明了发达国家的城镇化理论不完全适用于我国的国情，当前条件下，必须吸取发达国家城镇化的经验教训，结合中国具体国情走一条城乡统筹、协调发展的新型城镇化道路，其

新型城镇化进程中农村劳动力转移就业问题研究

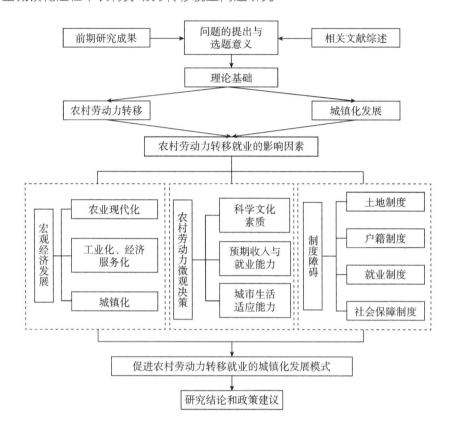

图0-1 本书研究框架

特色在于农业推动型城镇化的渐进性，城乡的协调性、公平性。在探索城镇化水平如何提高的同时，我们不得不思考推动城镇化进程的主体——农民在就业方面面临的机遇和挑战。

解决农村劳动力转移就业问题，既有的研究包括农村和城镇两个地域范围，从就业领域看分为从事农业和非农业，并把这一问题看作是解决"三农问题"的突破口，然而，相关文献较少从城镇化可持续发展的层面分析解决农村劳动力转移就业问题的理论和现实意义。国内对农村劳动力就业的研究大多数聚焦在城乡二元结构下非农就业的探讨，然而对这一问题置于城镇化发展的框架并侧重于农村城镇化产生的劳动力就业吸纳效应的研究还不深入。中国特色的新型城镇化建设应当坚持城镇化发展和新农村建设双轮驱动、并行不悖，本书以城镇化的可持续发展为研究背景，分析了农村劳动力转移就业质量的提高对城镇化发展的重要意义，指出了城镇化进程中促进农村劳动力转移就业的路径：优化区域间产业布局和城镇发展格局，促进有能力转移到城镇工作、生活的农村劳动力市民化；加快新农村建设，缩小区域间、城乡间公共服务、社会保障的差距，推动农村劳动力就地转移就业；以乡村振兴战略为契机，推动农民工返乡创业。根据目前的农村劳动力转移特点来看，就近转移就业模式可以有效地避免农村劳动力大量流入城市而造成城市的经济、社会、生态资源紧缺等一系列问题，同时减少了农村劳动力异地转移的成本支出，增加了转移就业人口的人均收入，提高了其就业创业能力。然而从当前农村劳动力外出就业面临的半城市化、结构性失业问题来看，利用乡村振兴发展战略，带动农民工返乡创业不仅可以为农村劳动力就地就近转移提供重要途径，而且能够推动农村经济结构的调整和升级。农民工返乡后所创办的企业大多涉及零售业、服务业等非农产业，有效增加当地劳动力的就业机会，增强小城镇人口集聚和产业集聚的能力，有利于推动中小城镇高质量的发展，同时，农民工返乡创业也是传播城市思维观念和行为方式的主要途径。因此，积极培育返乡创业的氛围，增强农民工返乡创业的意愿，带动农民工返乡创业有助于实现新型城镇化的发展目标。

第一章　相关概念与理论基础

研究农村劳动力转移就业理论，要着重把握以下基本内涵：一是转移就业的条件。经济的高速增长必然带来就业机会的增加，农村劳动力自身的就业能力能否胜任这些增加的就业岗位，社会经济发展如何为农村劳动力转移就业创造机会。二是扩大农村劳动力转移就业的路径。针对当前农村劳动力转移就业存在的问题，学者从宏观、微观的角度分析了相关制约因素，并提出相关政策建议。影响农村劳动力转移就业的因素既有宏观经济方面的，也有转移主体及家庭微观决策方面的。新型城镇化本质上要求促进农村劳动力向城镇转移，这可以通过移业就民和移民就业两种方式来实现。消除农民市民化的制度性壁垒，以经济增长带动就业增长，从城镇化和农村城镇化两个方面扩大农村剩余劳动力非农就业机会。三是农村劳动力转移就业的结构是否合理。在人口城镇化进程的推动下，大量的农村劳动力实现非农就业，但前提是必须保证农业的发展能够满足城镇人口增加对农业的需求，同时要考虑从农村转移出去的劳动力在城镇是否有能力就业或创业以维持自身生存和发展的需要。四是政府起主导作用。政府的相关制度和政策导向如何促进农村劳动力在职业转换、就业地域迁移中实现农民到市民的身份转变，以此提升农村劳动力的就业质量。农村劳动力转移就业的理论涉及两个方面，第一，职业的转变，即农村劳动力由原先的务农转向从事非农活动，这种非农就业可以在家乡也可以选择在外地，它涉及为什么要转换职业、推力和拉力是什么、以何种方式转换职业、到哪儿从事非农就业（就地还是异地）等；第二，身份的界定，从退出农村到进入城市再到融入城市，农村劳动力的社会身份也随就业地域的转移而转变，其中经历了从农民到农民工再到市民的三个环节。职业转换并不意味着社会身份的转变，农村劳动力的就业质量应该包含就业机会是否充分、就业环境是否公平、就业结构是否合理、就业能力是否具备等，这些内容直接涉及农村劳动力是否拥有同市民一样的社会身份。只有当农村劳动力在转换职业的同时也实现社会身份的转变，他们的就业质量才能得以提升。农村劳动力转移就业的内容，主要指就业形式、就业数量和就业结构的变动，这种变动是社会经济水平和结构发展到一定程度后开始出现的。在传统的农业社会里没有工业，在人口的压力下，农村劳动力多以家庭经济的形式在农业部门就业，形成过多的劳动力投放在土地上的边际生产力等于零的现象。现代工业的兴起和城镇化的建设，不仅瓦解了传统社会的小农家庭经济，使其劳动投入模式发生了变化，而且也为农村劳动力的就业提供了职业转换的空间。就业的变动既可以是劳动力从农业部门向非农业部门的产业转移，也可以是农村劳动力从农村地区向城市部门的区域转移。

经济学家们对此做出了大量的研究。有关农村劳动力转移就业的经济理论大体可以分为两类，一类研究着重于农村劳动力就业的宏观体制，将其和经济发展的整个过程联系起来，从经济社会结构转变、产业演变、工业化和城市化的角度来探讨农村劳动力转移就业的去向；另一类研究则更多地侧重于农村劳动力转移就业的微观机制，例如哈里斯－托达罗模型。目前国内外学者主要是从发展经济学、劳动经济学和其他社会科学（如社会学和人口学）等角度来阐述农村劳动力转移就业的结构变动。在借鉴相关理论的基础上，在马克思主义经济理论指导下，结合我国农村劳动力转移就业现状，深入探讨和分析农村劳动力转移就业的困境及寻找解决方案的理论依据，有利于深化理论研究，为解决我国农村劳动力转移就业问题提供理论指导。

第一节　相关概念

一、城镇化和新型城镇化的内涵

城镇化或城市化是指人们的职业向非农业转移、居住向城镇聚集、生活方式向现代城市转变的一种过程。城镇化过程通常与工业化相伴随，随着工商企业向一定地域集中，人口也就向该地域集中，进而形成了人口聚集的集镇和城市。

城镇化的动因在于经济发展，特别是工业化的发展。工业化进程中，工业向城镇集聚，城镇需要大量的劳动力，同时工业化为农业生产提供大量先进机器设备，大大提高了农业劳动生产率，被节省的农村劳动力流向城镇。在这种相互作用中，城镇化得以顺利进行。

中国的城镇化建设早在20世纪50年代就已经开始了，党的十八大提出了新型城镇化的概念。所谓新型城镇化，是指坚持以人为本，以新型工业化为动力，以统筹兼顾为原则，推动城市现代化、城市集群化、城市生态化、农村城镇化，全面提升城镇化质量和水平，走科学发展、集约高效、功能完善、环境友好、社会和谐、个性鲜明、城乡一体、大中小城市和小城镇协调发展的城镇化建设路子。在新型城镇化中不是片面追求城镇规模扩大，而是更加注重提升城市的文化、社会保障、公共服务品质等，使新型城镇真正成为人们幸福安居之所。新型城镇化的核心是人的城镇化，就不单是完成农村人口转移到城镇，还要完成农民到市民的转变。

二、农村劳动力转移就业及模式

农村劳动力转移就业是指有一定劳动能力的劳动者为了与生产资料相结合的需要，在不同的地理区域范围和不同的工作岗位之间的迁移和流动，它是劳动力在寻找工作的过程中产生的现象。这种转移就业是农村劳动力的职业分化引起的转移，也是农村劳动力在城乡地域空间的转移。

我国农村劳动力转移就业主要是在户口制度管理下基于经济目的从乡村流入城市，并且他们从事的活动也由原来的农业生产变为从事非农产业经营活动，同时包括离开本乡到外地仍然从事第一产业的农村劳动力。从研究对象来说，农村劳动力转移就业包括"离土不离乡"，进入本地乡镇企业就业的农村劳动力以及背井离乡进入城市从事第二、第三产业的农村劳动力。国外有关文献中，劳动力转移实际上就是关于劳动力流动及就业问题的研究，然而我国因为特有的城乡二元户籍制度，因此农村劳动力转移既有职业的转换，又有地域的迁移，还需要身份的改变，这就决定了我国农村劳动力转移问题的研究包含流动、就业和市民化这三个方面的内容。本书主要研究我国农村劳动力转移过程中的就业问题，这种转移就业的研究主要界定为职业转换和地域转移。本书界定的研究对象是农村转移劳动力，实际上是农民工，二者只是称谓上的区别，因为"农民工"的称谓带有一定的歧视色彩。

根据劳动力转移的地域选择和行业选择，农村劳动力转移就业模式主要包括就地非农就业模式、小城镇非农异地就业模式和长距离非农异地就业模式。

三、就业质量的内涵及表现

就业质量在国际劳工组织中是以"体面工作"这一概念体现的，指的是劳动者在就业岗位上能够获得权利保护、收入满意和人文关怀。就业质量的衡量指标具有多维性，主要从宏观层面和微观层面来选取。宏观的就业质量是从劳动力市场的供求状况、公共服务水平、社会保障体系等几个方面反映地区的就业质量水平；微观的就业质量主要从工资水平、职业社会地位、个人发展空间和社会保障几个方面来反映微观个体的就业质量。

四、结构性失业的含义和特征

结构性失业是自然性失业的类型之一，它是社会经济发展进步的正常现象。关于结构性失业的定义至今尚无定论。目前较为普遍地认为结构性失业是指由于科技进步引起经济结构的改变，劳动力的供给与需求在职业、技能、产业、地区分布等方面的不协调而引起的失业。此外，还有的从失业存在的基本形式的角度出发，通过对结构性失业与周期性失业的区别和联系来认识结构性失业，这主要有两种观点，一种观点认为结构性失业与经济周期关联度小，OECD（1998）认为结构性失业指"非加速通货膨胀率失业"，也就是说使通货膨胀率不存在上升或下降趋势的那种失业水平，这一定义揭示了结构性失业与经济周期运行的低相关性，确认了"结构性失业无法靠经济周期的高涨阶段或单纯的需求管理政策解决"这样的结论；另一种观点认为结构性失业与周期性失业并没有存在明显的界限，在分析周期性失业与结构性失业过程中，发现二者并不能完全区别开。在劳动力市场非均衡条件下，即失业数量超过岗位空缺数量时，这种非均衡可能表现为周期性失业（总量性失业），但这恰恰是"结构性失业"造成的。周期性失业和结构性失业的界限不仅不能划分得很清楚，而且两者之间还可相互转化，相互加剧。当经济陷入衰退，周期性失业增多时，其中也有一部分可能就此很难重新就业，成为结构性失业者，而且经济衰退往往促使资本家更多更快地使用新技术、新设备，以提高劳动生产率、降低成本，结果直接增加了结构性失业。

第二节 马克思主义经典作家相关理论

农村劳动力转移是世界各国现代化进程中普遍关注的问题，对其研究的理论日趋成熟。马克思、恩格斯在其经济学著作中虽然没有专门论述农业劳动力转移理论，但在这两位大师的巨著中蕴涵着有关人口流动、劳动力转移就业的思想，这些经典论述对解决农村劳动力转移就业问题提供了逻辑严谨的理论借鉴。

一、城乡二元结构理论

马克思不仅分析了机器大生产带来农业劳动力大量过剩，而且也指出了工业化、城镇化的发展为吸纳农业剩余劳动力提供了大量的就业机会。工业化是城镇化发展的核心动力。工业化起源于产业革命，产业革命把各种分散的工作机器通过动力机连接到一起，机器大工业的发展需要工人的集中，这一方面是机器生产的特点，另一方面是竞争的需要。"大工业企业需要许多工人在一个建筑物里面共同劳动；这些工人必须住在近处，甚至在不大的工厂近旁，他们也会形成一个完整的村镇。他们都有一定的需要，为了满足这些需要，还须有其他的人，于是手工业者、裁缝、鞋匠、面包师、泥瓦匠、木匠都搬到这里来了……于是村镇就变成小城市，而小城市又变成大城市。"以致"在农村中建立的每一个新工厂都含有工厂城市的萌芽"。

农业现代化的发展和生产率的提高进一步释放农业劳动力，推动农村剩余劳动力向城镇工业部门转移，带来企业内部的规模经济和外部经济性。正如恩格斯所说，"城市愈大，搬到里面就愈有利，因为这里有铁路，有运河，有公路，可以挑选的熟练工人愈来愈多，由于建筑业中和机器制造业中的竞争，在这种一切都方便的地方，开办新的企业……花费比较少的钱就行了，这里有顾客云集的市场和交易所，这里跟原料市场和成品销售市场有直接的联系。这就决定了大工厂城市惊人迅速地成长"。

不难理解，现代工业的发展为农业剩余劳动力转移提供了前提与条件，工业化与城市化是社会发展的必然要求。随着城市化、工业化的进程加快，城乡之间的对立、差别逐渐缩小，城乡二元经济社会结构得到缓解。马克思和恩格斯认识到工业的增长要依靠工业规模的扩大和工业中就业人数的增加，也预见到了城市发展以及城乡差别的消失是历史的必然趋势。他们认为在无产阶级革命取得胜利后，新社会的城市发展任务是"促使城乡之间的差别逐步消失"。"城市和乡村之间的对立也将消失。从事农业和工业劳动的将是同样的一些人，而不再是两个不同的阶级。"他们还看到，"城市和乡村的对立的消失不仅是可能的，它已经成为工业生产本身的直接需要。""消灭城乡之间的对立，是社会统一的首要条件之一，这个条件又取决于许多物质前提，而且一看就知道，这个条件单靠意志是不能实现的。"恩格斯还指出，"大工业在全国的尽可能平衡分布，是消灭城市和乡村的分离的条件，所以从这方面说，消灭城市和乡村的分离，这也不是什么空想"。在工业化和非农化的过程中，社会结构要从一个以农村为主的社会转向以城市为主的社会，如果不能实现这种转变，农村人口与市场的分离就会导致分裂的工业化，没有城市化的工业化就是滞后的城市化，就形成一个"断裂"的社会。换一个角度来说，在一个社会已经进入工业化阶段，如果大量的农民仍然滞留在工业和城市之外，就不可能顺利实现社会结构的转变。

工业化带动农业劳动力转移到城镇，并推动城镇化的发展。资本积累在工业化与城镇化初期具有决定性作用，刘易斯的"二元经济结构理论"中详细阐释了城市的现代工业与农村的传统部门并存，传统部门工资低，劳动力具有无限供给潜力，工业部门工资高，资本稀缺，产业只要突破资本瓶颈就可以扩大规模。"经济发展的中心事实是迅速的资本积累"，现代部门的扩大投资是劳动力转移的关键，投资增加，工业产业规模扩大，工厂数量增加，农村转移出来的劳动力就业机会也就增加，因此，城镇化伴随工业化而顺利完成，城乡二元结构在城镇化进程中也就实现了一元化。

二、城乡统筹发展理论

马克思恩格斯等经典作家认为，城乡分离对立不是永恒的，随着社会生产力的发展，城乡关系会在更高的层次上实现融合，"消灭城乡之间的对立，是社会统一的首要条件"，但这需要许多物质条件，社会生产力进一步发展促进生产关系结合城市和乡村生活方式的优点而避免两者的偏颇和缺点，形成新的统一体，"只有通过城市和乡村的融合，……农业人口和非农业人口混合和融合起来，才能提高乡村居民摆脱孤立无援的地位"。"消灭了城乡之间的对立，从事农业和工业劳动的将是同样的一些人，而不再是两个不同的阶级。"

在如何消除城乡对立，实现城乡关系协调发展的问题上，马克思、恩格斯等经典作家分别从生产力与生产关系两方面，指出了统筹城乡发展的路径。具体而言，有如下观点：

（1）废除私有制。马克思等经典作家认为，基于生产资料私有制的社会分工是造成城乡分离和对立的制度根源。解铃还需系铃人，最终社会分工终将成为消除城乡对立的最强有力的杠杆。所以，消除城乡差别，最重要的是大力发展社会生产力，废除私有制，建立生产资料公有制，"通过消除旧的分工，进行生产教育、变换工种、共同享受大家创造出来的福利，以及城乡的融合，使社会全体成员的才能得到全面的发展"。

（2）重视城市的集聚扩散功能，充分发挥城市在城乡协调发展中的作用。城市是现代工业、商业、航运和贸易的中心，有着巨大的集聚效应和扩散效应，对城市带动农村、工业反哺农业有着积极的作用。资本主义生产使汇集在各大中心的城市人口越来越占优势，城市"聚集着社会的历史动力"。"城市的繁荣也把农业从中世纪的简陋状态下解脱出来。不仅耕地面积扩大了，而且染料植物以及其他输入的植物品种也种植起来了，这些植物需要比较细心的栽培，对整个农业起了很好的影响。""大工业在农业领域内所起的最革命的作用，是消灭旧社会的堡垒——农民，并代之以雇佣工人。"……农村中不合理的生产和经营，就这样被科学合理的代替了。"城乡融合，绝非要毁灭城市这种物质实体，融合也绝非要实现城乡无差别的统一，而是在扬弃的基础上，实现城乡更高级的综合。"

（3）合理布局城乡生产力和产业结构，促使农村剩余劳动力自由合理地向城市和工业转移。首先，把农业和工业结合起来，促使城乡之间的对立逐步消失。"只有使工业生产和农业生产发生密切的内部联系，才能使农村人口从他们数千年来几乎一成不变地栖息在里面的那种孤立和愚昧的状态中挣脱出来。"其次，生产力的合理布局、大工业在全国的尽可能平衡的分布，是消灭城市和乡村的分离的条件。"为了使大工业生产摆脱地方性的局限，协调城乡的统筹发展，必须由社会全体成员组成的共同联合体来共同而有计划地尽量利用生产力。只有按照一个统一的大的计划协调地配置自己的生产力的社会，才能使工业在全国分布得最适合于它自身的发展和其他生产要素的保持或发展。"最后，农村剩余劳动力自由流向城市，促使城乡之间文化和生活条件的日益接近，才能有效消除城乡差别和工农差别，才能把"城市和农村生活方式的优点结合起来，避免二者的片面性和缺点"，才能使人类创造的文明成果成为"全体人民都能享受的财富"。

三、简要评述

马克思对城乡二元结构下劳动力的流动原因、机制、效应进行深刻的阐述，指出了农业生产率的提高，释放出农业劳动力，工业化、城镇化的发展为农业剩余劳动力创造了非农就业机会，城乡统筹发展、合理布局产业结构是农业剩余劳动力转移就业的基本路径。如果这部分农业剩余劳动力没有顺利实现转移就业，就会阻碍工业化、城镇化的进程，因此，要大力发展生产力，消除城乡差别，使农村剩余劳动力能够自由流动，促进城市现代文明在全社会普及，最终实现全体人民享有人类创造的文明成果。随着农村剩余劳动力的逐步转移，也促成了城乡二元结构在城镇化进程中实现一元化。马克思关于农村劳动力转移的理论，总结了社会生产力发展的一般规律，一方面指出了农村劳动力转移是社会生产力发展、工业化和城镇化发展的必然趋势，另一方面指出了工业化、城镇化和农业现代化必须同步，才能促进农村劳动力有效转移。马克思的这些论述，对我国在城镇化进程中，运用城乡统筹的发展战略解决农村剩余劳动力转移就业的问题提供了重要的启示。在农村劳动力转移就业的过程中，要高度重视三农问题，避免农村空心化，关注农业自身的就业潜力，加快新农村建设，提高农村劳动力的生活质量。

第三节　西方人口流动与就业理论

马克思的农业剩余劳动力转移思想为西方国家形成和发展劳动力转移理论提供了重要的研究基础。西方国家早在 19 世纪下半叶就开始了对劳动力转移问题的研究，至今形成包括推拉理论、刘易斯的二元经济模型、费景汉－拉尼斯模型、托达罗的预期收入模型和舒尔茨的人力资本理论等经典理论，这些理论或模型对于指导我国农村劳动力转移实践提供了重要的借鉴。

一、推拉理论

"推拉理论"是研究产生人口迁移行为原因的重要理论，其主要论断是在市场经济和人口自由流动的情况下，人口迁移和移民搬迁的原因是人们可以通过搬迁改善生活条件。流入地中那些使移民生活条件改善的因素就成为拉力，然而流出地中那些不利的社会经济条件就成为推力。人口迁移就是在这两种力量的共同作用下完成的。G. J. Lewis（1982）指出赫伯拉和米切尔分别在 1938 年和 1946 年正式提出了推拉理论。他们指出，原住地的失业、就业不足、耕地不足、学校医院等基本生活设施的缺乏、关系的疏远与紧张、自然灾害等构成了原住地的推力，促使人们向其他地区迁移；同时，迁移目的地更好的就业机会、更高的工资、更好的教育和卫生设施等构成了目的地的拉力，这些拉力吸引人们前往此地。迁移就是原住地之推力与目的地之拉力相互作用的结果。推拉理论对人口迁移的解释具有综合的特征，一般认为推拉因素可能多种多样，如经济因素、人际关系因素、自然环境因素、居住环境、政治因素、教育因素等等。如较高的工资待遇、优美的居住环境、理想的教育设施、便捷的交通、利民的卫生设施、亲和的人际关系都是产生人口迁移的拉力因素。

推拉理论隐含着两项假设：一是人的迁移行为是理性的行为选择；二是迁移者对原住地及目的地的资讯有某种程度的了解。由于对客观环境的认识，加上主观感受与判断，最后才决定是否迁移。赫伯拉、米切尔和博格三人奠定了推拉理论的基础，但是在强调外部因素在迁移中的作用的同时，却忽视了个人的作用，即在相同的推力和拉力影响下，人们的迁移行为并不一致。针对这一问题，李（E. S. Lee，1966）把位于迁出地和迁入地两地中间的障碍因素及个人因素引入解释框架内，对推拉理论做了更有系统且详细的分类。他认为，迁移者由"想要迁移"到"决定迁移"之间，存有许多障碍，可分为四项因素：原居住地相关因素、目的地相关因素、中间障碍与个人因素。他指出迁出地和迁入地各自都有推和拉两种因素，人口迁移的发生就在于迁出地内推力总和大于拉力总和，迁入地内拉力总和则大于推力总和。

二、发展经济学人口流动与就业理论

（一）刘易斯无限劳动力供给转移模型

刘易斯创建的二元经济模型是基于以下五个假设前提：①二元经济结构，即国民经济中同时存在两种性质不同的部门，一个是以现代化方法进行生产的工业部门，另一个是以传统方式为基础的农业部门。②无限的劳动供给，即农村存在剩余劳动力，在既定的工资水平，工业部门的劳动供给具有完全弹性。③工资水平不变，现代工业部门的工资水平取决于传统农业部门的收入水平。④城市充分就业，城市劳动力市场没有失业的发生。⑤技术进步是中性的，所以资本积累将等比例地带来就业的增长。

刘易斯模型在分析就业决定理论时有以下三点不足：①由于刘易斯假设一国或地区的工业化和城市化是同步的，农村转移的剩余劳动力不仅实现了职业转换，同时也实现了身份的转变，这就使工业部门具有统一的工资水平。因此，他得出这样的结论：只要农村中存在边际生产力为零或负数的农业劳动力，这部分劳动力就会源源不断地从农村流向城市，从农业部门向工业部门转移，直至城市现代化工业部门吸纳完农村传统农业部门的所有剩余劳动力为止，一国或地区的经济现代化就得以实现。届时劳动力能够充分就业，工业化和城市化得以基本完成。这里所假设的劳动力同质性以及工资的同一性不符合发展中国家的实际情况，比如，中国的劳动力具有异质性，并且出现了城市化滞后于工业化的现象，导致工业部门出现了两种身份的劳动力，即城市普通劳动力和农民工，由于两种身份的存在，导致他们在劳动力市场面临的就业机会及待遇各不相同。②刘易斯模型假设城市不存在失业。事实上，我国城市存在就业严重不足的问题，"民工荒"和就业难同时并存，农村劳动力向城市转移就业必然与城市本身的结构性失业产生矛盾。③模型忽略了技术进步因素。工业部门资本劳动比率保持不变不符合经济发展规律，刘易斯模型假设现代部门的就业创造和劳动力转移的速度与其资本积累率是成比例的，资本积累的速度越快，现代部门的资本增长率就越高，创造就业的速度也越快。但实际上，随着工业部门的扩大，资本投入的增加带来技术的进步，企业将不再保持原有的资本劳动比率，资本家的利润会转向更尖端的节约劳动的资本，机器设备逐步取代部分劳动投入，对劳动力的边际需求则表现为不断递减。

（二）费景汉－拉尼斯模型

美国发展经济学家拉尼斯和美籍华人发展经济学家费景汉在1964年合著《劳动力剩余经济的发展》一书中，把刘易斯模型向前推进了一步，不仅描述了刘易斯模型中的工业部门的扩张，而且描述了刘易斯模型中所没有描述的农业部门的发展，把工业部门和农业部门之间的发展关系清楚地表示出来了。

费景汉和拉尼斯认为农业部门对经济发展的贡献不仅在于提供剩余劳动力，而且在于提供农业剩余，如果农业生产率不提高，农业剩余便不能满足工业扩张对农产品的需求，劳动力转移过程就会受到阻碍。费景汉－拉尼斯模型与刘易斯模型的基本假定大部分相同，主要的区别有两点：一是费景汉－拉尼斯模型考虑了农业技术进步因素，二是费景汉－拉尼斯模型明确了维持最低生存的制度工资与剩余劳动供给曲线的区别。

费景汉－拉尼斯模型有关就业决定思想存在一些不足。首先，这个模型假设农业存在剩余劳动力，城市的工业部门不存在失业。实际上，发展中国家的城市失业压力也很大。其次，这个模型认为，农业部门和工业部门的工资都保持不变。工业部门的工资由农业部门的收入决定，农业部门的收入是由不变的制度工资决定，因此，两个部门的工资都不变。实际上，在发展中国家，随着农业生产率的提高，农业的收入也不断增加，在城市，即使存在失业，工资水平也会不断上升。

（三）托达罗预期收入模型

20世纪六七十年代，发展中国家的人口流动出现一个重要特征：尽管城市失业大量存在，还会有大量农村剩余劳动力转移到城市。这就使刘易斯模型、费景汉－拉尼斯模型关于城市就业充分的理论受到质疑，于是，美国发展经济学家托达罗对此现象进行深入分析，并提出托达罗预期收入模型，成为研究劳动力乡城迁移的重要理论。该理论指出，在发展中国家，随着农村剩余劳动力转移的速度不断加快。农村剩余劳动力是否迁移到城镇，主要取决于经济因素即城乡预期收入差距。城乡预期收入差距不仅跟城乡实际收入差距有关，还取决于劳动力在城市的就业概率，即跟城市的失业率有关。城市失业率越高，农村劳动力转移到城镇的就业概率就越低。但是，如果城乡实际收入差距很大，导致预期收入差距很大，也会促使农村剩余劳动力在城市存在大量失业的情况下，还继续作出迁移到城镇的决策。托达罗认为，这种状况下，农村剩余劳动力迁往城镇，会造成城市失业雪上加霜，要缓解这种问题，必须缩小城乡实际差距，减少农村剩余劳动力迁移的动力。只有通过赋予农村更多的发展机会，使城乡经济统筹发展，才会降低城市的失业率。

托达罗把对劳动力乡城转移的动机和存在问题的分析放在城镇和农村都存在失业的状态下，这种分析的背景比较符合发展中国家的实际，他还提出解决农村剩余劳动力转移的具体对策。首先，他指出城镇和农村在就业机会、工资收入方面存在差异，这种经济利益的动因促使劳动力在城镇失业已十分严重的情况下还大量迁往城镇寻找工作。所以，他提出要大力发展农村经济，促进农村各项事业发展，扩大农村就业机会，缩小城乡发展水平的差距，减少农村劳动力大量迁往城市，就会减轻城市就业压力。其次，他认为，农村劳动力受教育程度越高，对进城就业的预期收入越高，因而会加速他们的转移。最后，他认为城市的社会保障程度越高，越能吸引农村劳动力的迁入。较多的就业机会和较高的收入都会对劳动力产生巨大的迁移引力，托达罗只考虑了劳动力迁移的利益动机，没有对劳动力的迁移成本进行分析。

三、人力资本理论

舒尔茨（Schultz，1961）认为劳动力转移在人力资本中占有重要地位，迁移决策取决于其迁移成本和收益的比较结果。迁移成本包括货币成本和非货币成本，前者包括迁移费用（如交通、住宅、食物等方面的支出）和迁移时找不到工作而减少的收入及由此产生的心理落差等，后者具体包括迁移的时间成本、体力脑力劳动支出、心理成本等；迁移收益也可分为货币收入（主要是迁移后获得的货币收入的增加）和非货币收入（如社会关系的改善、个人心理的满足等），只有当迁移的收益大于成本时，人口迁移或流动才会发生。

四、对西方人口流动与就业理论的评述

综观国外关于人口流动与就业的各种理论和模型，可以看到，最近几十年来，国外关于人口流动与就业的研究取得了较大的进展，各种理论和模型日趋多样化，这些理论各自从不同的角度提出了不同的假设，得出了不同的结论，具有不同的政策含义。

二元经济是发展中国家难以逾越的阶段，西方国家有关二元经济条件下劳动力就业决定的理论对现阶段中国解决城镇化进程中农村剩余劳动力转移就业的问题提供了不少启示。这些思想论及二元经济结构下劳动力供给的特征、劳动力流动的原因、障碍及解决对策，基本概括了发展中国家劳动力转移的特征和过程，但有些假设前提如刘易斯提到劳动力无限供给条件下工资水平保持不变、城市不存在失业、技术是中性的，这些都不符合中国的实际情况。经典的二元经济模型关于农村劳动力转移模式比较简单，如刘易斯、费景汉、拉尼斯等认为农村劳动力可以直接进入城市现代部门；托达罗模型则有所深入，认为农村劳动力先转移到城市的传统部门工作，等条件成熟后再进入城市现代部门，同时也有可能永远留在传统部门，甚至有可能会失业。于是，托达罗提出在发展现代工业的同时也要发展农村经济，促进农村劳动力就地解决非农就业，其对于解决我国农村大量

剩余劳动力多渠道转移就业具有重要的理论意义。

西方劳动力转移理论实际上是研究劳动力的流动和就业问题，对劳动力流动的成因进行比较全面的研究，在定量统计分析的视角下由经济因素扩展到非经济因素，更强调家庭内部成员的比较优势和环境差异，对解释中国农村劳动力转移具有借鉴意义。然而，由于制度或政策的约束，中国农村劳动力转移存在特殊性，劳动力的转移与人口城市化并非同步。因此，对于国外人口流动和就业理论，我们在积极借鉴其成功经验的同时，要充分考虑不同国家经济发展的条件。

第一，发展经济学关于二元经济结构转型的研究主要探讨二元经济结构转型对工业化、城镇化和现代化产生的影响，对于二元经济结构转型如何影响农业的发展缺乏研究，即使有关农业改造的问题，也是忽视了农业现代化发展对农村劳动力转移就业的影响，同时缺乏对农业现代化与现代产业发展关系的研究。事实上，农业现代化、工业化和城镇化是相互促动的，三者协调发展对农村劳动力转移就业起着重要的作用。

第二，无论是新古典经济学还是发展经济学有关农村劳动力转移问题的研究，更多的关注点放在农村劳动力流动的方向和转移的数量，缺乏对这些流动人口就业结构的探讨，也没有对这些农村转移出去的劳动力的就业质量和生活状况进行分析。

第三，上述理论和模型没有充分论述农村劳动力转移的制度障碍，使其不能很好地指导中国农村劳动力转移实践。这些理论和模型大都处于古典或新古典经济学的研究范畴，没有对制度因素在农村劳动力转移中的地位和作用进行系统的分析，更没有强调发展中国家农村劳动力转移的艰巨性。国外对于农村劳动力转移的研究，只包含劳动力居住地域的转移和职业的转换，这种转移就意味着从农民到市民的自然转变，而且都建立在这些国家工业化、城镇化、农业现代化协调进行的基础上研究农村劳动力转移，在这种情况下，从城镇化发展模式和发展格局的视角对农村劳动力转移路径进行研究的文献非常少见。事实上，制度因素以及由此决定的城镇化发展模式在很大程度上影响农村劳动力转移的数量和质量。因此，从城镇化发展模式来设计农村劳动力转移路径具有很强的现实意义，尤其是对中国这样一个农村劳动力数量众多的国家更是如此。

第四节　结构性失业的相关理论、主要类型及形成机理

我们一直在关注农村劳动力的转移就业，他们经历着从务农到务工的职业转换、从农村到城镇的地域转移，在这过程中，大多数农村劳动力的求职就业并非一蹴而就，而是经常面临着摩擦性失业或结构性失业，由于大部分农村出来的劳动力都可以很快在城镇的经济部门谋得生存空间，获得工作岗位，因此，这种结构性失业是短期的；然而，在农村剩余劳动力转移就业的过程中，由于农业科技水平始终在不断提高，意味着农村不断产生剩余劳动力，短期不会消除农村劳动力剩余的现象，农村剩余劳动力面临结构性失业又成为长期的现象。

结构性失业的客观存在早已引起经济学家的关注，并对此进行了长时期的广泛而深入的讨论和分析。从萨伊奠基的古典学派到以马歇尔为代表的新古典学派，从凯恩斯学派到新古典综合派以及后来的发展经济学派、新制度学派等都从不同的角度和不同的深度探讨和关注过结构性失业问题，在对结构性失业成因和表现形式的研究不断丰富和完善的基础上，形成各具特色的结构性失业理论。

可以说，西方经济学派对结构性失业的研究主要基于各自学派的主流观点，因此，他们对结构性失业的严重程度的看法，以及关于结构性失业的成因不能达成一致的观点，对结构性失业的定义也就尚无较为完整的表述。但是从众多经济学流派对结构性失业的论述中，我们可以看出结构性失业的客观性、长期性和复杂性。

一、西方经济学有关结构性失业的理论分析

结构性失业问题的提出及论述，在西方经济学各流派的就业理论中就有所涉及。凯恩斯以前的传统就业理论的著作中所使用过的"摩擦性失业"概念与结构性失业有不少相似之处，甚至可以被看成是"结构性失业"的一种，只不过摩擦性失业较着重于失业的"季节性""临时性"和"局部性"而已。

（一）古典学派的摩擦性失业

所谓"摩擦性失业"按照庇古的解释是指因季节性原因或技术原因而引起

的失业。基于货币工资具有充分弹性的假设条件，古典学派认为资本主义能自动实现充分就业均衡。因此摩擦性失业在他们看来只是短期性的，并把它视为自愿性失业，是由于在按现有的工资率条件下劳动力不愿意接受现有的工作岗位而产生的，因此摩擦性失业的存在与充分就业并行不悖。即使在经济高速增长、劳动需求旺盛时期，也总会有一些人处于失业中：他们辞去原有的工作而寻找新的工作，从一个城市搬迁到另一个城市，或是从学校、家庭刚刚进入劳动力市场等。企业对劳动力需求的正常波动，一方面引起一些企业解雇工人；另一方面引起另一些企业增加雇佣工人，这也使劳动需求与劳动供给基本相等时出现失业现象，这种失业称为摩擦性失业。

古典学派虽然信奉劳动力市场就业自动均衡理论，但是他们也注意到了结构性失业现象的客观存在并且认为是由于技术变革引起的。

正如李嘉图（1821）所说："劳动阶级认为，机器的使用往往有损于他们的利益，这种看法并非基于偏见和错误，它符合政治经济学的一些正确原理。"李嘉图的这句话说明他已注意到这样的事实：在当前的生产过程中，以机械化形式出现的迅速的技术变革可能会从根本上给劳动力造成严重的失业问题，至少在一些特殊行业和个别地区是如此。他还指出，技术变革引起的"补偿机制"最终将可以导致新就业机会增加，在机器制造业和国民经济中的其他部门都会是如此，但他同时也指出，资本存量的调整和劳动力的流动都可能存在明显的时滞。因此他强调的是，迅速的技术创新可能会导致结构性失业。然而在古典学派看来，摩擦性失业、结构性失业都不会成为严重的问题，因为他们认为通过降低实际工资水平就可以减少失业与岗位空缺相并存的结构性失业。

然而，李嘉图对于技术变革引起的结构性失业的见解也没有得到新古典主义经济学家的肯定，在新古典经济学理论里假设结构性失业并不严重。

（二）新古典经济学的"摩擦性失业"与"结构性失业"

在新古典经济学的"自然失业"理论中包括摩擦性失业和结构性失业两种现象。新古典经济学家针对在经济周期的萧条阶段过去之后并未消除，甚至在经济繁荣时期也存在的失业现象，提出了"自然失业"的概念及其解释。他们认为，自然失业往往是由经济发展过程中的产业结构变动所引起，产业结构的变动要求劳动力在不同产业、部门之间转移。但是随着生产技术的高度发展，对劳动力的专业化程度的要求提高，使这种转移不能很快完成。在信息不完备、部门之间劳动力供求结构性较强、培训劳动力成本较高的情况下，任何经济都会存在一部分结构性的、摩擦性的失业。这种失业的存在与劳动力市场和商品市场的实际结构性特征有关，也与市场信息不完全性、寻找工作的成本和劳动力的转移成本有关，与经济周期性波动无关，是在劳动力市场供求总量均衡时出现的失业。因此，自然失业是凯恩斯周期性失业的对称，是难以通过政府的反周期政策来消除的。

新古典主义强调通过工资的灵活性以缩小失业的严重性和复杂性。他们奉行资本与劳动之间的"替代原理"，认为劳动市场的失衡只可能是短期的，这样，一种自我调节机制总会趋向于使劳动市场恢复平衡，因此在新古典主义学派看来，结构性失业现在和将来都不可能成为严重的问题，因为他们认为由于技术原因引起产业结构变化而导致的失业只是局部的、暂时的失业。但是，新古典经济学对摩擦性失业原因的解释如职业搜索理论（E. S. Phelps et al.，1970）、"保留工资"理论给了我们另外的启示，即当一个经济社会建立比较完善的社会保障关系时，搜寻工作的成本就会降低，寻找职业时就可能提高"保留工资"的水平。

（三）凯恩斯学派的"结构性失业"问题与需求管理政策

凯恩斯学派在分析非自愿失业现象时也分析了结构性失业问题，认为其产生的原因有地区经济发展不平衡和劳动力地区性结构失衡、技术变革引起劳动力的供给质量不符合劳动力需求所要求的质量。对于失业问题的解决，凯恩斯学派强调总需求的根本重要性，主张通过国家干预调节经济采取"需求管理"的政策来扩大社会有效需求，进而促进生产，消除非自愿失业达到充分就业的目标。对于解决结构性失业问题，在凯恩斯主义需求管理的分析框架内提到了旨在解决地区发展不平衡、技能失调、技术变革等问题的积极的结构调整政策。

由此可见，凯恩斯在分析结构性失业现象时，否定了新古典主义理论的假设前提：工资率和利息率具有自我调节恢复均衡的功能，并且认为要保持高就业水平必须解决结构性失业问题，注意到结构性失业的存在会影响劳动力市场均衡，从而危及充分就业。同时凯恩斯也提到技术进步和地区发展不平衡是造成劳动力供给和需求质量不匹配的原因，进而主张由国家干预调节以控制结构性失业产生的间接因素，缩小结构性失业的比例。

（四）新古典综合派"结构性失业理论与人力资本政策"

如果说古典学派的就业理论中所使用过的"摩擦性失业"概念是结构性失业的前身，凯恩斯学派对于结构性失业的论述是放在总量就业理论中，那么结构性失业真正形成一种理论并被视为严重的经济学问题则是到了新古典综合派。20

世纪 60 年代中期以后，资本主义社会中的失业问题越来越严重，并且日益同通货膨胀问题交织在一起。于是新古典综合派的重要代表人物托宾、杜生贝等着重从劳动力市场的技术结构的角度来论述当时资本主义社会的失业特征以及失业与通货膨胀并发的原因。该学派用微观市场的不完全性和结构变化提出"结构性失业问题"，认为结构性失业是因经济结构的变化，劳动力的供给和需求在职业、技能、产业、地区分布等方面不协调所引起的失业。主要有两种情况，一种是随着产业衰退而失去工作机会的人因不能马上适应新工业部门的技术要求而暂时找不到工作；另一种是由于地区经济发展不平衡，落后地区生产能力不足导致出现过剩劳动力，又因地理位置的限制不能及时流动到经济发展迅速的地区，因而就会有一部分劳动者失业。这种结构性失业的存在必然引起失业与工作空位并存，又因为价格和货币工资刚性的存在使失业与工作空位并存转化为失业与货币工资上涨并存，于是出现滞胀并发症。

根据上述的分析，新古典综合派在对滞胀问题的阐述过程中也使古典学派关于货币工资具有充分弹性的理论破产，实际上，无法通过货币工资的下降来减少结构性失业的严重程度。新古典综合学派对结构性失业成因的认识也比较深刻，把影响劳动力供给结构的几个因素、引起需求结构变化的经济结构因素、劳动力市场结构因素等相结合，分析结构性失业的主要表现形式并形成相对完整的结构性理论。针对劳动市场的不完全性，新古典综合学派提出实行人力资本政策，解决失业与空位并存的结构性失业问题，从而在就业理论上对凯恩斯总量就业理论进行补充和发展。在新古典综合学派看来，刺激需求的政策只能解决"就业水平"问题，不足以解决"就业结构"问题。他们提出的消除由于劳工市场技术结构不相适应而引起的结构性失业的对策包括进行劳动力再培训（对失业者的培训和在职人员的训练）；发展职业介绍所，提供劳动市场的信息；鼓励劳动力流动；帮助劳动者和企业进行地区迁移；等等。贝弗里奇（1909）主张通过诸如"劳动交易所"之类的制度创新来解决引起结构性失业的信息不灵、劳动力流动性差等问题。

（五）货币学派"自然失业率"中的结构性失业

以弗里德曼为代表的货币学派在就业理论方面提出了"自然失业率"假说。他们否定充分就业的存在，认为在经济周期过去以后，经济中总是还会存在一定比例的失业人口，即使在经济繁荣时期，这部分失业也难以消除。经济中的这一部分失业被弗里德曼称为自然失业。货币主义的自然失业率指的是在没有货币因素干扰的情况下，让劳动力市场和商品市场的自发供求力量发挥作用，从而使经济中的就业率与处于均衡状态的总需求与总供给相一致。自然失业率概念中所包括的失业人员是指那些因缺乏技能和受到就业结构方面的限制而无法就业的失业者。可见，基于自然失业率的假说，弗里德曼等只承认有结构性失业和自愿失业，这样，因劳动市场结构变动而引发的结构性失业则被看作是普遍存在的客观现象。货币学派的"自然失业率"中包括摩擦性失业和结构性失业，从一定意义上说，长期的摩擦性失业就是结构性失业，因为任何经济结构的变化都伴随着劳动力的重新配置，若劳动力的配置过程进行得很快，劳动者离开原有工作岗位后马上就找到同样类型的工作，即"过渡型的、时间短暂的失业"，此类失业就是摩擦性失业；反之，若劳动力的配置过程进行得比较缓慢，劳动者离开原有工作岗位后需要重新接受教育培训以适应新的行业的需要，此类失业就是结构性失业。判断一种失业是否是摩擦性失业，只能从结果判断，不能从短期的过程来判断。

可见，货币学派对结构性失业的分析主要在于指出它与摩擦性失业的联系和区别，对于结构性失业的成因分析显得比较简单，只是提到劳动力的技能水平对就业结构的影响。对于治理失业问题，货币学派主张发挥市场机制的自发调节作用，依靠降低自然失业率的水平来增加就业，认为自然失业率的高低不仅与客观经济条件有关，而且受许多制度性因素和政策性因素的影响。

新自由主义在货币学派"自然失业"的基础上，提出以下治理结构性失业的措施：①实行普及教育的制度来减少结构性失业，通过建立培训机构提高失业人员的文化技术水平，使失业者尽快掌握与市场需求相适应的知识和技能；②通过减税的办法鼓励企业雇佣、培训因文化、技术低而失业的工人；③加强劳动力市场的竞争性，减少工会力量对工资率和就业条件的干预，广泛提供劳动力供求信息，鼓励劳动力流动，取消对劳动力流动所设置的人为障碍，以减少摩擦性失业和因地区间经济发展差异导致的结构性失业。

（六）发展经济学派的二元结构失业理论

发展经济学派的代表人物刘易斯、费景汉和拉尼斯以及托达罗等，在失业问题上主要探讨二元结构发展模式下的失业。所谓二元结构，是指发展中国家的经济由两个不同的经济部门组成：一是传统农业部门，二是现代工业部门。刘易斯等认为，传统农业部门的劳动生产率很低，边际劳动生产率甚至为零或负数，这里有大量的非公开性失业，而现代工业部门的劳动生产率相对较高，但从业人数较少，其相对较高的工资水平可以吸引传统农业部门劳动力的转移。刘易斯等人强调现代工业部门资本积累的重要性。他们认为，加快现代工业部门的资本积累，可以增强其吸纳传统农业部门劳动力的能力，最终达到解决二元结构失业问题。

从有关发展中国家城市劳动市场结构与机制的分析模型中，我们可以看到，它只是一种以简单的和可能的方式，强调工业扩张、生产率增长和城乡不同的实际收入水平对劳动力迁移的规模和速度、对城市劳动力的职业分布的影响。现实经济中，从传统农业部门转移到现代工业部门的劳动力由于自身素质的原因以及迁移决策中的诸多制约因素的存在，劳动力的就业概率并不是那么理想，往往存在大量的结构性失业。

（七）劳动力市场结构的制度因素分析

关于结构性失业的探讨，还可以从制度的角度分析劳动力市场结构。制度因素通过影响劳动力市场结构，也会引发结构性失业。

西方经济学理论关于劳动力市场有不少论述，主要可归结为三种观点。

第一种观点可称为二元经济结构论。刘易斯认为，发展中国家存在着传统农业经济部门和现代城市工业经济部门，传统农业部门人口过剩，存在着劳动边际生产率为零的隐性失业，能够为城市工业部门源源不断地提供劳动力，这种农业剩余劳动力向城市工业部门转移形成的"劳动无限供给"，既不影响农业生产，也不影响工业的工资水平，在一定时期内，保持着传统经济部门和现代经济部门的工资水平差异。因此，可推论，只要这种"劳动无限供给"继续存在，或者受到限制和阻碍，社会上就会维持着相对独立、封闭、各自运行的劳动力二元市场。

第二种观点可称为二元市场结构论。希克斯从不完全竞争的市场结构分析入手，认为市场经济中存在着两种市场类型和两种价格体系，即弹性价格和固定价格市场，与之相对应，劳动力市场也可分为"临时就业市场"和"固定就业市场"，前者工资弹性大，雇佣关系不稳定，后者工资呈刚性，雇佣关系稳定持久。与之类似的观点是庇奥尔提出的二元劳动力市场理论。他认为，劳动力市场可分为第一、第二两个市场，第一市场的工资高、劳动条件好、工作有保障、职业前景乐观、求职者多半受过良好教育、家庭出身优越；第二市场工资较低、工作条件差、就业不稳定，而且第一市场的求职者宁愿等待就业机会，也不愿进入第二市场求职，第二市场的失业者根本无法进入第一市场，原因是第一市场更多地受到制度因素的影响，如工会力量、劳动保障制度和最低工资法等。

第三种观点可称为在业者与失业者的就业机会差异论。有代表性的观点是新凯恩斯主义的"局内人－局外人模型"和"效率工资模型"。"局内人－局外人模型"将在业者或暂时被解雇但与在业者属同一利益集团的人称为"局内人"，将长期失业者、短期临时工称为"局外人"，"局内人"受到各种劳动替换成本和工会力量的保护，"在就业上具有实际的优先权"，而"局外人"对工资调整和就业的影响很小，在劳动力市场上的市场力量弱于"局内人"，实现再就业困难。"效率工资模型"认为，厂商为了获得较高的劳动生产率，宁愿付给在职者高于效率工资的工资，也不愿雇佣那些愿意接受低工资水平的失业者。这样，一方面保持了现有就业人员及规模的稳定，另一方面使整个劳动力市场处在出清水平，形成了一支失业者队伍。反过来，在业者受效率工资刺激和失业威胁的压力，产生较高的劳动生产率，与失业者的职业素质和生活质量的差距进一步拉大。事实上，对在业者和失业者而言，劳动力市场存在着就业机会和待遇不均等的"马太效应"。

总结西方经济学关于劳动力市场的观点，有几点值得注意：第一，或多或少地假定或承认劳动力市场存在着就业机会不均等、工资待遇不公平的现象，将劳动力市场进一步细分化；第二，认为劳动力自身职业素质的差别和制度因素是产生劳动力二元结构的基本原因；第三，基于成本收益比较的经济理性分析，强调市场机制的自发调节作用；第四，认为劳动力市场的存在，意味着劳动力市场调节机制发生功能性障碍，试图解释非出清水平的劳动力市场上高工资和失业并存的现象。

由此可见，劳动力市场分割及形成，主要源于制度因素。由于新旧体制转轨过程中，旧体制的惯性作用与新体制成长中的不足，导致不同区域之间、城乡之间、不同企业之间甚至同一企业内部不同身份劳动者之间劳动力市场运行的机制、规则的不统一或不协调，因而劳动力市场有着鲜明的体制性分割的特点，这也是劳动力市场结构失衡的深层原因。

（八）经济增长学：一个贯穿于经济增长方式转变的轨迹

西方经济增长理论以亚当·斯密的《国富论》问世为主要标志，经过200多年来的发展，走过了一条由物到人、由有形资本到无形资本、由外生增长到内生增长的演进道路。从看到劳动与资本在经济增长中的重要性到特别突出物质资本积累的决定性作用，从重视技术进步的作用到更加强调以人的素质为中心的知识、技术和人力资本的积累，每一个增长模型都从它特有的研究角度，直接或间接地反映每一个经济增长理论的里程碑，如果将其连接起来，则清晰地勾勒出一条人类在迈向工业化的进程中，经济增长方式由要素扩张到要素深化的演进轨迹。西方经济增长理论的研究成果回答了劳动力供给结构转变的必然性。

库兹涅茨和钱纳里等人通过大量的统计分析得出结论：经济结构变动是经济增长的内在机理。发达资本主义国家在经济增长的历史过程中，经济结构转变迅速，从部门来看，是从农业活动转向非农业活动，进而又从工业活动转移到服务性行业；劳动力在三大产业间的就业结构从"一二三"向"三二一"转变，是工业化、现代化进程的必然要求。此外，库兹涅茨、索洛等人还注重技术进步对经济增长的贡献，确定了技术进步导致的生产率的提高、投入量的增加二者在经济增长中各占的比重。这一要素投入比例的分析包括了对劳动力资源量和质上的要求。丹尼森认为，就业人数和就业者的年龄－性别构成、就业人员的教育年限、低效率的劳动力比重减少的资源配置方式等因素都对长期经济增长发生作用，这些因素又是产业结构变动的内在要求。在一定条件下，产业结构的转换率越高，对就业人员的数量和质量变动幅度越大，经济总量的增长速度也就越快。由此可见，这种由于技术进步导致劳动生产率的提高而出现的集约式的增长效应，实际上可以从结构主义的观点去理解，即以产业结构转换为主的经济结构变动是经济增长的重要途径，在经济增长、结构转变过程中也必然出现劳动力供求结构变动。

（九）新制度经济学派：制度变迁、结构调整与经济增长

任何经济活动、经济增长乃至经济增长方式的转变过程，都是在特定的制度环境、制度结构和制度安排中产生和发展的。西方经济学家分析经济增长的源泉及诸影响因素都具有较为明显的阶段性特征，在不同的经济增长和发展阶段中，劳动力、资本、技术、知识等的地位和作用有所不同，然而制度因素却是贯穿于经济增长方式转变中的客观性因素，不同的制度安排可以影响和改变各要素对经济增长的作用及作用程度。

关于制度因素与经济增长二者关系的研究可以溯源于古典经济学流派，如他们崇尚建立一个市场自由竞争和自由贸易的制度，让市场机制来调节经济活动、实现经济增长，把制度因素看作是一个不可忽视的外生参数。马克思的经济理论则系统而深入地研究了制度因素对经济增长和社会发展的重要作用，将古典经济学的制度分析方法发挥得淋漓尽致，强调制度变迁根源在于技术和生产力的变

化，同时一定社会的经济增长与发展、生产力进步与否，取决于社会经济制度的状况。近20年发展起来的新制度经济学主要研究不同的制度安排对激励行为和资源配置效率的影响，从而揭示出制度所具有的增长功能，而结构调整又是中间的重要桥梁。大量的现代经济增长现象表明：资本积累和劳动投入只是经济增长的必要条件，只有经济结构状态才能决定经济增长的质量。经济结构既是现实经济运行的具体体现，又是资源配置效果的深层反映，经济增长方式的演进及转变，在很大程度上通过结构的调整和变动来体现，因此结构调整对经济增长方式的转变至关重要。结构演化的历史规律证明了阶段性的结构调整和变动是经济增长的客观要求，实际上是资源的转移和再配置的过程，资源再配置的方式和效率与经济体制紧密相关。在市场经济体制下的结构调整和变动，主要是通过市场机制作用于利益主体而自动地实现，其资源配置方式相对于行政性配置方式的效率来得高，实现了经济增长方式中的部分质变。

从以上关于制度变迁、经济增长与结构调整三者的关系中，我们可以看出，当一国经济总量增长持续一定时间后，原有经济的内部结构和外部环境都会发生变化，这时出现结构失衡的矛盾也就在所难免，关键是结构能否适时调整和跟进，从总量增加和质量提高两方面促使经济增长方式向集约化渐进。

二、结构性失业的主要类型及形成机理

结构性失业的根本引发机制是劳动力供给结构与需求结构不一致，导致劳动力供求结构不一致的原因是多方面的，因此，劳动力供求结构不一致的表现形式也是多方面的。从影响劳动力供给结构的各种直接、间接因素来看，结构性失业的类型可以分为：就业观念滞后型失业、年龄供求不对称型失业、性别供求不对称型失业、教育发展滞后型失业、技能结构性失业、地区结构性失业等；从劳动力需求结构的各种引致因素来看，结构性失业又可以表现为产业调整型失业、技术进步型失业、体制转轨型失业、经济增长方式转变型失业、知识经济发展型失业等。可以说，结构性失业的诸多表现形式都是基于劳动力市场内外各种引发劳动力供需结构变化的直接、间接因素进行划分的，尽管这些结构性失业的表现形式各不相同，但它们都是劳动力供需结构不均衡的具体表现。从经济发展和社会进步的客观要求和劳动力自身技能、素质相结合的角度分析，任何社会发展过程中最常见的三种结构性失业是产业结构性失业、技术结构性失业、地区结构性失业。通过对结构性失业主要类型的具体分析，我们可以进一步考察结构性失业与

一国经济发展的关系。

在归纳结构性失业的表现形式时，我们有必要考察影响劳动力供给结构的劳动力的自然特征和能力特征。劳动力的自然特征主要包括劳动力的年龄、性别、居住地区等，劳动力的能力特征可以从其受教育程度、职业技能、人文素质等方面来考察。劳动力的受教育程度是反映其能力特征的基本信息，也是衡量"人力资本"含量的主要内容。大量的研究表明，劳动力受教育程度、职业技能与其就业或失业状态、职业分布、劳动报酬、创新和适应能力、劳动生产率等有密切联系，因此成为研究劳动力供给结构的主要维度；作为劳动力素质的内涵，人文素质对其就业取向、职业道德、工作中的进取精神、敬业精神、合作精神、再就业的努力程度、劳动力的流动、就业的适应能力乃至创新能力等，都有潜在的影响。由于劳动力的自然属性不同以及能力特征上的差异，决定了劳动力供给的结构性特征，这与劳动力需求结构的不断变动相互作用，共同决定结构性失业表现形式的多样性。

（一）产业结构性失业

产业结构分析的角度与劳动力供给结构很不相同。产业结构分类从其生产特点和人类经济发展进程角度可以分为第一产业（农业）、第二产业（工业和建筑业）、第三产业（服务业）；从生产要素组合特点角度可以分为劳动密集型产业、资源密集型产业、资本密集型产业、技术和知识密集型产业；从产业功能角度可以分为物质生产部门、网络部门、知识和服务生产部门；从产业地位作用角度可以分为主导产业、支柱产业、"瓶颈"产业等；从产业发展角度可以分为幼稚产业、成长产业、成熟产业、衰退产业等。由于分类角度的不同，产业结构的这些分类与劳动力供给结构并不存在一一对应的关系，但是产业结构与劳动力供给素质及结构之间存在着不同层面上的关系。

从总体上讲，产业结构与劳动力供给结构是相互依存、相互影响的。在工业化之前，以农业为主的社会经济中，劳动分工简单，农业技术水平发展缓慢，对劳动力供给的素质和结构的要求也变化不大，劳动力的绝大部分都从事比较简单的农业生产劳动，其体力和经验是最重要的素质。工业化过程中，劳动分工日趋复杂多样，工业技术和生产工艺不仅要求必须有越来越多的劳动力从农业转到工业部门、商业部门，而且要求劳动力具有一定的文化知识、专业知识和职业技能。同时，由于农业技术水平的提高和收入差异，大批农业劳动力提高其文化程度和专业技能，进入工业、进入城市，适应了工业化进程的要求。工业化后期和后工业化时期，工业的高技术化和服务业的迅速发展，新的行业、新的职业不断出现，不仅要求劳动力供给结构对这些变化有更高的适应性，而且人力资本对技术进步、经济增长和产业结构升级的推动作用也日益重要。产业结构与劳动力供给结构之间的互动作用空前明显，但是迅速变化的产业结构与相对滞后的劳动力供给结构之间的矛盾也比以往突出，特别是在劳动力数量庞大、素质普遍低下的发展中国家更是这样。因此，世界性产业结构的调整造成一支长期难以解决的结构性失业队伍，这种产业结构性失业的产生主要由以下几个因素决定。

1. 产业结构的调整与升级

产业结构是反映一个国家或地区发展状况的重要指标之一。产业结构有其发展规律，在工业化初期，产业结构的重心由第一产业向第二产业转移，同时，劳动力就业结构也发生这种转移。随着工业化进程的加快，劳动力由第一、第二产业向第三产业转移，至此，第三产业成为劳动力就业的主要部门。三大产业在同一时期能够容纳的劳动力数量不同，在现代社会中，第三产业具有较强的劳动力吸纳能力，第二产业次之，第一产业最弱。因此，产业结构的调整会促使第一产业、传统产业对劳动者需求减少，第三产业、新兴产业对劳动者的需求增多。

2. 劳动力转移方式

鉴于产业生命周期、产业结构的调整与升级，要求劳动力的就业结构随之改变。劳动力转移方式主要包括两种：第一种是直接转移，衰退产业的劳动力直接转移到新兴产业，第一产业劳动力转向第三产业，即把劳动力从供给过剩的行业直接转向需求不足的产业或行业；第二种是间接转移，首先是成熟产业的劳动力转移到新兴产业，然后衰退产业的劳动力再转移到成熟产业，或者是第二产业劳动力转向第三产业，第一产业劳动力再转移到第二产业。如果这两种转移方式能够顺利实现，将会缩小结构性失业的比重。然而不同产业对劳动者在工种、技能、知识、经验上的要求是不同的。如果原来从事第一产业、传统产业的人员无法对自身各方面素质及时做出调整就不能顺利转入第三产业、新兴产业从而导致失业。此外，产业结构的升级也会促使用人单位提高对劳动者素质的要求，不适应要求的低素质劳动者原来即使有岗位也会陷入失业状态。与此同时，许多企业却急需技术工人，尤其是高级工，一些高新技术企业则欠缺相关人才，从而导致空位的存在。

3. 产业结构性失业产生的劳动市场因素

现实经济生活中，由于种种原因的限制使劳动要素不能顺畅地重新配置以适应产业结构的变动。从劳动力市场本身看，引起结构性失业的主要因素有：①劳动力素质。素质高，则流动性强；反之则弱。不同产业、行业对劳动者在工种、技能、知识、经验上的要求是不同的。衰退产业、第一产业往往是低附加值产业、劳动密集型产业，具有技术含量不高、劳动力受教育程度偏低的特点，产业结构的升级换代的要求为资本密集型、技术密集型产业提供了巨大的发展空间，这又提升了对劳动者的素质要求，不适应岗位要求的低素质劳动者即使原来有岗位也会陷入失业状态，与此同时，许多企业却急缺大量技术工人，尤其是高级工。因此劳动力素质的高低决定劳动力要素能否顺利实现转移。②劳动力市场健全程度。这主要是由劳动部门、非劳动部门创办的职业介绍机构在用人单位与求职者之间发挥桥梁作用。如果劳动力市场数量多且效率高，各项制度健全，则职业介绍成功率会上升，这说明劳动力市场的健全能够加速劳动力流动，从而减少结构性失业的人数。

（二）技术结构性失业

任何社会的发展都离不开技术进步，这就决定了劳动力需求结构不断升级，从而要求劳动力供给结构及时调整以适应技术进步的要求。技术进步与结构性失业的关系可以表现为以下几点。首先，经济的发展推动技术更新速度日益加快，技术进步又体现为以生产工具为主的劳动资料水平的提高，劳动对象的扩展和深化，以及劳动者技能的提高。从总体上说，技术进步导致劳动生产率的提高、经济的发展、就业总量的增加，但是从局部来说，技术进步导致资本有机构成提高，从而使同一劳动在同一时间里推动的生产资料数量增加，同量资本用于购买生产资料的比重增加，用于支付劳动力的比重下降，其结果必然造成劳动力供大于求的总量性矛盾。其次，技术进步要求劳动者技能相应地提高，这也使得在其他条件不变的情况下，劳动力使用量的减少，这是因为劳动者的技能必须经过一段时间的培训才能达到要求，在这段时间内就会出现劳动力的供求结构不匹配的结构性矛盾。最后，技术进步促进产业调整、升级，从而引起结构性失业。由于新技术的广泛采用，产品不断升级换代，引起一个行业、产业的衰退，另一个新兴产业的崛起，产业结构的调整又会引起就业结构的变化。劳动者现有的技能不能及时适应新兴产业对劳动力的需求，劳动力跨部门转移的成本不断上升，这就出现朝阳产业岗位空缺和夕阳产业工人失业并存的结构性失业现象。在一个经济高速增长的时期，这一现象就特别明显。许多国家包括中国在内的经济增长过程中，一方面非技能劳动者大量过剩，另一方面需要一定职业培训和一定文化水平的劳动者大量短缺。西方国家对这种结构性失业现象有更精确的数据记录，如法国在 20 世纪 90 年代初每年所需的工程师数量为 28000 名，然而各类学校只能培养 14000 名；1989 年法国的失业率为 10%，但是却有 12% 的企业招聘不到所需要的管理人员和技术人员。

新技术的推广运用和新型的科学管理体制带来大批工作岗位的永久消逝。随着市场竞争日趋激烈，新技术的推广运用，必然带来原有工作岗位的减少，有些岗位甚至会永远消逝。同时，为适应竞争的需要，延续了近百年的"大公司总部－工厂－车间"三级企业管理体制逐渐被"公司－生产小组"等新型体制所取代，大批白领阶层人士由此也领略到失业的痛苦。

技术进步引起的结构性失业具有周期性的特点，这种结构性失业通常持续期限较长，失业者要找到新工作必须能够掌握与市场需求相适应的知识和技能，这一般不是在短期内能完成的。因此，技术进步引起的结构性失业时期与技术创新的成果在整个国民经济体系中推广普及的那些时期以及教育的推广普及时期相一致。

技术进步对劳动力就业有双重作用，从短期、静态的角度看，技术进步对劳动力就业有替代和排挤效应，但是从长期人类发展的历史来看，技术进步则创造了更多的就业机会，这是因为技术进步会使本行业的商品价格下降，需求增加，促使本行业扩大生产规模，从而提供更多的就业机会。此外，一个行业的技术进步还会创造出对其他行业的产品需求，使其他行业能够扩大生产规模，从而为劳动的就业和再就业创造工作岗位。技术进步在短期和长期对劳动力就业的双重效应表明技术进步促进劳动力就业存在时间差的问题，而要缩短这个时间差，即缩短结构性失业时期，则要考虑以下因素：①劳动力素质。技术进步引起结构性失业的时间长短，主要取决于劳动者对技术进步的适应能力，并与劳动者的素质直接相关。产业结构的转换决定劳动力就业结构的转换，劳动力能否从一个行业顺利转移到另一个行业，其关键是劳动力的素质和技能水平的高低。当今社会技术进步的快速发展与劳动力整体素质提高相对缓慢的矛盾，造成科技进步与增加就业的时间差，这就有赖于教育培训的推广普及以提高劳动力就业能力。②产业关联程度。新技术的推广应用往往从改造传统产业入手，造成工人大量失业，新兴产业的形成则需要较长时间，这就造成了科技进步与增加就业之间的时间差。从技术进步对劳动力就业的补偿机制可以看出，技术进步对产业内规模扩大和相关产业发展的推动主要是通过产品传递和技术转移两条途径实现的。当技术进步促进了一个产业劳动生产率的提高和规模的扩大时，加大了对其产品的中间产品和原材料的需求，这样就带动了对其上游和下游相关产业规模的扩大，这就是产品的传递；另外，当一个产业技术发展迅速，其先进的技术更容易向与其关联程度高的产业转移和应用，如信息技术最先广泛地应用于通信领域。因此，从技术创新成果普及的两条途径中可以看出，决定技术创新成果在整个国民经济体系中推广时期长短的关键因素是产业间的关联程度。由于引起技术创新的产业和其他产业的关联程度存在高低之分，这就影响技术创新成果在整个国民经济体系的推广时期，加上期间劳动力素质和流动性差等制约因素，出现技术结构性失业便不足为奇。通过以上分析可以得出，技术进步引起的结构性失业时期是与技术创新的成果在整个国民经济体系中推广普及的那些时期以及教育培训的普及时期相一致。

综合技术结构性失业的成因与特点，在缩短技术结构性失业时间的过程中，应重点把握以下因素：①劳动需求结构转变速度以及劳动供给结构相应的变化速度，劳动需求结构如果转变得快，可能会使很多人面临结构性失业的问题；劳动供给结构的变化速度取决于对未来劳动需求的预测是否正确，以及国家有没有能力及时训练人才以适应这种需求，同时还要依赖于对求职的正确指引。②技术替代的可能性与灵活性。如果某个产业能够有效地采用新的技术，可以减缓产业的衰退，延长产品的生命周期，可以减少结构性失业的发生。③重新掌握新技能的速度。这取决于失业者原有的知识技术水平以及新技能的难易程度。

（三）地区结构性失业

地区结构性失业是从区域结构的角度对劳动力供给和需求进行分析。就全国范围而言，可以把劳动力市场划分为若干个市场，在每一个地方劳动力市场上，由于劳动力供给和需求的不相适应，可能产生失业与职位空缺并存的现象，而从全国范围来看，由于劳动力供给和需求的地区差异，也可能产生某些地区劳动力供给过多，另一些地区劳动力供给不足的情况。

1. 地区结构性失业的形成原因

在新一轮经济增长中，由于区位条件缺乏优势而引起地区性经济萎缩，经济增长速度下降，难以形成新的就业增长点，从而引发地区性持续失业。随着产业结构调整，地区间发展的不平衡将会加剧，这又促进劳动力为追求高收入而从经济落后地区向经济发达地区流动。一般来说，教育水平取决于经济水平，经济落后地区的劳动力素质相对偏低，在市场经济条件下，低素质的劳动力更容易被淘汰，从而导致劳动力流入地失业率上升，同时出现经济落后地区人才短缺并且失业率也偏高的失业回滞现象。此外，地理状况的差异和地区间政策差异也是造成地区结构性失业的原因。如果各地的地理状况差别很大，劳动者在适应新环境时要花很多时间和努力，通过地区间劳动力流动来解决就业问题就比较困难，并且不同地区对劳动力流动采用不同的政策也会影响地区结构性失业的比例。

2. 地区结构性失业的主要表现及危害

劳动力市场结构在地区间具有不平衡性从而出现地区结构性失业。大多数工业国家中都或多或少地存在地区结构性失业。长期以来，意大利南部的失业率一直很高，意大利的北部和中部却处于劳动力短缺之中，这就是地区发展中结构性失衡的一个例子。中国的经济发展过程中同样存在着地区经济发展不平衡、结构不协调问题。东部地区和中西部地区的经济发展水平差距呈逐步扩大趋势，这便造成了高素质劳动力向东部地区流动，中西部地区人才短缺同时失业率又偏高。

尽管世界各国的经济发展水平不同，但区域发展不平衡是个普遍性问题，它已经影响到一国经济的整体素质和竞争力。我国改革开放以来，国民经济持续快速增长，各地区都取得令人瞩目的发展，但由于各地的地理条件和经济基础不同，不可能齐头并进，只能实行让一部分地区先富起来的政策，因而区域间特别是东部沿海地区与中西部地区之间的差距在拉大，区域发展不平衡问题日趋突出。这一问题的出现应当说是正常的，符合世界各国经济发展过程的一般规律，它反映了资本、劳动力和其他生产要素向着更有利于市场经济发展的地区进行重新配置的过程，是经济发展取得成功的重要特征之一，是前进中出现的矛盾和问题，同时也要看到区域发展不平衡过于严重而又长期得不到缓解，会加重地区结构性失业的严重程度，这对国民经济的持续健康发展和社会的长治久安产生消极影响，同时又是科学技术和经济进步发展的阻力。

3. 促进劳动力跨地区流动——宏观政策的选择

地区经济不平衡发展造成地区间就业结构的变化速度不同步，这也是全国性结构均衡合理的前提，因此按照生产要素的市场配置原则，合理促进生产要素流动，是解决地区结构性失业问题的根本途径。

在现实经济运行中，发达地区对落后地区的劳动力输入设置了种种限制性障碍。为此，必须消除阻碍落后地区劳动力资源输出的各种制度和人为因素，通过自由流动实现其最大利益，考虑到落后区域劳动力整体素质不高，为实现其正常输出，政府必须经常性地对其进行职业培训，使他们掌握必要的技术和技能，提升其人力资本含量，同时还要组织劳务输出和提供各种劳务信息。瑞典自20世纪50年代后期，政府通过实行补贴等政策鼓励劳动力跨地区流动。当一个人转到其他地方从事由政府就业机构推荐的工作时，他可获得一笔迁移补助，包括实际搬迁费用和安家费。跨地区流动补助解除了劳动者对迁移成本的考虑，从而降低了结构性失业水平。一项调查表明：在瑞典获得地区流动资助的劳动者中大约有57%的比例在两年后仍然在新地区工作；29%重返原地；14%又移动到第三地工作。

此外，政府还可以通过消除妨碍劳动力自由流动和平等竞争的体制障碍，帮助劳动者转变传统落后的就业观念，鼓励劳动者外出寻找就业机会，这些措施不仅可以解决经济发展落后的地区性失业问题，而且有助于缓解结构性失业的地区不平衡性，同时提高了生产要素的配置效率，促进了经济的增长，从而又增加了就业岗位。政府还要加大对经济落后地区基础教育的投入，提高劳动者就业能力，以更好地促进劳动力在地区间顺利转移，缓解地区间劳动力供需结构的矛盾。

三、结构性失业理论的评述小结

上述西方经济学流派对结构性失业的论述（实际上，西方失业理论比上述的要丰富得多，这里只是选择有代表性的几大流派来进行概括和介绍）不仅分析了发达国家的结构性失业问题，而且也探讨了发展中国家的结构性失业现象；既有结构性失业一般现象和问题的分析和揭示，又有解决这一问题的一系列对策建议。必须看到，西方结构性失业理论至少在以下两方面存在着致命的不足：其一，虽然门派林立，但基本是"头痛医头，脚痛医脚"。如凯恩斯学派的失业理论是在20世纪30年代西方世界陷入大量失业和经济衰退双重危机之中，传统失业理论所谓的"通过市场自由竞争"，可以消灭"非自愿性失业"论断不攻自破的背景下应运而生的。凯恩斯学派的失业理论就是要用其"有效需求不足"的原理来解释现实中的结构性失业和经济衰退的双重危机，并据此提出其需求管理措施。又如货币学派的失业理论是在西方世界失业率与通胀率相互促进的现实背景下产生的，在此背景下，凯恩斯学派的"有效需求不足"原理和菲利浦斯曲线关系原理无法解释现实世界，货币学派便提出了自己的"自然失业率"假说。不难断言，西方结构性失业理论门派林立、"头痛医头，脚痛医脚"的特点，决定了其很难对现实和未来世界出现的结构性失业的新问题、新情况作出正确、清楚的回答和解释。其二，角度单一，未能全面地综合研究结构性失业问题。西方各学派也主要针对一定的时代背景着重分析结构性失业的某些成因，未能完整地表述结构性失业的概念和产生的根本原因。仅从各自学派的主流观点出发，其结论及其形成的理论体系难免失之偏颇，也很难用于全面和正确地指导、服务实践。

结构性失业被众多经济学流派视为自然失业，然而自然失业率是在劳动力市场供求相等状态下存在的失业率，也就是说西方经济学家所考察的结构性失业更多的是基于实现充分就业的均衡劳动力市场。实际上，劳动力市场是典型的非均衡市场，其原因主要有：①工资率作为劳动力的价格，具有相当大的刚性，这就使价格机制往往不能在劳动力市场上充分发挥作用；②由于劳动力需求是派生需求，所以劳动力需求的数量除受工资调节外，还要受产品市场需求的调节；③由于劳动是人的谋生手段，劳动力供给的数量除受工资调节外，还受人的主观偏好、财富总量和社会心理等因素的调节。此外，在劳动供求既定的前提下，还有一些因素使得劳动力供求处于非均衡状态，如在劳动力供给与需求受到职业和地区的限制下，信息不足或传递太慢都会使劳动力供求的结合发生障碍或扭曲。可见，劳动力市场的非均衡是常态，当劳动力过剩或短缺时，都会存在因劳动力供需结构不匹配而导致的结构性失业，由此可以认为现实经济生活中的结构性失业具有普遍性。

综上所述，西方关于结构性失业问题的研究起步较早，可以追溯到古典经济学，直到 20 世纪 30 年代的经济危机时期开始形成西方失业理论后，对于结构性失业这种形式的研究也日渐丰富和完善，其中新古典综合派在对资本主义滞胀问题的研究过程中提出了结构性失业理论，这一理论把劳动力供给结构、经济结构、劳动力市场结构相结合，较为深刻地揭示结构性失业的形成机理。后来的发展经济学、劳动经济学、经济增长学以及新制度经济学则是侧重于分析经济发展过程中产生的结构问题，这主要是经济发展阶段由经济自身增长的冲力所致，因而，经济增长方式的转变基本上体现为市场机制作用下，结构调整和升级转换中的经济成长现象。在发展中国家，经济发展过程与体制改革过程的同时进行，使结构矛盾与体制问题相伴而生，如发展中国家的二元经济结构失业，就体现出体制转轨、制度变迁过程中结构问题的复杂性。基于特定的制度环境，要实现经济增长方式的转变，就不单纯是经济发展阶段上的结构调整和升级问题，同时还依赖和取决于体制的转轨乃至新的市场经济体制的运行，充分发挥市场机制在结构调整和变动中的调节作用。就劳动力市场上出现的结构失衡问题而言，从体制和制度因素来看，就必须全面开放劳动力市场，消除劳动力市场的体制性分割，加快劳动力市场制度建设，如通过健全劳动力市场的价格机制、竞争机制、流动机制以及完善社会保障制度、人口迁徙制度等，综合运用市场手段和宏观调控措施，无疑是改变劳动力市场结构失衡、减少结构性失业的关键。

通过结构性失业的理论分析，我们可以看出，结构性失业产生的根源在于劳动力的供给结构和需求结构不一致，因此考察结构性失业的成因主要包括劳动力供给、劳动力需求和劳动力资源的配置方式三个方面。从劳动力供给方来看，以追求效用最大化为主要目标的劳动力供给主体在决定劳动供给的数量和质量时，主要是建立在个体的经济决策、主观意愿的基础上，同时受到经济社会发展水平所决定的客观因素的影响，如教育制度与教育供给规模的大小、社会保障制度的健全与否、工资水平的高低等。由于劳动力供给在一定时期内具有相对稳定性，因此结构性失业的产生主要是来自劳动力需求的变动。劳动力的需求派生于产品需求，然而产品需求主要由客观经济发展水平和结构决定，因此，影响经济发展和经济结构的因素（如投资、贸易、资本有机构成等）都会对劳动力需求产生影响；经济管理体制和政策、就业制度模式则通过影响劳动力资源的配置对结构性失业的产生带来一定程度的影响，如劳动力资源的市场配置方式有利于劳动力的合理使用和流动，适应市场经济中劳动力需求的动态性和灵活性，如果受到户籍管理制度的限制就会产生地区结构性失业。因此，概括起来，影响结构性失业的因素主要涉及人口因素、经济因素、技术因素、制度因素和心理因素等方面，在这些因素相互联系、相互作用下，劳动力供给与需求在短时期内无法匹配从而导致结构性失业的产生。

第五节 城镇化与农村劳动力转移就业的作用机理

城镇化的最终目标是全体国民生产、生活方式的现代化，城镇化的微观基础是农民的生产方式和生活方式的现代化。实际上，农村居民的现代化，必须以大部分农民的市民化为前提，否则大部分人拥挤在农村，只会使整体陷入温饱水平，甚至贫困，永远不会现代化。迄今为止，还没有哪个国家能够在人均 1 亩地的土地占有水平下，实现农民、农业、农村现代化。按照世界人均耕地面积数来计算，我国现有的农村劳动力数量相对于耕地面积数来讲，还存在大量农村剩余劳动力需要转移就业。城镇化的中观载体内涵是产业结构和就业结构的转变；城镇化的宏观表现就是经济社会结构的双重转型以及二者间内在的协调。作为城镇化的主体，诸多的农民正是在农业到非农业的职业转换中，从农村到城镇的空间迁移中，汇聚成了社会结构转换的洪流，改变了城乡之间人口、产业、空间对比的格局，完成了经济社会结构的转变。工业化发展带动的工业制造业和人口在城市集中，又为居民生活服务和为企业生产服务的第三产业带来了发展，并引发人口向城镇的新一轮聚集。城镇化在工业化的带动下，从数量到质量上的进一步提升，工业经济和城镇社会成为国民经济社会的主导，城市文明成为代替农业文明的主导文明。随着工业生产方式在全社会的普及，城市文明冲出城镇的躯壳，向广大农村地域扩散，最终实现城乡一体化和城乡差别的消失。

总之，城镇化是由传统的农业社会向现代城市社会发展的自然历史过程，是以经济社会结构转变为基础，通过现代文明向农村延伸，改变农村地区的生产、生活方式，最终实现全社会的现代文明。中国城镇化主要依靠大量的农民进城就业、农村居民向城市的迁移来实现。

一、农村劳动力转移就业与城镇化发展相辅相成

（一）农村劳动力非农就业是城镇化发展的依托条件

城镇的兴起和成长一直与人口的空间运动相联系，城镇的发展无不以人口迁移为基础。城镇化不仅是农村人口向城镇的集中，而且是通过人口的迁移实现劳动力职业的转换，即由从事农业转向第二、第三产业的非农就业，通过农村人口向城镇的迁移也改变了劳动力的生产和生活方式，使农村劳动力生活质量得到改善和科技文化素质得到增强。在城镇就业的农村劳动力如愿获得比在家务农更高的收入时，这股扩大内需的最大潜力得以释放出来，进而带动消费品行业的扩大再生产，产业的发展又必然催生对大量农村劳动力的需求；另外，农民涌向城镇就业在提高自身生活水平的同时，也为城市的经济发展及人文景观带来巨大变化，提升当地人的生活品质，促动生产和生活服务业的进一步发展，由此带来农村劳动力就业和城市发展的双赢局面。

（二）城镇化发展是提高农村劳动力转移就业质量的载体

人口城镇化不仅意味着变农民为市民、农业劳动力进入城市从事非农产业，

还意味着人们生活方式、思想观念、行为方式和工作方式的转变。工业化和城镇化促进了农村剩余劳动力转移到城镇，这些转移劳动力一直在为城市发展做出贡献，但同时也成为社会经济变化的利益受损者。他们不能进入城市福利体系，缺乏政治资源、人力资源和经济资源，缺乏参与中国主流社会生活的机会，这种社会排斥的状况将不利于劳动力潜质的发挥，不利于社会的和谐与经济的可持续发展。因此，在城镇化进程中实现各种政策对接，在农村劳动力转移就业的同时，如何加快推进结构转换的城镇化，化解城市化背后的各种不和谐因素，构建包容性发展的新型城镇化道路，实现城镇化进程中各种机会的均等性，以及发展成就惠及全民，这无疑具有重要的理论和现实意义。构建新型城镇化包容性发展道路有利于提高农村劳动力转移就业的质量，这主要表现为：城镇化会引发以交通运输和通信为重点的基础设施大规模的建设，直接和间接地推动人口城镇化。一方面，城镇的基础设施建设工程产生大量的劳动力需求，农村剩余劳动力成为最主要的供给力量；另一方面，当城镇优良的基础设施建成后，会存在正外部性，降低企业生产成本和流通成本，改善人们的生活环境，形成完善的城镇商流和物流体系，满足人们多样化的市场需求，增强人们选择机会的均等性。从这一意义看，城镇市场的繁荣对农村剩余劳动力的转移产生了巨大的吸引力，当城镇人口达到一定规模，城镇人口的消费需求日益增长，推动城镇的第二、第三产业进一步发展，由此支撑着城镇化目标的实现。在一种更加全面、更趋公平，同时也更具有人文关怀及可持续性城镇化的发展过程中，提高农村剩余劳动力转移就业的质量便是包容性发展的内涵之一。新型城镇化就是要通过合理转移农村剩余劳动力，使他们在城镇有合适的工作，并能够机会均等地享有城市的各种福利，实现这部分人在城市居者有其屋的目标，享有平等的话语权，保障他们的基本生活和基本医疗卫生服务需求，加强对农村劳动力的思想道德教育和技术能力培训，提高他们参与城镇化建设的实际能力和均等待遇。

二、促进农村劳动力转移的城镇化发展要素

城镇化的发展孕育了农村劳动力转移就业的机会，要使城镇化就业创造效应发挥到最大化，关键是要理顺城镇化发展机制。机制的本质是关系的集合体，是系统构成要素相互依存、相互制约关系的集成。城镇化机制是指城镇化和农村劳动力，通过各个部分的内在联系，控制自身运行与发展的有机系统。城镇化水平低导致"三农"困境，"三农"困境的症结在于农民数量太多，只有把富余的农

民转移出去，农业资源配置中的人地比例才会日趋合理；通过逐步引进科技，提高劳动生产率和农业竞争力，农村也会因为农民数量的减少和农业竞争力的提高，获得轻松的发展空间，以及在城镇化水平提高的基础上获得来自城市更宽裕的反哺。因此，城镇化的发展有助于农村剩余劳动力的转移就业。城镇化的发展机制是复杂的动力系统，主要包括城镇化的动力机制、促进机制、调控机制，其中，动力机制包括工业推动、内外力作用、推拉作用等；促进机制包括市场机制、产业聚集、产业结构、人口流动、制度变迁；调控机制包括政府规划与引导、发展政策保障等。从总体上看，促进农村劳动力转移就业的城镇化发展机制主要包括以下基本要素：产业支撑、人口迁移、公共服务、资源要素。

（一）产业转移及产业集聚

城镇化的发展离不开要素资源，其中，产业在空间上的集聚和产业发生梯度转移是推动城镇化进程的重要环节。产业的集聚和转移带来了人口的迁移，也改变了城镇化的地域。如果大量劳动密集型产业从经济发达的大中城市迁往经济欠发达的农村地区和中小城镇，就会改变农村和小城镇的经济社会结构，推动农村城镇化的发展。产业的梯度转移提升了欠发达地区的产业发展基础，如在中国的中西部地区，通过主动承接来自东部沿海经济发达地区的产业转移，带动了当地非农就业的增加，实现了农村劳动力就地转移。从长期看，产业的梯度转移有利于大、中城市发展优势产业、高端产业，缓解城市基础设施承受压力，从而提高整个国家的城镇化发展质量。产业的转移也在某种程度上提高了产业的集聚度，有利于促进基础设施建设，实现农村经济向城市经济的经济结构转化，从而促进产业结构升级和非农就业比例增加。因此，促进农村劳动力转移就业，必须实现产业和城镇融合。要积极推动城镇产业发展，优化产业布局，形成现代农业、工业、服务业多力支撑的产业体系，并以产业为保障，促进城镇承载力提升和各类服务配套，推动城镇与产业共同升级，吸引和转移人口进入城镇，实现产业、人口就业和城镇发展有机融合。

（二）人口迁移

人口城镇化水平的提高离不开人口的集聚，因此城镇化的发展与人口流动密不可分，二者同步进行。城镇化的发展需要市场、资金、劳动力、粮食、原材料等基本要素，其中，劳动力是最重要的要素之一。城镇化的发展就是把要素资源聚集到城镇，增加城镇的数量、提升城镇的品质，最终目标是实现全体劳动者生活水平的提高。人口的迁移带来了迁入地消费、生产的发展、相应市场的繁荣、基础设施的完善，生活在其中的人们也得以享受到城镇发展的成果。中国农村劳动力资源丰富，人口城镇化水平的提高主要靠大量农村劳动力迁移实现的，因此，城乡人口迁移是城镇化发展的重要途径。从迁移方式看，人口迁移分为个人迁移和家庭迁移，其中，个人迁移形成了劳动力"钟摆式""候鸟型"的流动就业状态，迁移者只是实现本人在城镇工作、生活，无法照顾到子女教育和家人的生活，因此这种人口迁移只是暂时提高常住人口城镇化水平；家庭迁移则因家庭的主要劳动力在城镇获得稳定的工作并真正获取市民的身份，从而有能力将家庭所有成员迁移到城镇生活，因此，家庭迁移可以确保城镇化的发展具有持续性、稳定性。从迁移距离看，人口迁移分为区域内迁移、跨区域迁移和跨国迁移。在我国，由于二元结构的影响，城乡之间、区域之间存在公共服务供给水平的差异，出现了大量农村劳动力因为向往大城市发达和完善的公共基础设施，集中涌向大城市。大城市经济发展速度较快，其生活成本也相对较高，当农村转移出来的劳动力在大城市流动就业获得的收入难以实现满意的生活水平时，就引发农民工倒流到农村。农村劳动力长期生活在农村，这种生活特点也形成了农村劳动力固有的消费观念和生活习惯，他们所从事的工种和获得的收入水平更适合短距离的迁移，也就是通过在农村内部发展非农产业带动劳动力就地转移就业，以此实现农村生产方式、生活方式的城镇化。

（三）制度安排及制度变迁

城镇化是非农产业在城镇集聚、农村人口向城镇集中的自然历史过程，在市场经济条件下，资源要素的流动具有自发性、盲目性，因此，政府要做好科学的规划与引导，通过制度安排促进城镇化可持续发展，通过制定相关政策引导资源在城乡之间合理流动。政府的宏观调控在城镇化发展进程中发挥着重要的作用。制度安排是城镇化发展的外在动力，由户籍制度、社会保障制度、就业制度、教育制度、土地制度、区域发展制度、农地使用制度等构成的制度网络和具体的制度规则决定中国的城镇化发展格局和农村劳动力的转移方向。现有的制度规则，导致区域间、城乡间经济社会发展的差距，东部地区、沿海地区中小城市产业体系发达，基础设施完善，农村劳动力大量迁往大城市，期望着能够获得较高的收益。然而，受城乡隔离的户籍制度的影响，农村转移出来的劳动力在城镇工作、生活，却没有获得与城镇居民同等的机会和待遇，降低了农村劳动力转移的经济社会效应，"无社保、有地权"的转移方式，使得劳动力盲目流动在农村和城镇之间，因此，需要政府使收入政策、就业政策、人力资源开发政策有效调控转移出来的农村劳动力就业稳定和生活满意。同时，也要通过农村土地制度改革，依法确认农民的宅基地和集体建设用地使用权，维护农民的土地权益，促使土地承包权和经营权分离，提高农村土地规模经营效益，确保农民分享农村集体分红和福利。因此，城镇发展的宏观政策调节和农村土地制度的变迁，为农村城镇化的发展和劳动力非农就业水平的提高创造了前提条件。此外，在促进农村劳动力向城镇转移就业的过程中，还要增强城镇公共服务供给能力，不断提高城镇产业聚集能力和就业承载能力。大力发展工业、服务业和现代农业，积极培育和发展物流、运输、建筑、信息等生产性服务业和商贸、餐饮、文化、旅游等生活性服务业，加快完善教育、医疗卫生、就业、社会保障、公共文化等服务体系，促进农村转移出去的劳动力充分就业，真正实现市民化。

三、城镇化促进农村劳动力转移就业的机制

新型城镇化的要旨之一是促进城乡统筹发展，其主要内容和表现形式，是农业人口向非农产业转移，农村人口向城镇的转移，以农业劳动力的转移规模和转移就业质量作为衡量城镇化水平的主要标志。城镇化的微观基础是农民的生产方式和生活方式的现代化；中观载体是产业结构和就业结构的转变；宏观表现是经济社会结构的双重转型以及二者间内在的协调。由于产业转移的状态、空间迁移的特点，农民在城镇化进程中，分化成不同的层次，并在不同程度上参与了城镇化与现代化进程。目前，农民总体上划分为农民、乡镇企业职工、农民工三大类，他们在从农业到非农业的职业转换中，从农村到城镇的空间迁移中，经历了人口迁移、就业结构、社会结构转变的过程。城镇化通过聚集机制把大量的人口、产业、资本等发展资源集中到城市，实现高效率发展；在空间聚集达到一定程度后，人口、产业、资本等各种资源又会随着扩散机制分散到城市周围郊区或下级城市实现城市文明的扩散。从这一角度看，城镇化正是通过减少农民、转化农民、富裕农民和提升农民四个方面来实现城乡人民共同富裕和社会和谐，因此，新型城镇化赋予农民更多的就业机会。

（一）城镇化的聚集机制发挥非农就业创造效应

城镇的形成得益于人口、产业在特定空间上的聚集，产业间和区域间的利益差异诱致包括劳动力在内的生产要素流向经济机会较多的地区，形成一定的规模。因此，集聚经济促进了城镇化的发展。恩格斯在《英国工人阶级状况》中曾经形象地描述过这种集聚效应，"人口也像资本一样地集中……大工业企业需

要许多工人在一个建筑物里共同劳动；这些工人须住在附近，甚至在不大的工厂近旁，他们也会形成一个完整的村镇……于是村镇就变成小城市，而小城市又变成大城市"。企业通过集聚产生巨大的经济效益，可以节约成本，获得规模经济的好处。企业的规模受制于市场规模、各种资源的可获得性、交通运输、基础设施、服务业的发展水平，相关企业在空间上的集聚能够促进产品销售市场更加广阔、交通运输条件便利、基础设施完善、劳动力供给增加、服务业健全、信息渠道畅达，这些有利的外部环境使企业的生产成本降低，增加经济效益，同时同类生产企业的集聚形成行业规模的扩大，因此获得规模经济和外部经济的好处。

城市中的聚集不仅是工业企业的集中，而且由工业企业的集中，还相应地带来生产和生活服务业企业也在邻近选址，工业和服务业的发展创造了大量的劳动力需求，从而吸纳了本地和外地劳动力的就业，促进城镇人口的增加，进一步扩大产品和服务的需求，带来生产部门规模的扩张。因此，由人口、产业、资本等发展要素在城市这一空间的集聚，带来市场及需求的扩大，促进了住房、交通、饮食、服装、生活用品等行业的发展，行业越来越多，就业机会相应增加，促使大量农民来到城市寻求良好的发展机会。

（二）城镇化通过扩散效应创造劳动力转移就业的机会

城镇化是一个聚集与扩散双向运动的过程，由于各种生产要素在城镇的集聚而形成城镇的合理规模，如果发生过剩就会出现资源利用率下降，继而发生"城市病"。因此，企业和人口在城市达到一定规模后，会自发向城外流动，产生扩散效应。另外，政府出于社会公平的考虑，在工业化发达到一定程度后，会主动加大对农村和欠发达地区财政投入，导致发展要素向中小城镇和农村扩散，包括产业的扩散、知识的扩散、思想的扩散、文化的扩散以及公共服务扩散。

1. 产业扩散缩小农民转移的距离

产业扩散是产业结构调整在空间上的反映。由城市中产业聚集过度引发规模不经济，再加上产业结构调整升级的需要，使得一些工业制造业企业成本过高，纷纷迁出城市市区寻求新的市场。这些迁出城市的工业制造业扩散到城市郊区，促进城市周围县城、小城镇产业的发展，或者转移到其他中小城市，与此同时，金融业、高科技企业、各种生产性服务业、商业服务业成为城市的主导产业，由此实现产业在不同等级城市间的合理分工。

2. 城市文明的传播及思想观念的扩散，促进农民素质的提高

在传统农业中，劳动者的差别主要体现在体力和经验的差别。在工业中，产

业的发展趋势是专业化程度越来越高，分工越来越细，劳动之间可替代性越来越低，劳动技能随着分工深度和广度的发展而日趋多样化。因此，工业化也是劳动者素质和技能逐步形成并日趋分化的过程。农民通过进城从事建筑业、制造业、纺织业、制鞋业、制衣业等工作，逐步掌握了现代工业发展的各项技能，由此决定了农民在城市的生存能力和就业空间。

城镇聚集了各类工商业，成为经济发展和文化交流的载体。城镇里面的每一个成员通过接受教育和技能培训以及人与人之间的交往提高自身的素质，农村转移出来的劳动力来到城镇也受到城市现代文明的熏陶，很大程度上影响着他们的思想观念和精神面貌，也改变了他们的生活方式。进城劳动力在参与城市就业竞争之后，培养了竞争、开放、创新等现代意识，在经受现代工业文明的洗礼之后，当他们返回农村，结合农村资源特点，利用现代经营理念，联合村民建立起公司、企业带动农民致富的同时，也将城镇文明传播到农村的每个角落，从而帮助当地农民提升素质。

（三）城镇化推动农业现代化，催生农村非农就业

人多地少的国情决定了我国必须走农业现代化道路。在当前阶段，农业现代化的重点是农业产业化。农业产业化是以家庭承包经营为基础，引导农民以市场为导向，优化要素组合，通过产供销一体化，实现农业规模生产和经营，提高农业经营效益。农业产业化作为农业现代化的有效途径，与城镇化相互促进，共同发展。农业生产率的提高，把农民从土地上解放出来，可以从事非农产业、外出打工、迁移到城市寻求新的发展机会；与此同时，城镇化的顺利进展，进一步优化了农业发展环境，表现在转移农村劳动力，实现农业生产要素的优化配置、促进农业产业规模扩大、扩大农村分工、推进农业经济结构的丰富、推动农村经济组织的发育等方面；此外，城镇化通过改变城乡人口分布扩大了农产品市场规模，提高了农业市场地位和收益水平。

1. 城镇化促进农业规模化和专业化

随着农业规模化生产和经营，促进了农业生产的专业化水平和劳动生产率的提高。马克思认为，农业现代化是以土地规模经营为前提，农业经营规模的扩大有以下几个前提：第一，农业生产力发展和大量农产品剩余；第二，农村剩余劳动力转移出农业；第三，农业土地集中。城镇化恰恰是以农业人口向城镇迁移或向第二、第三产业转移为主要特征，因此，城镇化在减少农村人口的同时，也实现农业生产要素的优化配置，使土地向经营能手集中，提高农民的人地比例，为

农业规模化和专业化创造了条件。

城镇化减少农民可以改善人地关系，提高劳动生产率。工业化是城镇化发展的源泉和动力，工业化的发展产生对劳动力的需求，并且从事工业生产获得的工资收入高于传统农业的经营收入，由此吸引农村劳动力转移到城镇工作，形成对农民转移的拉力。随着工业化的深入展开，工业生产方式向农业渗透和普及，农业的机械化水平越来越高，越来越多的农民相对于有限的土地会成为过剩劳动力，农民的就地转移和异地转移成为城镇化进程中劳动力转移的主要形式；与此同时，城镇化过程伴随着农民与农业的分离，推动农业生产要素逐步优化配置，是农业人均土地占有水平逐步提高和土地经营规模逐渐扩大的过程，从而有利于提高农民就业收入。

2. 农业现代化带动劳动力就地转移就业

城镇化是扩大内需和促进经济增长的重要引擎。当越来越多的劳动力从农村流向城镇，为了满足更多的城镇人口带来的农产品消费需求，对农业的生产能力提出了更高的要求。劳动力从土地上得到进一步的释放也为提高农业生产效率创造了必要条件，2013 年的中央一号文件首次提出，"引导农村土地承包经营权有序流转，鼓励和支持承包土地向专业大户、家庭农场、农民合作社流转"，这是中央政府首次鼓励土地流转、引导农业变革；2014 年中央政府发布了"以全面深化农村改革"为主题的中央一号文件，这标志着新一轮土地改革即将全面推广。这一轮土地改革对农业现代化、农村劳动力非农就业产生了深远的影响，农村未来的就业机会将更多地依赖于农村经济活动的多样化。土地的集中耕种，促进了农业规模化、机械化和现代化。现代化农业迎合了社会需求结构不断升级的要求，可以带来农业经济效益的提高，稳定农民的收入，农村居民收入增加后就内生出新的农业发展模式，促进农民分工分业、产业集聚，带来农村内部产业结构和就业结构的调整。因此，现代化农业依靠科技进步和推动农村土地承包经营权有序流转等农业制度创新，形成了以市场为导向的农业生产经营体系，不断涌现出农业的新业态，如观光农业、设施农业，这些新业态创造了更多的职业需求，带来了农村旅游等生活服务业和与农业生产相关的服务业的发展。因此，现代化农业生产方式通过实现产业融合，在农村创造了更多的非农就业机会。近几年，政府加大对农业的投入力度，不断完善农村基础设施，为乡村发展与农业有关的非农产业提供了物质技术平台，鼓励更多农村劳动力从事农业生产和在农村从事非农就业。

（四）城镇化催生出"民工经济"，拓宽农村劳动力就业空间

20世纪90年代中期以来，随着大批农民转移到城镇打工，"民工潮"和民工经济悄然兴起。"民工潮"是中国农民在历史上第一次主动、积极地参与工业化、城镇化。大量农村转移出来的劳动力在城镇主要从事建筑业、家政服务业等低技术要求的工作。农民到城镇打工有几种途径：采取劳务输出的方式即政府职能部门组织当地农村剩余劳动力外出务工；以能工巧匠、农民精英为龙头拉一支队伍外出，利用过去建立的劳务协作关系，扩大输出队伍；依靠亲戚、朋友、熟人、老乡的牵线搭桥，开拓劳务市场。

外出打工拓宽了农民的就业范围，城镇的生活方式和社会交往方式渐渐渗透并影响着农民工，为融入城镇社会形成一定的积淀。当前，向非农产业转移的农村劳动力，大多只是脱离了农业劳动，大部分还保有承包土地，因此，有的农民进城打工待积累一定的资金和生产经验后选择返乡创业，带动当地农民就业；有的进城后就接全家老小到城市一起生活，成为农民市民化的驿站。民工经济相对于城乡一体化所要实现的共享基本公共服务的发展目标还有一定的距离。这也是农民市民化的中转枢纽——民工经济未来发展的重点。因此，民工经济的形成和发展，促进了农村劳动力转移到城镇工作和生活，推动了城镇化进程，实现了社会结构的转变。

第二章 新型城镇化的发展困境和动力机制

新型城镇化是经济新常态下扩大内需的巨大潜力和全面建成小康社会的重要基础。新型城镇化主要通过对城乡要素资源重新配置以实现以人为本，公平共享。由于传统城镇化发展模式存在诸多不足，导致新型城镇化的发展仍然面临着许多深层次矛盾和问题。新常态下，我国加快经济社会的转型，这一过程将会产生一系列新矛盾，这些问题构成了新型城镇化进一步发展的主要障碍。

第一节 经济新常态下新型城镇化发展的困境及推进路径

2008 年美国次贷危机的爆发引发全球经济陷入低迷，以外贸出口拉动中国经济增长的格局也在这个时间点进行了深刻的调整。新型城镇化正是在这个背景下提出来，城镇化建设是扩大内需和应对全球性经济萧条的经济发展战略。2014年，习近平同志提出中国经济步入新常态的最新判断，经济新常态是对新形势下中国经济发展战略的新认识，是经济和社会发展转型的过程，新常态要实现增速的转换、增长动力的转变、经济结构的转型升级，意味着我国经济发展将更加注重提高劳动生产率、资源配置效率，以此形成可持续的内生性发展动力。新型城镇化是在内外需失衡和投资消费失衡的背景下提出的，是对片面追求城镇化速度、规模的传统城镇化道路的纠正，它通过对城乡要素资源重新配置以实现以人为本、公平共享的城镇化本质，通过创新驱动实现产业结构的优化升级以增强城镇发展新动力。经济新常态下，外延扩张的城镇化向内涵优化扩展的新型城镇化转变不仅具有充分释放内需的重要作用，同时还是适应新常态的客观要求。将经济新常态理论融入新型城镇化实践中，从而构建新型城镇化新的发展理念，对提升新型城镇化发展质量和效益具有重要意义。

一、新型城镇化为新常态下经济发展提供重要动力

新常态在经济学上的定义是指经济发展阶段、发展面临的环境发生变化，从而使经济发展特征发生转变。2010 年，在全球经济经历美国次贷危机和欧洲债务危机之后，国际经济学界用"新常态"描述各国及国际经济将处于缓慢的调整和恢复过程。对中国而言，新常态是一个经济转型的过程，标志着我国经济发展进入一个新阶段，经济结构的调整和优化、培育新的经济增长动力、转变经济发展方式等成为这一阶段稳定存在的特征，由此实现从旧稳态到新稳态的转化。在新常态的调整阶段，如何避免经济出现硬着陆，关键在于寻找新的经济增长点。与此同时，新型城镇化是我国未来经济增长的主要动力和经济发展的重要战略，城镇化的建设和发展成为经济新常态下我国经济保持健康发展的主要支撑。新型城镇化与经济新常态的发展特性存在很大的相似之处，在发展速度方面都是从高速发展转向平稳发展；发展目标都是从追求数量增长和规模增加转向提高经济效益；发展方式都是从外延粗放转向内涵集约，均以结构性改革作为转型路径，从这些共性来看，新型城镇化与经济新常态相互影响、相互促进。

新常态下，我国经济增长速度降低，为此要加快调整经济结构，使经济发展立足于提高全要素生产率，把经济增长拉动力转变为内需，城镇化是扩大内需的最大潜力。新型城镇化将倒逼产业升级与城市空间转型，是经济发展的重要引擎，也是促进我国产业升级和创新驱动的重要抓手。因此，新型城镇化对经济发展具有很强的内在推动力，将开启经济发展新空间。

（一）新型城镇化促进劳动生产率提高

劳动生产率是经济增长的内在动力，但长期以来我国经济增长依靠要素资源大量投入，影响了劳动生产率的提升，导致经济增长空间有限。随着我国经济发展步入新常态，提高劳动生产率以促进经济增长的重要性日益凸显，这就要改变物资资源大量消耗的追求数量和速度的经济发展方式，通过科技创新、管理创新和提高劳动者素质实现经济增长的质量和效益。城镇化的主要特征是人口和要素在产业和空间上的集聚，这种集聚程度越高，生产效率也提升越快，从而形成经济增长的区域差异。新型城镇化的发展理念之一就是效率与公平二者同时兼顾，提出了资源共享、效率提升的包容性城镇化发展模式，具体表现为：企业在政府的引导下，深度挖掘和利用地区特色资源，运用现代生产方式，实现要素合理利用，由此形成特色产业链。这种城镇化发展方式体现了微观经济主体利益共享，由企业投资建厂，通过农民的宅基地置换住房，用自然资源与社会资源融合的城镇化发展模式解决了可持续发展的问题。一方面，这种土地开发和建设既整合了农村分散的建设用地，同时也缓解了城镇建设用地的压力；另一方面，这种发展模式实现了产业开发和就业安排同步进行，形成了社区、市场与企业，为要素的集聚创造了前提条件，通过发展劳动密集型和技术密集型产业，实现农村第一、第二、第三产业融合发展，从而实现企业发展和农民致富同步。此外，新型城镇化更加注重市场在资源配置的主导作用，通过建立完善的市场经济体系，带来分工的精细和专业化水平的提高，能够使各个企业的比较优势充分发挥，从而形成协作网络，促进规模经济形成和产业结构优化升级，从而提高资源的利用效率。这种生产效率的提升反过来又增强生产要素的聚集力，在延长产业链、增强产业链上每个环节的关联度的基础上，这种要素的聚集通过大规模生产、人力资本积累和公共基础设施共享等方式激发经济增长的巨大潜力。

（二）新型城镇化有助于释放内需潜力

城镇化内涵丰富，在工业化初期，投资是城镇化的主要手段和动力，这种投资型城镇化通过粗放式集中也会产生规模效应，但是这种效应反映很慢，不久以后就出现规模报酬递减。因此，投资拉动城镇化后劲不足，直到工业化中期出现中等收入陷阱阶段，城镇化的负面效应开始显现，"城进农退"导致的城镇和农村两块人群聚居地在经济发展资源、公共福利资源存在分配不平等；城乡经济发展差距形成巨大拉力吸引农村剩余劳动力向城镇转移，农村转移人口规模大、数量多，但是由于城镇公共服务等综合承载能力不足，导致农村劳动力转移到城镇生活质量依然不高，没有达到预期的全面激发社会需求的目的，难以形成拉动经济社会发展的效应。当前，我国经济进入新常态，在增长速度平缓的背景下，要通过调整和优化经济结构，转换发展动能和发展方式，推动新型城镇化新的发展。新常态的经济特性对劳动力的就业在结构方面提出新的挑战，劳动力在城镇的就业状况关系到新型城镇化的发展水平和质量，因此，经济新常态对新型城镇化的实现具有一定的约束，同时，新型城镇化建设又通过扩大内需对经济发展产生巨大作用力。

城镇化之所以能够有效地扩大内需，最根本的原因在于城镇化带来了就业机会的增加，提高了劳动者的收入水平，增强了居民的消费能力。新型城镇化的发展阶段，农业和非农部门劳动生产率的差距将逐渐改善，这就为城镇化扩大内需创造了有利条件。首先，新型城镇化的集聚效应带来了大规模的生产性和生活性需求。生产性需求是对企业而言的，是指社会化扩大再生产引起的对原材料、劳动力、资金等生产要素的需求。城镇化是以城市为主体的生产要素再配置过程，随着城镇化水平的提高，大量劳动力和生产活动不断向城镇聚集，必然催生出巨大的基础设施投资需求和生活性需求，于是工业制造业、服务业生产规模扩张，为社会创造了大量的就业机会，城镇吸纳农村转移劳动力的就业能力不断增强，进城务工的劳动者就业更加充分，这样就能在城镇中获得更高的收入，进而提高他们的消费水平。其次，新型城镇化更加注重城乡统筹。城镇化通过辐射效应拓展市场规模，一般来讲，城市规模越大，其要素生产率越高，因此产业和人口在空间聚集到一定程度会产生"扩散效应"，带动周边地区经济发展。大中城市为了缓解不断增大的人口压力，城市与农村的衔接地带——郊区成为城市劳动密集型产业转移的承载地。随着郊区功能的多元化发展，生产链条不断从城镇向农村延伸，带动服务业的发展，从而扩大了城市的发展空间，拓展了市场规模，为当地农村劳动力创造非农就业机会，提高了居民的消费能力，推动了城镇化进程并有利于实现城乡经济一体化。

二、新常态下新型城镇化发展面临的主要困境

城镇不仅是产业和各种生产要素的聚集区，同时也是创新活动的孵化器。新型城镇化的发展目标是实现城乡一体化，提升人民的获得感，因此，加快新型城镇化建设既关系到产业结构的调整，也关系到全面小康社会目标的实现。然而，由于传统城镇化发展模式存在诸多不足，导致新型城镇化的发展仍然面临着许多深层次矛盾和问题。中国近几年城镇化进程的放缓，是宏观经济下滑的一个重要原因，其背后反映的是地方政府在债务危机下拉动经济的能力下降、城镇化发展的内生动力不足、内需增长乏力、资源环境约束问题突出。新常态下，我国加快经济社会的转型，这一过程将会产生一系列新矛盾，这些问题构成了新型城镇化进一步发展的主要障碍。

（一）新常态下城乡收入差距大，内需增长乏力

城镇化的发展使城乡人民的生活得到了很大的改善，2016 年，全国居民收入稳定增长，城乡居民人均收入比为 2.72：1，尽管有逐步缩小的趋势，但是从基尼系数来看，2016 年为 0.465，说明城乡收入差距状况还不容乐观。经济新常态下，经济结构的调整和经济增长方式的转变对城乡收入差距提出了新的挑战。首先，经济增长速度的下降会影响居民收入的增长，不同群体的分配格局也会重新调整。产业结构的优化升级，使知识密集型服务业取代劳动密集型工业制造业成为拉动经济增长的主体，于是两大部门的职工收入差距就会不断扩大。新常态下，我国实行要素驱动向创新驱动转变的经济发展战略，知识、技术成为决定收入的重要因素。受教育程度高、具有工作经验的劳动者生产效率较高，其工资收入也与普通劳动者形成明显的区分。其次，城乡产业结构不合理，经济联动性不强。中国是一个农业大国，农民是扩大内需的主要力量，新型城镇化发展的关键是增加农民收入，促进农民消费需求的增长。然而，目前，我国的农业现代化水平不高，农业劳动者文化程度低，农业科技推广难度大；农业科研经费投入不足，农业科研机构少，使得现代农业缺乏技术支撑；农业经营体制不完善，进入市场的组织化和产业化程度低；农业合作组织规模小，服务领域狭窄，抵御风险能力较弱。农村地区的产业发展水平难以形成对城市的资金、技术和管理相承接的格局，使得农村的产业结构难以优化升级，区域间产业结构趋同，一些地区盲目上项目，没有考虑地域特色，造成经济效益低下；城乡统筹缺乏财力支持，难以实现以工补农、以城带乡，由此形成农村地区第二、第三产业发展薄弱。以福建省为例，福建省当前城镇化的发展存在工业化、信息化、城镇化和农业现代化发展不同步，导致农业根基不稳、城乡差距过大、产业结构不合理等问题，具体表现为，福建省的户籍人口城镇化进程滞后于工业化。2015 年，福建省的户籍人口城镇化率为 43.79%，工业化率已达 50.3%，两者相差 6.51 个百分点。此外，福建省的就业结构演进滞后于产业结构演进，农业现代化滞后于城镇化。福建省农业产值比重从 1978 年的 36% 下降到 2015 年的 8.2%，就业占比则从 75.1% 下降到 22.3%，就业结构的转变滞后于产业结构的转换，说明还有大量农村劳动力滞留在农村，影响农业规模化经营和农业现代化进程，从而阻碍了城镇化的进一步发展。从衡量居民生活质量的指标来看，2015 年，城镇恩格尔系数为 33%，农村恩格尔系数为 37.6%，城镇居民人均可支配收入与农村居民人均可支配收入之比为 2.41：1，这些数据表明城乡消费结构和收入水平还存在较大的差距。

（二）城镇化空间布局欠合理，发展质量不高

近年来，在快速推进城镇化发展中，全国各地区基本上形成了"土地城镇化"快于人口城镇化、建设用地效率低的现象。由于用地成本高，导致产业园区选址采取见缝插针的方式进行开发，结果造成城镇建设用地无序增长，农村也出现大量分散的非农业开发，城乡建设难以形成整体风貌。此外，城镇发展规模结构不合理，大中小城市和小城镇协同发展水平较低，城镇格局存在"小、散、弱"的现象，中心城市辐射带动能力不强，中小城市集聚产业和人口不足，小城镇数量多、规模小、服务功能弱。例如，福建省当前城镇化处于持续快速发展阶段，截至 2015 年底，福建省现有城镇 85 个，其中市辖区 28 个，县级市 13 个，县城 44 个，城镇人口 2403 万；按照城市人口规模划分，中等城市 4 个，小城市（含建制镇）20 个。福建省各地级市城镇化水平差异较大，沿海城市地理位置优越，交通便利，具有明显的集聚效应，因此，厦门市的城镇化水平最高，为88.8%，山区——龙岩的城镇化水平最低，为 51.6%，两者相差 37.2 个百分点，这反映出福建省中小城市产业和人口的集聚能力不足。福建省多数中小城市规模小，第三产业发展受限，缺乏规模较大的支柱产业，基础设施落后，公共服务缺乏，导致这些地方人口吸纳能力不足，城市功能难以强化，辐射和带动作用也就得不到发挥，产业发达、公共服务体系相对完善的城市产生较强的人口集聚力，像福州市和泉州市，常住人口超过 500 万人，与此同时，这些特大城市面临诸如住房紧张、就业困难、交通拥堵等"城市病"。比如，近年来福建省厦门市岛内交通拥堵、雾霾天气增多等问题，已经严重影响到居民的生活质量。

（三）制度改革滞后，农民市民化进程缓慢

农民从农村向城镇转移是新型城镇化的重要支点和必然要求，广大农村劳动力通过政府引导和自主选择相结合，实现了进城工作和生活，这是以提高转移劳动力生活质量为目标的新型城镇化发展方式，也是新型城镇化实现的重要支点。随着工业化、城镇化水平的提高，城镇第二、第三产业的发展为农村剩余劳动力的非农就业创造了条件，同时农村劳动力在基于生存与发展的理性选择下自愿进城务工。获得更高的工资收入是吸引农村劳动力通过空间转换实现职业转变的经济动力，对下一代教育质量提高的追求是农民进城务工的精神动力。由于农村教育资源长期严重不足，农村家庭对其子女能够接受较好的教育寄予厚望，他们进城务工一方面希望能够获得更多的收入以支付子女的受教育费用，另一方面期待着子女能够在城镇拥有良好的受教育条件。农民进城务工的经济理性和国家城镇

化发展政策的外在推动,共同加快了农村劳动力向城镇转移的进程。中国现有统计口径上的6.9亿城镇人口包括了在城镇居住6个月以上的农民工及家属,他们只是名义上的城镇人口,在子女教育、医疗保险等基本公共服务方面享受不到与原城镇居民相同的待遇,形成了城镇社会新的"二元结构",这种已转移的农村人口"半市民化"造成的社会矛盾日益突出,成为新型城镇化发展的主要障碍。以福建省为例,2015年末,福建省常住人口城镇化率已达62.09%,位居全国第八位,然而户籍人口城镇化率仅有34.79%,两者相差27.3个百分点。根据福建省人力资源和社会保障厅的统计,福建省农民工数量已超过400万人,占职工总数的60%左右,其中1/3的农民工来源于本省。这些从农村转移出来的劳动力成为城镇化建设的主体,尽管他们是城镇的常住人口,但在工资福利、社会保障、医疗卫生、文化教育等诸多方面,却没有享受同城镇人口相同的待遇。首先,农民工工资低,工作环境差。从区域分布来看,福建省的龙岩、三明、南平、宁德等经济相对落后的地区输出的农村劳动力主要转移至省内的福州、厦门、泉州、漳州等地区。福建省的农民工主要就业于民营企业、三资企业开办的建筑、采掘、餐饮、服装、电子组装等生产部门。从文化水平来看,2014年,福建省农村劳动力中初中以上人口占比为38.6%,大部分农民工仅有初中水平的文化程度,学历和技能直接影响到农民工所从事的工种和工作环境的好坏,多数农民工进城只能从事高风险的户外劳动,或者低技术要求的车间生产,工作和生活环境差,工资收入主要集中在1500~3000元。2015年末,福建省城乡居民人均收入比为2.41:1,由于农民工在城镇打工收入低,城市消费较高,这就制约了这些流动人口融入城镇生活。其次,社会保障覆盖面低,流动人口合法权益缺保障。这些从农村转移出来的劳动力在工作中缺乏与节假日相关的福利待遇,同时游离于社会保障的边缘。2015年底,福建省常住人口医疗保险参保率为33.9%,基本养老保险参保率为23.01%,失业保险参保率仅有14.22%。流动人口居住条件差,福建省70.8%的流动人口租住民房。此外,福建省优质教育资源不足,除义务教育阶段外,流动人口子女进入当地优质学校就学的难度大。

（四）城镇化发展的资源环境约束增强

中国城镇化的快速推进,很大程度上依赖于劳动力、土地、能源的大量投入,在产业发展政策上,过度追求经济增长的规模和速度,使具有高污染风险的重化工业成为沿海新兴工业基地的产业主体,能源密集型、高碳排放型的产业发展带来的环境污染、资源短缺等问题给城镇化发展带来巨大的压力。一些企业排污排废执行不严格，对脆弱的生态造成威胁，使环境的承受能力趋近极限。因此，在新型城镇化发展面临的资源环境硬性约束的条件下，要科学统筹城镇的规模、功能、产业布局、人口分布、环境保护，把生态文明的理念引入到新型城镇化建设，实现生态城镇、宜居城镇和智慧城镇。

三、我国新型城镇化发展内生动力不足的主要原因

城镇化的快速发展应当是要素集聚和分工专业化的结果，市场在城镇化进程中发挥着主导作用，产业是城镇化发展的重要载体，人民是城镇化建设的主要推动者。在中国，城镇化则主要通过政府的行政力量迅速推进，这种发展模式使城镇化面临着内生动力不足。我国自改革开放以来，主要依靠土地开发促进城镇化发展，地方政府支配土地和资本等要素资源，通过权力运行的科层机制取代市场机制，使地方政府成为城市发展战略的制定者、项目开发者和运营者。城镇化改变了土地不同利用方式的比较收益，土地的非农化提高了土地的使用价值，由于旧城镇建设的拆迁成本极高，地方政府通过征用农民土地的方式把大量农村土地转为城镇建设用地，以保障工商业、住房建筑以及基础设施用地的需求。土地的开发带来了丰厚的利润，地方政府通过垄断土地收益为城镇发展提供资金来源，以投资的方式加快城镇建设，形成一种以土地开发和投资驱动的城镇发展模式，其外在表现特征就是速度快、规模大、城市空间向郊区扩展。地方政府充分介入城镇化开发和建设是多种因素综合作用的结果。

首先，政府官员晋升考核机制成为地方政府热衷推进土地开发的外部制度环境。改革开放后，随着地方政府自主决策的权力增加，提高了官员发展经济的积极性，也加剧了地区间经济发展水平、财政收支规模以及官员晋升方面的竞争。一些地方政府为在激烈的竞争格局中获取晋升的政治资本，采取经济重复建设手段，追求经济发展的短期效应，造成了资源的极大浪费。这种不合理的官员晋升机制使得地方政府采用激进的方式上项目，扩大投资规模，违背了城镇化发展的内在规律，使大量市政民生工程沦为政府形象工程，公共服务供给严重不足，社会公众无法分享到城镇化带来的实惠。其次，土地财政是政府推进城镇化建设的内在激励机制。随着中国财政制度转变为分税制，土地出让金的大部分由地方政府自己支配，这就产生了土地财政。地方政府在城镇化建设中要担负公共产品供给和基础设施建设等职能，这种事权和财权的不对称造成地方政府财政压力增大，于是通过建设工业园区、新城区等方式高强度进行土地开发，攫取土地增值

收益，忽视了城镇实体产业的发展，导致城镇产业发展不成熟、工业化与城镇化严重脱节，城镇未能为大量失地农民提供就地非农就业机会，造成土地城镇化快于人口城镇化，容易诱发空城等问题。再次，制度规则的模糊与缺失形成政府推进城镇化的策略行为空间。明晰的制度规则是约束经济主体行为的重要手段，由于缺乏有效的制度规则，使地方官员自利化行为具有很大的制度空间。在城镇化建设中，政府与市场边界模糊，没有制定相应的规则、制度来明确二者的职能与分工，导致政府的越位和缺位。最后，农村的土地制度和投融资制度不合理也是造成地方政府以地融资的根本原因，最直接后果就是高杠杆、高债务和高风险。土地出让金不仅是地方政府融资的来源，同时政府投融资平台还通过商住用地抵押获得贷款融资，并且依靠土地出让金作为还款的来源。这种投融资方式很容易受到经济波动的影响，地方政府的债务导致经济增长能力下降。

四、新常态下推动新型城镇化发展的优化路径

经济新常态下我国发展城镇化的内外部条件已发生深刻变化，新型城镇化建设不仅是释放内需潜力的重要载体，而且是促进经济社会转型的战略重点。新常态下，推动新型城镇化健康、可持续的发展是一项复杂的系统工程，要更新城镇化发展理念、创新城镇化推进模式和建设形式，引领城镇化实现新的发展。

（一）强化市场的主导作用，增强城镇化的内生动力

新型城镇化的本质是实现要素在城乡之间的流动与重新配置，促进产业发展和结构优化，使城市集聚经济充分发展，形成大中小城市和小城镇的合理布局与协调发展。城镇化的速度和质量取决于资源配置的效率，市场是产业结构转换的核心动力、聚集经济效应的内生动力、生产要素流动的直接动力，因此，要深化改革，充分发挥市场在资源配置中的决定性作用，调节各种生产要素在城乡之间、区域之间合理流动，实现要素配置效率的最大化。

首先，加快推进农业现代化。农业的发展是城镇化的初始动力。要加大对农业基础设施的投资建设，优化土地资源配置，实现农产品生产的规模化和集约化。中央新一轮的土地改革是在现行农村土地集体所有的制度格局不发生改变的基础上，顺应社会现实创新性地提出承包地"三权分置"以及探索建立进城落户农民对农村土地权益依法自愿有偿退出机制等做法有利于提高土地资源的使用效率，为农业规模化生产创造条件。要结合各地特色产业和主导产业，积极推行家庭农场经营模式，大力发展农产品的精深加工，延长产业链，形成具有特色的

农产品加工业体系，推动农业现代化、工业化和城镇化协调发展。

其次，优化产业结构和产业布局。要大力发展各种产品、生产要素市场，促进城乡生产要素自由流动，推进第二、第三产业发展。优化城镇的产业布局，规划产业园区时要突出地方特色和城镇功能，实现产城融合。要大力发展机械制造等先进制造业和现代物流业为主的生产性服务业和旅游业为主的生活性服务业，优先发展劳动密集型产业和服务业，并适当将第二产业布局在农村，以构建城镇、农村工业体系，同时支持、鼓励和引导农民进城就业和创业。

（二）发挥政府的引导作用，提高城镇化的可持续发展能力

城镇化的持续健康发展离不开政府的经济调控和社会治理，要在户籍、土地、就业、投资、财税、社会保障等方面大胆创新，极力破除城乡二元结构体制。

首先，要科学规划，加强生态环境保护。城镇化的发展应该以资源节约和环境保护为基本前提。新常态下要化解产能过剩、实现产业结构优化有赖于城镇化向绿色低碳转型。各级政府要依照新型城镇化发展的各项要求和指标，进行科学、合理的发展规划，根据不同区域的资源环境承载能力、现有开发强度和发展潜力，统筹谋划人口分布、经济布局、国土利用和城镇化格局，强化生态红线的刚性约束。在依靠行政力量进行环境和资源保护的基础上，还需要充分发挥社会公众的积极性和创造性，发挥企业在发展低碳产业、开发低碳技术、设计低碳商业模式等方面的主体作用，构建完善合理的城镇化治理格局。

其次，立足城乡统筹，协调解决农民变市民问题。新型城镇化进程中要解决好两个关键问题：一是城镇的产业支撑和权益保障；二是劳动力从"乡"到"城"的转变。政府要营造制度环境促进农村劳动力有尊严地融入城镇。要消除户籍制度带来的不平等，要让有能力转移到城镇工作和生活的农村劳动力能够充分享有就业、医疗、教育、公共租赁住房等基本公共服务。要借鉴国家新型城镇化发展的样本——晋江经验，推行"保障全覆盖，待遇均等化"的做法，晋江在实现人口城镇化进程中通过放宽外来人口落户条件，实施外来人口"居住证"服务管理制度，让超过 110 万持证农民工享有多达 30 余项市民化待遇；通过"七个换"盘活资产等方式推进就地城镇化、就地市民化；同时，出台大力度的人才政策吸引各方面的人才落地晋江。当然，在提高社会保障的覆盖面和保障水平时，需要破解资金的瓶颈问题。要拓宽社会化融资渠道和融资方式，建立多元化可持续的投融资体制，鼓励和支持民间资本进入基础设施和公共事业建设领

域，为城镇化建设提供长期稳定的资金来源。同时要健全财政转移支付同农业转移人口市民化挂钩机制，建立城镇建设用地增加规模同吸纳农业转移人口落户数量挂钩机制，建立财政性建设资金对城市基础设施补贴数额与城市吸纳农业转移人口落户数量挂钩机制。维护进城落户农民土地承包权、宅基地使用权、集体收益分配权，并支持引导依法自愿有偿转让。要加大城乡统筹发展力度，不断完善共享型融合发展模式，探索和创新城乡一体化发展新机制，最终实现城乡经济、社会、文化、政治、生态的一体化，科学规划村庄布局，推进城镇基础设施和公共服务向周边乡村延伸，增强农村发展活力，使城乡居民等值享有发展成果。要使农村出来的劳动力真正在城镇安家落户，就业是他们立足城镇的根本。这就要求在以提高资源配置效率、加快产业结构转型升级的前提下，培育劳动力就业容量大的加工制造业和生产、生活服务业。同时，随着企业和社会对劳动力素质和技能要求不断提高，地方政府要整合各种教育资源，加强对农村劳动力的就业指导和技能培训。

第二节　新型城镇化发展的动力机制
——基于福建省的研究

党的十八大提出了"五位一体"的工作总布局以及"四化同步"的发展路径，其中，走中国特色新型城镇化道路成为重要的发展思路。在此背景下，新型城镇化成为热点领域，在国家层面也提出了一系列表述。党的十八届三中全会提出完善城镇化健康发展体制机制；中央城镇化工作会议提出了推进城镇化的六大任务，这些表述不断深入地指明了推进城镇化的着力方向。尽管如此，在政策与实践层面依旧存在着诸多争论与误解，为此需要构建新型城镇化的完整模式，形成新时期推动城镇化发展的重要动力。

一、福建省新型城镇化建设的现状

自改革开放以来，福建省的工业化和城镇化水平有了很大的提高，目前，已进入加速推进城镇化建设的关键时期。截至 2015 年底，福建省现有城镇 85 个，其中市辖区 28 个，县级市 13 个，县城 44 个，城镇人口 2403 万；按照城市人口规模划分，中等城市 4 个，小城市（含建制镇）20 个。2015 年，福建省的常住人口城镇化率达 62.09%，其中，沿海城市带以 40% 的国土面积集聚 78% 的人口，创造 85% 的国内生产总值，成为拉动福建省城镇发展、经济发展和人口集聚的重要区域。2013 年，福建省已全面完成设区市城市总体规划，支持中心城市将周边联系密切的市、县和乡镇纳入规划统一实施，初步形成了两大都市区和以福州、厦门、泉州等特大城市为龙头，漳州、莆田、龙岩、三明、南平、宁德等设区城市为中坚，县级城市为骨干，小城镇为基础的城镇网络体系。

福建省积极探索多样化的城镇化道路，选择了晋江、石狮、德化、永安、邵武、拓荣等六市（县）为省级城镇化试点县市。这些试点城镇在一定程度上代表了福建沿海和山区、经济发达地区和经济欠发达地区不同的发展特质，着重围绕有序推进农业转移人口市民化、优化城镇化空间布局、强化城镇化产业支撑、提高城镇宜居水平、推进城乡一体化发展、创新城镇化体制机制等城镇化的重点任务，从户籍、土地、投融资、住房、行政管理、生态保护等方面深化改革，大胆探索，先行先试，积累经验。截至 2016 年，福建省已有 5 个国家级、28 个省级特色小镇。

（一）福建省新型城镇化试点的进展和成效

福建省按照"一带、两区、四轴、多点"的空间布局结构协调推进城镇化。通过分层次、分类型建设，积极探索城镇化发展的新模式，已形成多种城镇化发展的典型经验，比如晋江市的城乡一体化，石狮市的全域城市化，永安、邵武市的城乡统筹，德化、柘荣县的"大城关"发展模式等。这些试点镇的创新做法主要有以下五个方面：

1. 农业转移人口市民化

早在 2011 年，晋江就在福建省率先实施"居住证"制度，持居住证外来人口享有市民化待遇。石狮市出台《新市民积分管理办法》，实行积分入住、入保、入学、入医等公共服务资源配置政策，并将外来人口全部纳入临时救助范围。邵武市实行"公共户籍地址"管理办法，符合基本条件的外来人口可申请在公共户籍地址登记常住户口，享受城镇基本公共服务。

2. 形成合理的空间布局

石狮市"一市一城"、晋江市"一主两辅"、德化县"一心四组团八片区"、光泽县"一中心五组团"和邵武市"一城四翼"的城市发展格局更加明晰，城乡面貌变化日新月异。德化县拓展"小县大城关"，推动农村人口向城区集聚，打造紧凑城区、宽敞乡村的城乡格局。石狮市编制"多规合一"的市县发展总体规划，确保一张蓝图管到底。

3. 构建产业发展平台

晋江市坚持"产城一体、融合发展"，形成"一区多园"的开发格局。德化县成立陶瓷产业发展委员会，突出"科技、文化、品牌"三轮驱动，大力发展电子商务，建成电子商务创业园，打造陶瓷产业升级版。石狮市围绕"质量石狮、二次创业"的发展战略，全力实施"东方米兰"计划，加快建设国际轻纺城、服饰创意博览园、甲骨文纺织服装创新发展云等产业平台和载体。光泽县以知名品牌企业为龙头，举全县之力打造千亿生态食品产业集群。

4. 提高综合承载能力

晋江着力实施"五个系列"（教育、卫生、文体、市政设施和社会福利）资源整合，积极推进"6＋1"（交通、能源、市政、水利、信息、环保和社会事业）城乡基础设施工程。石狮中心区"两横三纵加环路"的路网结构基本形成，全市自来水管网、电网、电信全覆盖，垃圾处理率达100%。德化推进城镇化和信息化融合，编制智慧城市顶层规划，打造"五智一高"（智慧政务、智慧产业、智慧民生、智慧城区、智慧家园和信息产业高地）。

5. 完善体制机制

石狮市正在研究实施"综合化、扁平化"政府机构改革，启动工商登记制度改革。德化县建成全省首家县级农村产权交易中心，运营以来完成土地、林地流转2.7万亩。推进以林权换收益、以收益换限价房购买指标的林权"两换"改革试点，开展农村土地增减挂钩指标换保障性住房购买指标和宅基地换房等工作。邵武用活低丘缓坡地开发利用试点政策，在摸清总量的基础上，引导各类项目使用低丘缓坡地，新增建设用地指标重点向低丘缓坡地倾斜等。

（二）福建省新型城镇化建设存在的主要问题

《福建省新型城镇化规划》出台后，新型城镇化的顶层设计不断完善，围绕城镇化发展共性与差异问题，选择不同领域、不同区域、不同城镇，开展综合和分类相结合的改革试点，走出各具特色的新型城镇化科学发展道路。然而，由于城镇化涉及面广，福建省新型城镇化建设进程中依然存在以下亟须解决的问题：

1. 福建省各地区城镇化发展水平不均衡

福建省当前城镇化处于持续较快发展阶段，但由于人均耕地少，农业劳动生产率低，城乡山海差距较大，距离进入城镇化相对稳定时期，仍具有较大发展空间。福建省各地级市城镇化水平差异较大，沿海城市如厦门、福州、泉州的城镇化率都相对较高，而靠山区的城市如三明、南平、龙岩的城镇化水平都相对较低。

沿海城市无论是从地理位置、环境、交通，还是资金的获得等方面都较有利于经济的发展，因此，厦门市的城镇化水平最高，为88.8%，龙岩的城镇化水平最低，为51.6%，两者相差37.2个百分点，这反映出福建省中小城市集聚产业和人口不足、区域聚集效应不明显。福建省多数中小城市规模小，第三产业发展受限，缺乏规模较大的支柱产业，基础设施落后，公共服务缺乏，导致这些地方人口吸纳能力不足，城市功能难以强化，辐射和带动作用也就得不到发挥。

2. 福建省城镇化、工业化、农业现代化发展不同步

随着城镇第二、第三产业的集聚发展，农村劳动力向城镇转移以及城镇生活方式和价值观念向农村扩散，城镇化经历着从传统农业社会向现代社会发展的历史过程。然而，福建省当前城镇化的发展存在工业化、信息化、城镇化和农业现代化发展不同步，导致农业根基不稳、城乡差距过大、产业结构不合理等问题。

二、构建城镇化发展动力机制的意义

城镇化动力机制是城镇化研究的核心问题之一，对此学者们进行了深入研究，提出了不少真知灼见。什么是城镇化的动力机制？它包括哪些内容？笔者认为城镇化发展的动力机制就是在城镇化发展的长期过程中，由于各种经济因素、社会因素、人口因素的共同作用，引起、保持、强化、深化、广化（即输出和扩散）或在一定条件下转化城镇化进程及其效果的综合影响方式。这里说的在一定条件下转化，是说当各种动力因素的影响大小、影响方向发生变化时，城镇化进程的方向、速度、效果可能发生变化。也就是说，城镇化发展的动力机制不是永恒不变的，而是可能改变。因此，既没有一成不变的城镇化动力机制，也没有放之四海而皆准的城镇化通用动力机制。在不同的时期，或不同的区域，适当而有效的城镇化动力机制是不一样的。因此，我们有必要根据特定区域的具体情况，分析城镇化动力的具体状况，建立适应当时当地情况的城镇化发展动力机制。

城镇化发展的动力系统主要包括各种经济因素、社会因素、人口因素。在经

济因素中，最重要的是决定城镇化可能性和发展前景的生产力发展水平，包括工业化程度、生产技术水平、劳动生产率、产业结构、经济效益等，还包括与人们的城镇化愿望密切相关的人均收入水平、城乡收入差距、城乡市场发展差距等。在社会因素中，包括城乡就业状况差距、城乡社会保障差距、城乡文化差距等。在人口因素中，包括人口密度、城乡人口增长率差距、城乡家庭赡养率差距等。通过对城镇化发展的各种动力因素的考察、比较、分析，可以更清楚、更合理、更有效地设计和建设城镇化发展的动力机制。

作为东部沿海山地最多、平原最少的福建省，积极改善交通基础设施，成为改革开放后经济位次上升最快的省份。党的十八大以来，福建省的经济增速领跑沿海发达地区。近年来，随着几条出省高铁开通和高速公路网络密集，福建省大大拓展了沿海港口的经济腹地，提高了辐射半径，同时各种生产要素重新聚集，尤其是在大量央企入闽后，福建省原有的以纺织鞋帽为主的轻型产业结构也得到了适当的调整。随着产业结构的发展，福建城镇化速度明显加快。1982 年，福建省城镇化率仅为 21.6%，与全国水平基本同步；到了 2017 年，福建省城镇人口增长了 3.6 倍，城镇化水平提高到 64.8%，35 年间提高了 43.2 个百分点，平均每年提高 1.23 个百分点。2017 年，福建城镇化水平高于全国平均水平 6.3 个百分点，位居全国第 8 位。2013 年以来，福建省先后批复了 5 个主题鲜明、各具特色的新型城镇化试点，表明新型城镇化的战略构想正在逐步付诸实践。当前，福建省城镇化发展的外部条件和内在动力已发生重大变化，进入质量与速度并重、以提升质量为主的转型发展新阶段。要实现 2020 年福建省常住人口城镇化率达到 67%、户籍人口城镇化率达到 48% 的目标，需要提高城市与农村之间的关联度，使城市与农村在要素流动、产业分工、功能协调等方面更趋合理。城镇化是经济发展各种要素空间集聚与重新分布的过程，因此，市场化是乡村人口和资源向城市聚集的基础性动力。从城镇化的本质出发，确立了市场主导、政府引导的城镇化发展模式，基于政府与市场在城镇化发展中的职能分工、协同补位，设计推动福建省新型城镇化可持续发展的动力机制具有重要的理论和现实意义。

三、新型城镇化发展的主要动力及作用机理

动力机制是新型城镇化发展的核心问题，推动新型城镇化发展的动力因素多元化，其中包括内生动力和外生动力。内生动力主要有区域地理位置及资源条件、生产力水平、政府决策者的责任意识、农村城镇化的发展愿景、企业组织对市场机会的追逐和个人的求变欲望等，这些因素相互作用，产生城镇化发展的需求拉力。城镇化的外生动力主要包括行政中心的变更、行政区划和管理因素的变动、产业结构演进与升级、生产要素的有序流动及良好的基础设施条件、城乡交通网络的完善等，这些因素共同构成推动城镇化发展的外部动力，其中，产业集群是城镇规模化的主要动力。此外，新型城镇化的发展也离不开环境动力因素的支撑，即政府的宏观政策与制度创新、科学技术水平的提高、区域竞争与非均衡发展、人口迁移的规模和速度等，这些因素相互影响和共同作用，形成推动城镇化发展的正向干预力和竞争力。

城镇化是工业化、现代化而引起的人口向城市集中的过程，促使农村劳动力向城镇迁移的主要原因在于非农产业和农业的生产效率差距、城市和农村的生活条件、公共服务、教育条件的差距、城市较多的就业机会等，这些因素不同程度地推动或拉动劳动力流动，因此，制度和要素共同推进城镇化的发展。从资源配置的两种手段来看，市场化是乡村人口和资源向城市聚集的基础性动力。此外，经济全球化使得贸易、生产和资本在城镇化发展中也发挥着重要作用，外向经济发展是城镇化的外驱力。在国家经济层面，城镇化动力主要来源于产业结构转换、国家政策调控以及科技进步，因此，推动城镇化发展的动力具有多元化特征。

本节依据城镇化发展动力机制理论，分析了市场力、主体行为力、拉动力、基础条件和政府的宏观调控力等多种动力的作用机理及在推动福建省新型城镇化发展中的表现形式，从而明确政府和市场在新型城镇化进程中的角色与分工，为经济新常态下提升福建省新型城镇化发展质量和效益提供战略决策依据。

福建省新型城镇化健康、可持续发展就需要建立适应福建省当前城镇化发展特色的动力机制。福建省城镇化的推动力正在向多元化发展，其中，自然资源禀赋、生产力水平、企业和个人自身发展意愿等形成了内在推动力，外商投资、宏观政策及制度的变迁构成了外部的推动力。

（一）产业发展对城镇化的内在作用

产业发展是城镇化的根本动力和基本保障。只有产业可持续发展才能增强城镇的要素吸纳能力。新型城镇化对产业发展的要求不仅是产业结构的升级，还包括产业布局的优化、产业生产方式的转变、产业链的延伸。产业发展和城镇化相互作用，协同演进。首先，产业集聚促进城镇化水平提高。产业发展所提供的就业机会以及因此获得发展的基础设施吸引人口流向城镇。人口的集聚有利于扩大消费和投资需求，同时又带动相关生产、生活性服务业发展，从而促进产业结构升级和城市规模扩张。因此，产业在空间上的集聚使得劳动力、资金等各种要素资源更加集中，这种集聚经济效应提高了城镇化水平。其次，产业结构优化推动城镇化质量提升。城镇在高度专业化分工基础上形成的产业配套条件，吸引更多的具有竞争优势的企业落户，处于产业结构低端的企业面临转型或淘汰，从而引致资源重新优化配置，这些处于产业结构高端的企业不断进行技术创新并将成果扩散，带来产业结构升级。由产业结构优化引致要素配置效率提高、劳动者就业结构提升、收入结构和消费结构转型，提高了产业技术含量和产品附加值，从而促进城镇化质量提升。

2016 年，福建省大力推进现代服务业集聚发展，推动制造业企业主辅分离，促进现代服务业与第一、第二产业融合发展；推动生产性服务业向高水平发展，加快建设厦门、福州、泉州等物流节点城市；积极引进更多境外、省外金融机构来闽设立分支机构，支持设立一批民营银行；加快发展生活性服务业，积极拓展入闽旅游市场，打造休闲、度假、健康养生等旅游产品，鼓励发展物业服务、商贸流通、家庭服务业。

（二）政府宏观调控城镇化发展

政府通过制定合理的制度和政策，满足各类交易主体的需求，引领城镇化健康、可持续发展。首先，政府通过行政区划使城镇化发展获得更多的空间，促进该地区经济实力提高。其次，城镇化的发展主要依托政府开发当地的各种资源，从而带动关联产业的发展，实现产业和人口的聚集。再次，政府在城镇化发展过程中编制发展规划、建设基础设施、提供公共服务以克服市场调节带来的失灵问题，从而维护了市场良好运行的环境，成为城镇化健康发展的重要推动者。同时，政府的财政支出和投融资机制，成为城镇公共基础设施建设的主要资金来源。最后，新型城镇化是城乡统筹的城镇化，政府通过提供公平正义的制度环境，促进城乡要素平等交换和公共资源均衡配置，以此解决城镇化转型过程中的利益协调问题，确保城镇化有序发展。

近年来，福建省注重城镇化的发展质量，强化规划引导，在全面完成总体规划、专项规划和主要详细规划编制基础上，着力提高详细规划覆盖率；因地制宜，分类引导，培育中心城市、都市卫星城、特色小城镇等各类城镇；加强城市设计、景观改造，突出城镇建设的特色和品位，按照福建省"一带、两区、四轴、多点"的空间布局结构协调推进城镇化。福建省立足城乡一体化,注重城镇的辐射带动和协调发展,形成三种发展层次:一是中心城市、沿海地区,依托港口、产业、城市联动,形成滨海都市带,辐射带动周边的城镇发展;二是把县城建设成次中心城市,提高对小城镇的带动能力;三是推行试点小城镇综合改革发展措施。通过分层次、分类型建设,积极探索城镇化发展的新模式,已形成多种城镇化发展的典型经验,比如晋江市的城乡一体化、石狮市的全域城市化、永安和邵武市的城乡统筹、德化和柘荣县的"大城关"发展模式等。此外,作为历史上海上丝绸之路的起点,福建省抓住机遇,利用"一带一路"和自贸区建设加快城镇化发展。设立自贸区,以厦门、福州、平潭三点一线辐射带动全省产业专业化分工、合作与协调发展。在海西自贸区、厦门自贸区和平潭港口岸对外开放等政策预期下,改善外商投资环境,同时进一步加强福州港、厦门港、泉州港和漳州港的基础设施建设,加强海上港口建设及运营管理,提高对外经济发展水平,以此加快产业和人口的集聚。

(三)外向经济驱动城镇化发展

随着经济的全球化和市场化的深入推进,对外贸易是我国城镇化快速发展的重要力量。外向经济的发展通过促进劳动力流动从而推动城镇化的实现机制主要表现在:第一,贸易通过产业集聚效应促进人口集聚。为了节约运输成本,外商直接投资的区位选址临近港口的沿海地区。当众多企业集聚在沿海地区,就会增加该地区的就业机会,吸引人口流入,产生强大的市场效应,该产业的产出水平扩大,利润增加,规模经济不断壮大,形成产业集聚的自我强化。随着产业的地理集聚度增强,商品种类丰富,劳动力生活成本下降,实际收入上升,又会产生对劳动力流入的强大吸引力,因此在产业集聚和人口集聚的双重作用下,沿海地区的城镇化快速发展。第二,贸易通过收入效应影响城镇化。在对外开放中,中国的东部地区通过大量出口劳动密集型产品,使这些地区出口企业的生产要素报酬上升,中西部地区受到运输成本的制约,参与对外贸易的广度和深度都比东部地区低,因此,中西部地区劳动力的工资收入较低。同种要素所有者收入在不同地区之间存在差异,在市场化程度较高、要素流动障碍较小的条件下,就会出现要素大规模向报酬高的地区集聚。第三,外商直接投资通过外溢效应提高城镇化质量。基于比较优势,城镇劳动密集型工业部门吸引了外商直接投资,带动了以加工贸易为主体的出口贸易发展,产生了就业创造效应,成为农村劳动力向城镇转移的拉力。此外,外商直接投资不仅带来资金,也带来先进的知识、技术、文化、理念，这种外溢效应有利于提高城镇化质量。

福建省人口密度大，农业和工业基础雄厚以及多元化的文化底蕴，为其发展外向经济创造了良好的自然条件。对外贸易和旅游业已成为福建省新型城镇化发展的重要推动力量，促进区域城镇化发展。2015 年福建省外贸平稳发展，外贸出口 6983 亿元，增长 0.2%；实际利用外商直接投资 76.8 亿美元，增长 8%，外商投资行业结构进一步优化，其中高技术制造业实际利用外资同比增长 23.1%，占制造业实际利用外资的 13.2%；服务业利用外资比重为 42.2%。与此同时，福建省积极实施"走出去"战略，推动国际产能和装备制造合作，全省对外直接投资 46.8 亿美元。

（四）创新驱动城镇经济转型

中国城镇化进程中面临的资源、环境问题需要科技创新来突破。首先，创新驱动产业结构升级，推动城镇经济绿色化。技术进步促进了劳动生产率提高，降低了生产成本，从而使市场扩大、产业分工得以深化，推动产业结构向高级化发展，消费者需求品质也得以提升。此外，技术进步还有助于改造传统产业，培育创新型新兴产业，促进新能源开发和利用，使企业实现资源节约和环境友好的生产方式，城镇经济得以绿色化。其次，创新驱动优化了产业布局，提高了城市能源、资源和空间的利用效率。城市不仅承载着经济社会的发展，同时也聚集了创新要素，产业园和科技园的建立，实现了园区内的企业共享高端科研基础设施，提高了资源使用效率，产生新兴产业集聚效应。传统工业也通过对接、扩散等方式，发生梯度转移，从而有利于城镇土地的集约利用和扩大新兴产业的发展空间，优化城镇产业空间布局。最后，创新驱动城镇现代化。随着无线网络等新一代通信技术的应用创新，推进了城市智慧化，实现经济活动方式的变迁，同时，在文化建设、社会管理体制、制度变革等领域积极创新，提升了人们精神文化需求质量，进而实现城镇的现代化。

（五）城乡发展差距

在特殊的历史条件下，中国实行了城乡二元结构，城镇和农村之间以户籍制度为标志，存在一道难以逾越的鸿沟，而且在社会保障等各项待遇上也与户口挂钩。农村劳动力受到户籍制度的限制，在教育、医疗、养老以及各项社会福利的分配问题上都无法享有城镇居民的同等待遇。这种福利和利益上的差异驱动农村劳动力主动向城镇转移。因此，从城乡收入差距、文化素质选取以下指标分析主体行为的动力：①城镇与农村居民人均收入的比值。由于追求经济利益是农民进城的主要目的，该指标在主体行为动力中可以衡量利益驱动，当城乡居民收入差距较大时，农民更愿意进入城镇追求更高的经济收入。2015年，福建省城乡居民人均收入比为2.41∶1，城乡居民人均固定资产投资比为38.88∶1，城乡经济发展条件和收益的差距成为劳动力从农村转移到城镇的拉力。②农村居民初中以上文化程度人口占比。该指标衡量了农村居民的认知水平和综合素质，农村居民初中以上文化程度人数比重越大则说明农民越能够认知城镇化为自己带来的益处，也有更多的机会在城市获得就业岗位，因此文化程度的提高有助于推动农民向市民的转化。福建省农村劳动力人口中具有初中以上文化程度的比例已由1982年的12.6%上升到2014年的38.6%，劳动者文化程度的提高为"人进城"以及进城后安家乐业提供了前提条件。

（六）区域位置和资源禀赋

城镇化发展的基础条件主要包括区位的交通、环境、资源、基础设施等因素，交通便利、环境宜人、资源丰富的区域自然成为企业选址、劳动力流动、服务业聚集的首选。因此，区域的基础条件构成了城镇形成和发展的前提。福建省整体的区位条件较占优势，地理位置优越，即位于我国经济发达的东南沿海地带，交通便利，毗邻台湾，市场广阔。基础设施建设的完善是区域开发和发展的基础。福建省加大基础设施建设。铁路运营总里程超过3300公里，其中快速铁路营运总里程超过1500公里；公路通车总里程突破10万公里，其中，高速公路通车总里程突破5000公里，基本实现全省道路畅通无忧。道路建设的完善促进了福建省的经济高速发展，福建省综合实力显著提高。"十二五"期间，地区生产总值年均增长10.7%，全社会固定资产投资五年共达7.85万亿元，一批重大项目建成投用。因此，优越的地理位置、完善的基础设施和稳健增长的经济发展水平促成了生产要素在空间上的集聚，从而实现了城镇化进程。

（七）农村劳动力转移就业支撑城镇化进程

城镇化既是缓解农业剩余劳动力就业压力的有效途径，同时又要依托农村劳动力向城镇转移以支撑城镇化发展。从农村劳动力转移到城镇的经济行为动力来看，城市拥有较多的就业机会、较为优厚的社会福利、较高的收入预期成为吸引农村劳动力进城的重要因素。因此，农村劳动力的地域转移是基于生存理性。传统的农业生产部门存在着人多地少的矛盾，随着农业劳动生产率的提高，释放出越来越多的剩余劳动力。当市场在资源配置中的作用日益增强，放宽相关领域市场准入、促进要素合理流动、资源高效配置、市场深度融合等社会主义市场经济体制的要求使传统农民可以自由流动，参与空前开放的社会分工，并释放出巨大的创造能力，成为城镇化建设的主力军。农业规模经营和非农产业规模的扩张都取决于农业剩余劳动力的转移，城镇化建设通过扩大投资需求，创造更多的就业机会，促使农村劳动力向城镇集聚获得更高的收入和生活质量，从而带动消费需求，拉动经济增长。改革开放以来，两亿多农村劳动力转移到城镇第二、第三产业就业，成为新型城镇化建设的重要力量。

四、新型城镇化发展动力的实证分析

福建省地理位置优越，改革开放以来城镇化水平有了很大的提高，目前，已进入加速推进城镇化建设的关键时期。2019 年，福建省的常住人口城镇化率达66.5%，其中，沿海城市经济发展有效促进人口集聚。然而，福建省新型城镇化建设也存在区域间不平衡、产业结构不合理、常住人口市民化滞后、城镇化发展质量不高等问题，构建福建省城镇化发展的动力机制便成为推动其发展的关键。

基于以上对福建省新型城镇化发展动力的作用机理的剖析，应构建市场主导、政府引导的新型城镇化发展动力机制。推动城镇化发展有三个主体即市场、政府、农民，为此，本节选取了产业发展（市场力）、政府推动（行政力）、对外经济（拉力）、创新驱动（持续力）和主体驱动（主观动力）作为城镇化的发展动力，运用主成分分析这些动力因素在福建省新型城镇化发展进程中的作用方向及作用程度。

（一）驱动力因素分解

城镇化是个综合系统，多重力量推动其发展。为了更集中地反映城镇化的动力，首先确定了五种驱动力，再对每一种类型的动力分别用两个具体指标来表示，形成如表 2 - 1 所示的城镇化动力因素。

表 2 - 1　城镇化动力因素

驱动力	具体指标	单位
产业发展（市场力）	第二产业占 GDP 的比重（X_1）	%
	第三产业占 GDP 的比重（X_2）	%
政府推动（行政力）	政府财政支出（X_3）	亿元
	固定资产投资（X_4）	万元

驱动力	具体指标	单位
对外经济（拉力）	利用外商直接投资金额（X_5）	万美元
	进出口总额（X_6）	亿美元
创新驱动（持续力）	普通高等学校毕业生数（X_7）	万人
	专利申请数（X_8）	项
主体推动（主观动力）	城乡居民人均收入比（X_9）	%
	城乡居民恩格尔系数比（X_{10}）	%

（二）驱动因子分析

所选取的 10 个指标存在着单位量纲和数量级上的差异，为消除这些差异，先对原始数据进行标准化处理。本节选取了 1985 ~ 2015 年的数据进行分析，由于样本数量较大，这里就没有列出标准化处理后的矩阵值。

进行因子分析前，还需要对标准化处理后变量间的相关性进行检验，一般采用 KMO 检验和 Bartlett 检验。结果如表 2 - 2 所示，福建省新型城镇化发展动力指标体系的 KMO 值为 0.81，大于 0.5，Bartlett 球度检验相伴概率为 0.000，表明选取的 10 个指标适合做因子分析。

表 2 - 2　因子分析可行性检验

KMO 和 Bartlett 的检验		
取样足够度的 Kaiser - Meyer - Olkin 度量		0.810
Bartlett 的球形度检验	近似卡方	667.747
	df	45
	Sig.	0.000

（三）主成分分析

在统计学分析软件 SPSS21.0 中，采用主成分分析方法进行因子分析。结果如表 2 - 3 所示，标准化处理后数据之间的相关系数很大，甚至有些都大于 0.9，这表明部分因子间存在很强的相关性，为此，使用方差极大斜交旋转方法。

表 2 - 3 求出因子分析的特征值和方差贡献率，提取主成分。根据特征值大于 1，总方差累积贡献率大于 85% 的原则，取前两个公共因子。其中，第一个因

子解释了原始数据 56.425% 的信息，第二个因子解释了原始数据 32.897% 的信息，两个公因子的累积方差达到 89.322%，说明两个主成分代表了原来 10 个指标的 89.322% 的信息，信息综合状况良好。

表 2-3 方差贡献率

	解释的总方差								
成分	初始特征值			提取平方和载入			旋转平方和载入		
	合计	方差的%	累积%	合计	方差的%	累积%	合计	方差的%	累积%
1	7.689	76.888	76.888	7.689	76.888	76.888	5.642	56.425	56.425
2	1.243	12.433	89.322	1.243	12.433	89.322	3.290	32.897	89.322

注：提取方法：主成分分析。

为了使每个公因子的意义更加确切，我们对因子进行旋转。从表 2-4 看到，F_1 在 X_3、X_4、X_5、X_6、X_7、X_8、X_{10} 上有较大的负载，且这一因子解释了总体信息的 56.425%；F_2 在变量 X_1、X_2、X_9 上的负载较大，第二个因子解释了总体信息的 32.897%，写出如下主成分方程式：

$$F_1 = \sqrt{5.642}\,(0.49X_1 + 0.273X_2 + 0.953X_3 + 0.966X_4 + 0.647X_5 + 0.892X_6 + 0.837X_7 + 0.965X_8 + 0.148X_9 - 0.713X_{10})$$

$$F_2 = \sqrt{3.29}\,(0.756X_1 + 0.821X_2 + 0.285X_3 + 0.231X_4 + 0.489X_5 + 0.422X_6 + 0.489X_7 + 0.186X_8 + 0.923X_9 - 0.459X_{10})$$

表 2-4 旋转成分矩阵

	成分	
	F_1	F_2
X_1	0.490	0.756
X_2	0.273	0.821
X_3	0.953	0.285
X_4	0.966	0.231
X_5	0.647	0.489
X_6	0.892	0.422

	成分	
	F_1	F_2
X_7	0.837	0.489
X_8	0.965	0.186
X_9	0.148	0.923
X_{10}	-0.713	-0.459

（四）回归分析

由于各个自变量已经过标准化处理，由此算出各年的 F_1、F_2 对应的数值，得出的两个主成分作为自变量，标准化后的户籍人口城镇化率 Y 作为因变量以表示城镇化发展水平，运用 SPSS21.0 进行回归分析，回归结果如表 2-5 所示。

表 2-5　回归结果

Variable	Coefficient	t - Statistic	Prob.
F_1	0.590	7.458	0.000
F_2	0.472	5.971	0.000
Weighted Statistics			
R - squared	Adjusted R - squared		F
0.878	0.869		100.657

由表 2-5 可以看出，模型的拟合优度非常好，说明上述采用主成分分析新型城镇化发展动力的主要因素通过了多元线性模型检验，因此，建立如下多元回归模型：

$$Y = 0.59F_1 + 0.472F_2$$

为了更直接地说明解释变量与被解释变量间的关系，把两个主成分因子代入上式回归方程，求得原始变量的回归系数，得出：

$$Y = 1.333X_1 + 1.085X_2 + 1.577X_3 + 1.549X_4 + 1.324X_5 + 1.608X_6 + 1.59X_7 + 1.509X_8 + 0.997X_9 - 1.391X_{10}$$

（五）结论

从回归结果来看，福建省新型城镇化发展与产业发展、政策推动、对外经济发展、创新驱动、农村劳动力转移意愿等驱动力都密切相关。其中，第二产业占

GDP 比重 X_1、第三产业占 GDP 比重 X_2、政府财政支出 X_3、固定资产投资 X_4、利用外商直接投资总额 X_5、进出口总额 X_6、普通高等学校毕业生数 X_7、专利申请数 X_8、城乡居民收入比 X_9 的影响系数较大，表明这些因素积极推动城镇化水平提高，城乡居民恩格尔系数比 X_{10} 的影响系数为 -1.391，表明城乡恩格尔系数比与城镇化发展水平负相关，这主要因为当城乡恩格尔系数比值越大即农村恩格尔系数较低时，反映出农村的生活质量趋于提高，考虑到进城的生活成本，农村劳动力更倾向于留在农村，因此阻碍了户籍人口城镇化水平的提高。完善城镇基础设施建设，实现城镇的就业、养老、医疗保险、失业保险等公共服务向城镇常住人口全覆盖，才能吸引农村剩余劳动力转移到城镇并真正融入城镇社会，从而稳健提升城镇化水平和质量。

五、新型城镇化发展的模式选择

新型城镇化的本质即要实现系统性发展转型，这一转型过程的枢纽环节是动力机制。根据以上的分析，由市场力、主体行为力、拉动力、基础条件和政府的宏观调控力等构成的动力机制协同推进福建省新型城镇化的发展。城镇化动力机制是一个复杂的动力系统，主要包括各种经济因素、社会因素、人口因素。在经济因素中，最重要的是决定城镇化发展前景的生产力发展水平，包括工业化程度、生产技术水平、劳动生产率、产业结构、经济效益等；在社会因素中，包括城乡就业状况差距、城乡社会保障差距、城乡文化教育差距等；人口因素主要包括人力资本存量。由于城镇化是资源要素按市场规律自发集聚的过程，因此，要在更大范围、更深层次发挥市场配置城乡资源的决定性作用，政府通过宏观规划、政策安排、制度创新发挥对城镇化的引导和保障作用。

传统城镇化带来的区域间产业发展不同步、城乡差距拉大、过分依赖土地城镇化、城市空间分布不合理等问题，以及造成这些问题的深层次原因，如基于二元结构的城镇管理体制、土地财政、基建水平差异、基本公共服务不均等都是新型城镇化进程中需要去系统解决的问题。新型城镇化要实现农村剩余劳动力转移到城镇工作和生活，这就要求：第一，非农产业在城镇集聚和农业现代化同步发展。城镇化的发展要有产业支撑，城镇的产业发展为农村劳动力转移就业创造了条件，同时也解决了农村人多地少的矛盾，有利于农业生产规模化和现代化。第二，以城市群为基本单元，实现大城市、中小城市与小城镇分工协作与互动双赢。由于户籍制度的限制和教育资源分布不均，农村教育体制和针对农村人群的人力资本投资制度不完善，造成农村劳动力自身素质不高，出现城镇工作岗位空缺和进城劳动力找不到工作的结构性矛盾，因此要发挥小城镇联动城乡的特殊功能，同时做好城乡产业的衔接，解决农村劳动力就地非农化和市民化。第三，实现城乡协调发展，深化户籍、土地、教育、医疗卫生、社会保障等制度改革。要破除和改革各种对进城农民的身份歧视与制度歧视，为人口的有序迁移和各种要素的合理流动提供制度保障。因此，新型城镇化的可持续发展应通过产业发展带动、要素流动的城乡互补和政策创新拉动等多重作用，采取市场主导和政府引导相结合的推进模式。

六、推动新型城镇化发展的协同策略

新型城镇化是一个庞大的系统工程，推动其发展的动力多元化，为此，应该加强顶层设计，重点突破，协调改革，形成合力才能实现有动能、可持续的新型城镇化。近年来，福建省先后推出新型城镇化试点镇建设。其中，最为重要的经验是晋江市充分发挥市场在资源配置中的主导作用，闯出了一条"市场主导、政府引导"的新型城镇化之路，这些经验值得其他地区借鉴和推广。

（一）优化产业结构

产业在新型城镇化发展中起着重要的支撑作用，产城融合，可以促进城镇的就业吸纳能力得到提高。首先，结合试点镇的建设，建立龙头企业，发展特色鲜明的城镇产业；其次，顺应产业转移和城镇化发展规律，更好地发挥市场配置资源的有效作用，借力"一带一路"建设和海西经济发展战略，提升承接国内外产业转移的能力；再次，调整工业发展结构，延伸产业链，引导产业向工业园区集中，提升加工制造业的技术水平，加大招商引资力度，借助高校尤其是高职院校的办学优势为新型城镇化建设培育更多的专业技能型人才，提高产业的技术支撑能力，增强新型城镇化发展的后劲和动力；最后，大力发展就业容量大和就业效率高的第三产业，重视生活性服务业发展，如餐饮业、住宿业、家政服务业等行业既能方便居民生活，又能扩大消费需求，增加就业，同时加快生产性服务业发展，尤其是为现代化农业、先进制造业服务的生产性服务业应是城镇产业结构调整的重点，逐步提高第三产业在产值和就业的比重，实现"三、二、一"的结构。

（二）转变政府职能

市场机制促进经济要素在城市空间合理有序地流动，与此同时，城市空间的扩展，也离不开政府通过经济、法律、行政等手段提供支撑和保证，因此，要发挥市场机制和政府机制的合力，才能促进人口规模和城市布局合理发展。新型城镇化是将农民有序转变为市民的过程，必然需要政府制定一套完善的管理制度、公共政策和操作程序，并着力加强战略研究、制度顶层设计和公共政策创新，其中最核心的工作是要转变政府的职能，在经济运营方面政府实现从全面主导向有限主导转型，政府要以推进新型城镇化为突破口，构建包括户籍制度、土地制度、社会保障和公共服务均等化、房价调控、财税体系、环境保护等一揽子改革方案，调动一切经济与社会资源参与城镇化，形成完备的融资模式，才能推动新型城镇化持续发展。

（三）优化投资环境，促进对外经济发展

福建省应加强基础设施建设，提高城镇的承载能力。首先，通过金融创新，完善基础设施服务体系，改变筹集资金方式，发挥民营企业的专业运营能力，保障城镇基础设施建设的质量。其次，抓住"一带一路"建设带来的开放机遇，培育商贸物流中心城镇，充分利用公共投资的导向作用和基础设施的带动作用，吸引外商投资。福建省在"海上丝绸之路"核心区建设中以推进产业对接合作为主要任务，引导外资投向主导产业、高新技术产业、现代服务业和节能环保等领域，推动建设先进制造业大省。最后，充分利用对外贸易带来的产业集聚和劳动力集聚效应，发展外向型产业集群，形成集约经营、规模经济明显的工业园区。通过贸易结构转型升级，优化沿海城镇产业结构，推进产业梯度转移，提高城镇发展质量。

（四）加强创新型人才培养，实现创新驱动城镇发展

新型城镇化发展的核心是以人为本，人才又是创新的根本，因此，推进创新创业教育是创新驱动新型城镇化发展的关键。这就要充分发挥职业教育对培养创新型技术人才的重要作用，优先安排财政资金投入职业教育，通过设计政策促进职业院校资源优化配置，根据产业发展的需要，学校和企业联合培养高素质技能型人才。建立产学研合作体系，将专业基础研究和前沿科技研究相结合，实现科研院校和企业合作共建知识创新体系。要加快技术创新和管理创新对产业的改造和升级，提升产业发展的战略层次。促进科技和产业深度融合，推动传统制造业转型升级，发展高端服务业体系，是创新驱动城镇化发展模式的必然要求。此外，要实施农民工培训工程，提高进城劳动者的城市发展能力和城市生活能力，开展人文素质培训，引导他们拓展社会交往圈，营造和谐的社区环境，养成良好

的消费和生活习惯，适应城镇生活方式。

（五）完善社会保障制度，促进劳动力有效转移

城镇化的主要目的在于实现农村劳动力在生产和生活方式上的变化，农村劳动力在对迁移城镇的成本和收益进行比较后，产生融入城镇的意愿并作出迁移的决策。当城镇的收入、福利待遇超过农村时，农村劳动力才会持续向城镇转移，农村劳动力能否真正融入城镇，也关系城镇化的持续健康发展。强化社会保障，统筹城乡就业，扩大社保覆盖率，进一步完善城镇养老、失业、医疗保险等社会保障制度，提供这些公共服务需要巨额资金，全部让政府财政支出显然力不从心，因此要通过整合资源、搭建融资平台，引入风险投资、创业投资等机构，建立主体多元的城镇投融资体系。

第三章　城镇化进程中农村劳动力转移就业的问题及成因

事实上，由于我国人多地少的状况，农村一直存在劳动力的失业问题。随着改革的深入和市场经济体制的不断发展，农村剩余劳动力的就业问题越来越突出，成为城镇化进程的重大挑战。当前，我国的城镇化已进入中高速发展阶段，农村城镇化的发展就是转移农民、富裕农民的过程。自20世纪80年代开始，农村剩余劳动力向城镇转移的规模逐渐扩大，并以乡镇企业为载体，实现了"离土不离乡"的非农就业。但是，由于社会经济结构的调整，乡镇企业的生产跟不上市场的需要，企业更多采用技术替代劳动的生产方式，农村内部消化劳动力已面临困难，这种情况下，通过城镇非农产业的发展，促进农村剩余劳动力向外转移就业，并逐步使转移劳动力市民化，是解决农村剩余劳动力就业的主要方向。与此同时，劳动力市场供需正经历一场深刻的变化，主要表现为以下两个方面：第一，由于生育率继20世纪70年代末以来不断下降，加上中国人口年龄结构即16～64岁劳动年龄人口的增长率在时间上呈现一个先上升，随后下降，直至零增长的倒"U"形变化轨迹，这些变化导致中国的人口红利正在消失。第二，中国经济发展正面临着刘易斯转折点和老龄化的挑战，因此，势必调整经济增长方式，即转向内需拉动型经济增长、实现产业转移与升级、发挥技术赶超中的后发优势。在转方式、调结构的过程中，对劳动力的质量要求也进一步提高了。城镇化建设作为拉动内需，促进经济增长的主要方式，将产生巨大的就业创造效应，劳动力市场出现供给日趋减少的新变化也在一定程度上缓和了就业的压力，但由于经济结构的调整升级对劳动力素质的提升也将进一步加大劳动力市场的结构性矛盾。

第一节　城镇化进程中农村劳动力转移就业的现状

　　城镇化的目标不仅仅是要增加城镇的人口数量，更重要的是要提高全体居民的生活质量。因此，城镇化水平是现象，城镇人口福利水平的最大化才是本质。城镇化率的提高直接推动农村劳动力转移就业率的提高。自改革开放以来，中国农村劳动力的流动规模不断扩大，农村剩余劳动力的转移就业大大推动了城镇化的发展。农村劳动力的转移大致可分为三个阶段。第一阶段，1979～1988 年。在家庭联产承包责任制和市场化取向的改革作用下，农业劳动生产率大大提高，加之当时政府放松对农民迁居的限制，于是从农业转移出来的大量剩余劳动力涌向非农产业和城市就业。在这 10 年，全国城镇劳动力占全社会劳动力的比例从1978 年的 23.7% 上升到 1988 年的 26.3%，另外，这一时期国家实行扶助乡镇企业发展的政策，使农村非农产业劳动力占农村劳动力总数的比例从 1978 年的9.2% 上升到 1988 年的 19.4%，增长 10.2 个百分点；与此同时，农业劳动力占全社会劳动力的比例从 1978 年的 70.5% 减少到 1988 年的 59.3%，下降 11.2 个百分点。在此期间，城镇化进程明显加快，城镇化率由 1978 年的 17.92% 上升到1988 年的 25.81%。第二阶段，1989～1991 年。由于受经济周期波动的影响和这一时期进行的治理整顿，出现了在城镇第二、第三产业就业的一部分农村劳动力回流的现象。在这三年，城镇劳动力占全社会劳动力的比例从 1988 年的 26.3%下降到 1991 年的 26.1%，人口城镇化率从 1988 年的 25.81% 上升到 1991 年的26.37%，仅增长 0.56 个百分点。第三阶段，1992 年至今。这一时期，由于中国经济持续高速增长，农村剩余劳动力进入了一个全方位、大规模转移的新阶段。1991～1996 年，农村非农产业劳动力占农村劳动力的比例从 20.7% 上升到28.8%，农业劳动力占全社会劳动力的比例从 1991 年的 60% 下降到 1995 年的52.2%，人口城镇化率从 1991 年的 26.37% 上升到 1996 年的 30.48%。1996 年以来，我国人口城镇化率保持高速发展，2011 年达到 51.27%，由此，中国自1978 年 18% 的城镇化水平算起，到 2011 年平均每年提高 0.98 个百分点，人口城镇化如此快速的发展主要依靠大量的农民进城就业、农村居民向城市的迁移来实现，从图 3 - 1 可以看到 2000 年以来，我国第一产业就业比例逐年下降，正好

新型城镇化进程中农村劳动力转移就业问题研究

和人口城镇化水平不断提高的轨迹相吻合。

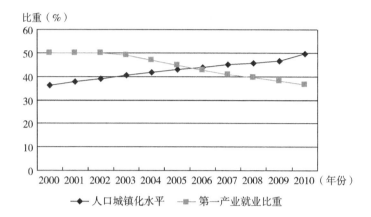

图3－1 2000～2010年全国人口城镇化水平和第一产业就业比重变动轨迹比较

为了进一步考察人口城镇化水平对农村剩余劳动力转移就业的影响，我们可以通过测算二者之间的相关系数来说明它们的相关程度。鉴于难以准确收集到我国历年的农村劳动力转移数据，故采用乡村就业人数减去从事第一产业的就业人数来近似地反映农村劳动力的转移就业量，利用最小二乘法估计，建立2000～2010年我国人口城镇化水平（PB）对农村劳动力转移就业率（CRR）影响的线性模型，结果表明，人口城镇化水平与农村劳动力转移就业率存在显著的线性关系，具体表示为：

CRR ＝ － 1. 8524527998 ＋ 0. 701596837792PB

    T ＝   （ － 0. 331447）   （5. 374754）

    P ＝   （0. 7479）   （0. 0004）

R^2 ＝0. 762458   F ＝28. 88798   P ＝0. 000448

近年来，随着国家推行"三个一亿人"的城镇化战略发挥的效应开始显现，中西部地区主动承接东部地区劳动密集型产业的转移，国家大力支持农民工返乡创业以及转变农业发展方式，发展新型现代农业创造了乡村城镇和中小城镇更多的非农就业机会，为农村劳动力转移就业提供了广阔的前景。

一、以新业态和特色产业扩大就业规模

随着我国经济增长进入新常态，行业、企业的转型升级进入关键阶段以及人口红利逐渐消失，释放改革的红利正成为中国经济实现稳健增长的重要动力。因此，中国正在从充当制造业世界工厂的角色转变为中国智造的创新主体，在"互联网＋"的时代，各种新业态不断涌现，"互联网＋"的模式正全面应用到第三产业，如促进电子商务的充分发展，销售模式实现由实体销售向电子销售的转变，带来了物联网的发达。此外，还有基于产业链、工业链的延伸以及互联网技术在第一、第二产业的应用，如工业互联网、物联网与现代制造业相结合等，形成了更加细化的新业态，包括服务外包、服务配套、配件研发、商贸、物流等，这些新业态为农村劳动力转移就业创造了更多的机会。

以"一业带动百业"，以创业扩大就业规模，以创业带动创新成为当前促进农村剩余劳动力转移就业的重点。福建省仙游县作为传统农业大县，以聚力传统优势产业升级、抓好创新创业作为突破点，促使特色产业迅速发展，成为吸纳就业的主渠道，逐步形成了全县农村劳动力就近就地转移就业的支柱产业。仙游县总人口有116万人，其中，农村劳动力60多万人，为解决这些农村劳动力转移就业问题，仙游县通过建设特色品牌产业集群，提高就业承载能力。从拓宽发展内涵出发，仙游县找准支柱、做强支点、夯实支撑，强力推动红木家具产业集群发展，实施品牌带动、创新带动、项目带动的"三带动"战略，拥有各类木雕、古典工艺家具企业近4000家，出现了一批古典工艺家具雕刻、制作生产专业村，从业人员达20多万人，其中吸收了外地劳动力5万余人。目前已建成中国仙游古典家具博览城和仙游工艺产业园等各类特色产业创业园6个，就业规模不断扩大。同时，拓展延伸了地方经济其他产业链，带动了本地电商、旅游、交通、信息、房产等相关产业的加速发展，从而形成了"一业带动百业"的就业新格局。

二、劳动力市场就业压力有所缓解

（一）现阶段劳动力供给减少

中国的人口问题较为复杂，既有人口存量举世无双的多，也有人口增量日渐减少的危机；既有"民工荒"也有"就业难"。从我国人口的年龄构成来看，少儿人口比重下降，老龄化进程加速，劳动年龄人口数量将在近些年出现负增长，人口的结构性矛盾正逐渐取代总量性矛盾成为人口与经济发展关系中的主要问题。人口变化有较长时期的惯性，目前我国每对夫妇生育的孩子数，平均为1.5个左右或更低，就是说下一代人的数量远远不足以"替代"上一代人的数量，所以按照这样的总和生育率，我国人口必将不断萎缩，尽管目前我国人口每年还有不足 0.5% 的增长率，但这只是"人口惯性"作用的结果，因此，即使生育政策放宽可以使总和生育率提高，但中国未来劳动年龄人口减少已成定局。另外，中国的老年人口进入了快速增长的时期。2010 年中国 65 岁及以上的老年人口为 1.2 亿，2030 年和 2050 年将分别增长到 2.2 亿和 3.2 亿。这种劳动年龄人口减少和不断老龄化的长期人口变动趋势将对我国未来经济社会发展产生深远的影响。

中国的劳动力资源最为丰富，在经济全球化中，依靠劳动力资源优势参与世界的分工与生产，取得了经济的高速增长。然而，中国在坚持三十几年的计划生育政策后已步入人口负增长，劳动年龄人口的供给数量在未来 20 年内将逐渐减少，劳动力市场正发生一场新的变化。目前，我国有两亿多农民工进城工作，他们的一部分子女随迁进城，这就导致农村未来从事农业的劳动年龄人口出现负增长，城市劳动年龄人口由于农村劳动力的流入还在不断增长。2010 年，中国 15~64 岁劳动年龄人口为 9.8 亿，2015 年达到 10.01 亿。蔡昉（2011）认为，在 2004~2011 年，劳动年龄人口的增量以每年 13.6% 的速度减少，到 2030 年前总人口将达到峰值。因此，中国未来劳动力的供给不再是无限的。

（二）劳动力需求快速增长

2003~2017 年，中国 GDP 平均增长速度为 9.36%，第二产业的就业弹性平均值为 0.31，第三产业的就业弹性平均值为 0.404，这意味着，当经济增长速度保持在 10% 左右时，这个时期第二、第三产业的就业增长速度分别为 3.1% 和 4.04%，这远远超过了人口增长和劳动力增长的速度，第二、第三产业存在的劳动力供求缺口只能由第一产业的劳动者转移出来填补，第一产业从业人员迅速减少，这也是农业现代化及工业化应有的含义。城乡非农就业人员的数量增长与第二、第三产业就业人数的增加，都说明了中国经济增长过程中创造了大量的就业机会。在劳动力需求增长速度超过供给时，企业选择提高技术水平和资本密集度以应对，由于市场调整的渐进性，这种产业结构的升级及跨地区转移在短期内不会改变中国的产业结构以劳动密集型为主这个基本特征。中国 2003~2017 年 GDP 增长率及第二、第三产业就业弹性如表 3-1 所示。

"十三五"期间中国劳动力需求不断增长，由此带来了实现中国经济持续增长的有利因素。一方面，随着城镇劳动力需求增加，劳动者工资水平继续提高，因此农村劳动者向城镇转移的拉力不断增强，这就会进一步加快人口城镇化进

表3－1　2003～2017年中国GDP增长率及第二、第三产业就业弹性

年份	GDP 增长率（%）	第二产业就业人数（万人）	第三产业就业人数（万人）	第二产业就业弹性	第三产业就业弹性
2003	10	15927.00	21604.60	0.16	0.31
2004	10.1	16709.40	22724.80	0.49	0.51
2005	11.3	17766.00	23439.20	0.56	0.28
2006	12.7	18894.50	24142.90	0.50	0.24
2007	14.2	20186.00	24404.00	0.48	0.08
2008	9.6	20553.40	25087.20	0.19	0.29
2009	9.2	21080.00	25857.30	0.28	0.33
2010	10.4	21842.10	26332.30	0.35	0.18
2011	9.3	22544.00	27282.00	0.35	0.39
2012	7.7	23241.00	27690.00	0.40	0.20
2013	7.8	23170.00	29636.00	0.04	0.90
2014	7.4	23099.00	31364.00	0.04	0.79
2015	7.0	22693.00	32839.00	0.25	0.67
2016	6.8	22350.00	33757.00	0.22	0.41
2017	6.9	21824.00	34872.00	0.34	0.48

数据来源：根据历年《中国统计年鉴》计算得到。

程；另一方面，随着未来我国产业结构不断调整和升级，劳动密集型产业向中西部地区转移是大势所趋，这就使得原本因迁移成本高而未实现迁移的中西部农业剩余劳动力，现在因为有些劳动密集型产业转移到家乡，使这些劳动力有了就近从事非农就业的可能性，从而发挥劳动力创造更多GDP的价值。再者，从现有人口负增长的变动趋势以及"十三五"期间劳动力需求的强劲增长来看，调整现行生育政策也有利于缓解这一供需矛盾，使现有的仍然滞留在农业的剩余劳动力具有转移就业的机会，同时也可以解决城镇面临的劳动力短缺的问题。

三、创新驱动现代农业发展，创造就地转移就业机会

新常态下我国经济面临新的机遇与挑战，农业发展需要新动力和更加优化的

产业结构。改革开放以来，我国农业发展势头十分可观，不仅解决了温饱问题，农业现代化也取得了可喜的成绩。新型城镇化的发展，一方面要提高人口城镇化水平，另一方面也要提高农业现代化水平，二者相互促进、相互制约。促进农村剩余劳动力向城镇转移，目的是促进农村土地规模化经营，运用现代化生产方式，提高农产品的产量，以此满足更多城镇居民的粮食需求量。当前，我国人口老龄化日趋发展，农村劳动力的老龄化速度更快，转移到城镇的农村劳动力大多以青壮年为主，导致留守农村的劳动力从事农业生产的能力低下，不能适应现代农业发展的需要。因此，新常态下，要转变农业的经济发展方式，让创新成为驱动农业发展的新引擎。2013 年的中央一号文件首次提出，"引导农村土地承包经营权有序流转，鼓励和支持承包土地向专业大户、家庭农场、农民合作社流转"，这是中央政府首次鼓励土地流转、引导农业变革。土地的集中耕种，将促进农业经营方式的转变。创新驱动现代农业发展为农村劳动力提供了稳定的就业渠道，主要表现为以下几方面：新兴的知识、技术密集的农产品加工产业促进现代农业经济效益的提高，从而扩大生产规模；通过形成与农业生产联系密切的生产性服务业，直接带动就业岗位的增加；通过嫁接高新技术、整合资源，衍生出现代农业的产业链；科技创新驱动现代农业向集群化发展，使得现有农业资源通过扩散、对接等方式发生空间梯度转移，从而实现现代农业的规模经济效益以及为开拓新业态提供更大的发展空间。因此，在加快人口城镇化进程中，农村劳动力完全向城镇转移既不现实也不合理，应该抓住科技创新的机遇，加大对农业的科技投入，培育新型农民，充分发挥现代农业对农村劳动力就业的促进作用。

第二节　农村劳动力转移就业的地区和行业结构
——以福建省为例

改革开放 40 多年来，中国经济社会发生翻天覆地的变化，福建省作为东部沿海山地最多、平原最少的省份，经济位次上升最快。在经济快速发展的同时，福建省城镇化水平和人口结构也发生深刻的变化。根据福建省统计局公布的数据，2016 年底，福建省居住在城镇的人口达 2464 万人，占总人口的 63.6%，其中包含1100万的流动人口（即在城镇就业但还在农村安家的农民工），相当于福建人口总数的27%。福建省农村劳动力总量达1658.62万人，其中乡村从业人员有1436.48万人。从农村劳动力转移就业地区分布来看，主要有乡村、小城镇、城市，并以省内转移为主；分行业看，主要有工业、建筑业、制造业、交通运输、仓储和邮政业、批发和零售业、住宿和餐饮业、商务服务业、居民服务业。

一、福建省农村劳动力向城镇和乡村转移就业比重大

福建省结合自身的资源和要素禀赋，选择了门槛较低的以纺织鞋服、食品加工等传统的劳动密集型产业为代表的产业发展道路，利用廉价劳动力优势，结合出口导向型的发展战略，一大批当初的乡镇企业逐步发展壮大为具有相当规模的民营企业；另外，利用地处东南沿海，靠近中国台湾，毗邻中国香港、中国澳门的地理优势，通过优惠政策吸引投资，引进了一批以电子信息、电器机械为代表的外商和港澳台商投资企业，这些企业在福建完成的仅仅是附加值很低的加工组装环节，某种意义上讲本质也是"劳动密集型"产业，这些传统产业、民营企业、港澳台企业以及外资企业成为农村劳动力转移就业的主要领域。由图3－2可以看出，2015年，福建省农村劳动力转移到城镇和乡村就业的比例达到65%，其中，转移到乡村从事非农就业的比例高达40%，主要原因是福建省的工业园区和台商投资区主要分布在小城镇和乡村，有利于当地农村劳动力就近就地转移就业。

图3－2　2015年福建省农村劳动力转移就业地区分布

数据来源：根据福建省2015年1%人口抽样调查数据计算得到。

二、福建省农村劳动力转移就业主要集中在沿海地区

沿海地区经济发达，具有吸纳农村劳动力转移就业的优势。从图3-3可以看出，厦门、漳州、泉州和福州成为农村劳动力转移就业的主要地区，其中，泉州市区对农村劳动力转移就业的吸纳能力最强。这主要得益于泉州市产业集群发展，形成纺织服装、鞋业、石油化工、机械装备、建材家居等产业规模化经营，创造大量的农村劳动力转移就业机会，由此也带动泉州市人口城镇化水平稳居福建省首位。

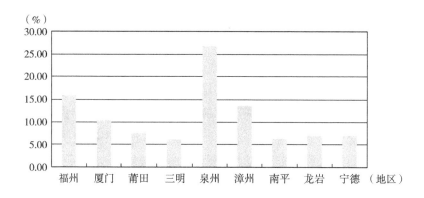

图3-3 2015年农村劳动力转移就业地区分布

数据来源：根据福建省2015年1%人口抽样调查数据计算得到。

三、福建省农村劳动力转移就业主要集中在第二产业

2015年，福建省转移劳动力在三大产业的就业比重分别是23.07%、42.86%、34.07%，由此可见，福建省第三产业对农村劳动力转移就业的吸引力偏低，农村劳动力转移就业主要集中在以制造业为主导的第二产业中。根据三次产业发展规律和发达国家经验，第二产业特别是工业受限于物质产品的饱和充盈，总规模扩张会显著放缓，服务行业则蕴藏着无限的增长潜力，成为吸纳农村劳动力转移就业的主要领域。服务业需求主要取决于本地人口规模，其发展更多依靠打造城市环境，吸引更多的常住人口和旅游人口到本地消费。从图3-4可以看出，福州、厦门凭借着区位优势，人口集聚程度最高，由此促进服务业高度发展，使农村劳动力转移到第三产业就业的比重最大。

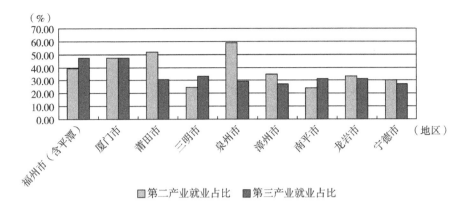

图 3 - 4　2015 年福建省农村劳动力转移就业分地区的产业分布

数据来源：根据福建省 2015 年 1% 人口抽样调查数据计算得到。

第三节　城镇化进程中农村劳动力转移就业的问题及原因

当前我国的国情是农业人口比重较大，农村滞留大量剩余劳动力。要促进我国经济更快更好地发展，实现全面小康和经济可持续发展，必须使产业结构、就业结构与经济发展水平相适应，减少农民数量，使大量农民转移到非农产业。这在我国将是一项长期而艰巨的任务。这一转移过程必然也是产业结构、就业结构逐渐升级，劳动力素质逐渐提高，区域经济不断协调的过程。新型城镇化的发展对农村剩余劳动力的转移提出了巨大的需求，但目前随着我国劳动年龄人口的逐步减少，这意味着劳动力市场的供给和需求在就业领域尽管存在日益凸显的结构性矛盾，但总量矛盾相对缓解。

中国城镇化主要依靠大量的农民进城就业、农村居民向城市的迁移来实现。改革开放以来，我国城镇化保持着高速发展。韩俊（2012）指出，2012 年在 6.9 亿城镇常住人口当中，每 4 个城镇常住人口当中就有 1 个是外来人口，而且主要是来自农村的农民工。虽然未来我们的城市化可以不断推进，但是农民数量仍然巨大。"十二五"期末我国农村人口占总人口的 48.5%，即农村人口绝对量仍然有 6 亿多人。据测算，2030 年中国人口可能达到 15 亿的高峰，即使到那时城镇化率提高到 70%，农村人口也还有 4.5 亿之多。因此，人口城镇化进程中，转移农村剩余劳动力的任务还相当艰巨。虽然工业化进程的推进以及农业生产效率的提高，越来越多的农村剩余劳动力可以进城务工经商，打破了改革开放前城乡之间的隔离。但是长期的城乡二元结构下，农民的受教育程度低，他们进城后更多地从事脏、累、险等体力劳动，缺乏安全的劳动保护和社会保障，而且城市公共服务已形成等级化和区域化的多元化格局，外来人口即非本公共区域和非城镇管辖区的人口，无论是城市人口、城市户籍人口，还是农村人口进入本地城市存在更大的障碍。因此，大量农村剩余劳动力长期工作和生活在城市，虽被统计为城市居民，但其工作、子女教育、医疗、住房、养老等仍按外来农村人口对待，这种现象与农民工融入城市的目标距离尚远。

一、城镇化建设滞后，制约就业吸纳能力

城镇化不是简单地使劳动力从农村转移到城镇，它包含多种方面的转变，即职业结构、生活方式、思想文化观念的转变。随着工业化进程的加快，各种工商业集聚城镇，进而形成人口集中的集镇或城市。城镇化的有效途径是实现农村与城镇的互动发展，提高总体城镇水平。然而，中国幅员辽阔，地区经济发展水平差异明显。城市因为完善的基础设施和良好的生活条件，吸引着农村劳动力进城工作。这也折射出农村基础设施建设的落后，如果农村的经济建设搞好了，农村各项事业发展了，农民的生活条件改善了，农村也就实现了城镇化。

近几年，中国的城镇化发展速度加快，城镇数量不断增加，但城镇的发展质量不高，并且不同地区的城镇发展水平差异大。从总体上看，城市群聚集人口的功能依然十分突出，但对周边城市的辐射和带动能力不强，而且中、小城市的规模整体偏小，形不成规模经济，产业的聚集水平和人口吸纳能力低，因此城市的经济发展现有水平远不能适应促进农村劳动力就业的要求。

（一）城镇化发展总体水平偏低且不平衡

纵观中国几十年的发展历程，城镇化在发展经济、扩大社会总需求、创造农村剩余劳动力就业机会方面发挥了重要作用。2013 年底，中国的城镇化水平已达 53.7%，进入了城镇化加速阶段，同时，农村劳动力转移也呈现出明显的阶段性特征，特别是 21 世纪以来外出就业的农民工数量增长迅速，近年来已经达到 1.5 亿人左右。但是，与发达国家相比，我国的城镇化总体水平仍然偏低，甚至还低于世界城镇化平均水平。滞后的城镇化必然使得大量劳动力无法往城里转移，只能留在农村。从空间分布来讲，我国东、中、西部地区的城镇化发展水平是极不平衡的。较为明显的是中西部地区的城镇化水平明显偏低，城镇化发展也很滞后，这就在某种程度上进一步加剧了区域间的发展差异。

（二）城市化发展滞后限制了就业机会的增加

我国城市化水平滞后于工业化和非农化发展水平。钱纳里模型实证研究表明，一国或地区工业化与城镇化协调发展的标志是城镇化率和工业化率的比值在1.4～2.5。如表3－2所示，即使2018年我国人口城镇化率已达到59.58%，这一比值也才1.46，刚刚达到钱纳里模型中的低限。

表3－2 2000～2018年我国城镇化率和工业化率的比较

年份	第二产业占GDP比重（%）	城镇化水平（%）	城镇化率和工业化率的比值
2000	50.9	36.22	0.71
2001	51.1	37.66	0.74
2002	51.1	39.09	0.76
2003	52.2	40.53	0.78
2004	52.9	41.76	0.79
2005	47.5	42.99	0.91
2006	48.9	43.90	0.90
2007	48.6	44.94	0.92
2008	48.6	45.68	0.94
2009	46.3	46.59	1.00
2010	46.8	49.68	1.06
2011	46.6	51.27	1.10
2012	46.6	52.57	1.13
2013	44.2	53.73	1.22
2014	43.2	54.77	1.27
2015	41.1	56.10	1.36
2016	40.1	57.35	1.43
2017	40.5	58.52	1.44
2018	40.7	59.58	1.46

数据来源：《中国统计年鉴》（2019）。

城市化进程缓慢，不仅制约了工业化的步伐，也不利于服务业的发展，同时也妨碍了农村剩余劳动力向城镇的转移，因为城镇的工业和服务业恰恰是最容易吸纳农村劳动力的行业。

（三）相对农村劳动力的供给，城镇吸收就业的能力有限

在目前我国城镇就业总量和结构性压力仍比较大的现实背景下，城镇尤其是大城市难以在短期内承受和消化数以亿计的农村富余劳动力。随着经济体制改革的逐步深入，每年都有大批下岗职工需要再就业，下岗失业人数只是整个城镇实际失业人数的一部分。2010 年，我国现有农村户籍人口 8.6 亿人，其中实现就业的农村劳动力为 5.37 亿人，农业生产需要劳动力约为 1.8 亿人，约有农业剩余劳动力 1.2 亿人。"十二五"时期每年约有 1200 万名新生代农村劳动力进入劳动力市场，根据托达罗模型可知，城市失业越多，农村劳动力在城市找到工作的概率越低，劳动力转移的难度越大。这几股力量是相互影响的，总人口的持续增长、城镇失业的持续存在，这些都会制约农村剩余劳动力转移。

二、劳动力供求结构性矛盾突出

解决中国农村劳动力的就业问题已经成为促进城镇化持续健康发展、实现全面小康社会的重要方面。只有揭示农村劳动力就业的深层次的问题，找出问题的根源及实质，才能彻底解决问题。显然，解决就业问题还需立足于发展经济。我国进入 21 世纪以来经济的高速增长及城镇化的加速发展，为农村劳动力提供了很多就业岗位，增加了农村劳动力的转移就业量，因此经济总量的增长必然促进农村劳动力的就业增长。但从现实情况来看，农村劳动力就业难尤其是转移就业难，不是因为社会没有用人需求，更多的是存在劳动力供需结构方面的矛盾，即有些企业的用人需求从年龄、地区、文化程度、技术水平、工作经验等方面提出了具体要求，从农村转移出来的劳动力却达不到用人单位在这些方面的要求，因此，当前农村剩余劳动力转移就业难归根结底是结构性的原因。新常态下，中国经济结构进入新一轮的调整转型期，尽管宏观经济的稳增长和促民生的措施对农村剩余劳动力转移就业是利好的趋势，但是经济的转型和结构的调整也使农村剩余劳动力转移就业面临很多困境。

（一）科技创新，资本有机构成提高

中国城镇化发展的外部条件和内在动力正在发生深刻变化，劳动力市场上出现劳动年龄人口的供给逐渐较少的新变化，中国的人口红利正在逐步消失，依靠

大量廉价的劳动力进城提高城镇化水平的传统城镇化道路已难以为继。因此，今后一段相当长时期内，要更加注重城镇化的质量，在转变经济增长方式过程中，进一步提高中小城市和小城镇的就业容纳能力和综合承载能力。我国在面对国际和国内新形势、新矛盾、新挑战下，传统的数量扩张型主导的发展方式已走到尽头。党的十八大提出和要求新时期着力实施创新驱动发展战略，把科技创新摆在国家发展核心地位，探索和走出一条更多依靠科技力来促增长之路。当前中国经济发展正处在重要转折点：由高速度、粗放型增长到中速度、质量提高型增长的转变；由投资、出口拉动高增长转换到消费内需为主导的增长道路。更多发挥科技创新的拉动力和增大科技对增长贡献率，是新时期中国经济平稳、持续增长的关键要素。然而，以科技创新促转型稳增长的发展道路决定了劳动力就业结构势必经历一场调整与升级，高新技术劳动力的需求不断上升，低技术劳动力面临着转型压力。我国劳动力资源丰富但人力资本存量低的现状成为新型城镇化中经济增长的瓶颈。

由此可以看出，技术创新对就业具有双重效应，在此，我们要对不同类型的产业分析技术对不同类型的劳动力产生正向还是反向的冲击。作为劳动力丰富的发展中大国，我们既要从产业体系创新入手化解经济发展中的"两难问题"，提高国家竞争力，提升国民收入水平，又要避免以劳动力替代技术走低端加工的道路，因此，新型城镇化中，农村劳动力的转移在经济发展方式转变下面临严峻挑战。

（二）农村劳动力文化素质低，结构性失业凸显

我国对农村高等教育投入相对不足，加之农民自身经济能力有限，致使农村人口中接受高中教育的人数不多，且质量不高。由于农村劳动力较低的文化素质，缺乏专业技能，削弱了他们进入城镇就业的竞争能力。近年来，我国经济结构调整、产业升级、第三产业的快速发展，在创造大量就业机会的同时，也对劳动力就业能力提出更高的要求，出现"有工无人做"与"有人无工做"二者并存的结构性失业，这妨碍了农村劳动力向城镇的转移就业。

当前，我国发展现代化农业的重点是实现农业产业化，农业产业化是在家庭承包经营基础上实现农业规模经营和引导农民进入市场进一步提高收入水平的有效途径。同时农业产业化也是推动城镇化的重要途径。农村剩余劳动力就业问题的解决既要发展城镇的非农产业促进劳动力转移就业，又要通过农村经济的发展内部消化剩余劳动力，两种方式相互促进，共同推进城镇化进程。因而，农业现

代化和城镇化二者都成为解决农村劳动力就业的途径。然而，我国农村劳动力文化程度低，不能适应现代化农业发展需要，因此，建设现代农业，最终要靠有文化、懂技术、会经营的新型农民。如果农民没有基本的科学文化素质，就会缺乏对新技术、新成果、新信息的接纳、消化、吸收能力，影响农业科学生产水平的提高，也不利于开展农业适度规模经营和产业化经营，造成大量不必要的劳动力继续进行低效率的农业生产而出现隐性失业现象。

此外，市场经济条件下，农村转移劳动力抵御失业的能力差。从生产能力和产业组织方式看，现在很多传统产业供给能力大大超出需求，产业结构必须优化升级，也形成了生产企业集聚和产业链延伸的必然现象，各种新兴产业、服务业、小微企业的作用更加凸显，生产小型化、智能化、专业化成为产业组织的新特征。从就业单位看，小微企业吸纳农村劳动力的比例逐步增大。然而，小微企业一方面因为就业弹性大，农村劳动力容易进入；另一方面因为小微企业规模小，其市场竞争能力弱，在小微企业就业的农村劳动力容易面临失业的困境。

（三）农村劳动力转移就业空间日益狭小

我国进入 21 世纪以来经济的高速增长及城镇化的加速发展，为农村劳动力提供了很多就业岗位，因此经济总量的增长必然促进农村劳动力的就业增长。但从现实情况来看，农村劳动力就业难尤其是转移就业难，不是因为社会没有用人需求，更多的是存在劳动力供需结构方面的矛盾，即有些企业的用人需求从年龄、地区、文化程度、技术水平、工作经验等方面提出了具体要求，从农村转移出来的劳动力却达不到用人单位在这些方面的要求，因此，当前农村剩余劳动力转移就业难归根结底是结构性的原因。农村剩余劳动力就业难表现为，一是由于农业技术的进步和农业机械化程度的提高，农业生产对劳动力的需求相对减少。从表 3-3 可以看出，自 2000 年以来，从事第一产业的劳动力人数总体上呈下降的趋势，这说明在农业生产领域存在资本、技术替代劳动力的现象。二是由于乡镇企业由劳动、资源密集型向技术、资本密集型转变，对劳动力的素质和技能提出了较高的要求，从而增加了就业的难度。2000～2018 年，在城镇化进程的推动下，城镇创造的就业机会不断增加，因此这一时期，城镇就业人数逐年增加，导致乡村就业人数逐年减少，与此同时，第一产业就业人数占乡村就业人数的比重变化不大，这说明在农村内部可供劳动力非农就业的空间不大。三是城市本身的就业压力也制约着从农村转移出来的劳动力在城镇的就业率。四是近年来国内外经济形势的变化，给我国大量劳动密集型出口企业带来很大冲击，导致大量农民工失业返乡。

表 3 - 3　2000～2018 年第一产业就业人数占乡村就业人数比重

年份	乡村就业人数 （万人）	第一产业就业人数 （万人）	第一产业就业人数占 乡村就业人数比重（%）
2000	49876	36042.50	72
2001	49085	36398.50	74
2002	48960	36640.00	75
2003	48793	36204.40	74
2004	48724	34829.80	71
2005	48494	33441.90	69
2006	48090	31940.60	66
2007	47640	30731.00	65
2008	47270	29923.30	63
2009	46875	28890.50	62
2010	41418	27930.50	67
2011	40506	26594.00	66
2012	39602	25773.00	65
2013	38737	24171.00	62
2014	37943	22790.00	60
2015	37041	21919.00	59
2016	36175	21496.00	59
2017	35178	20944.00	60
2018	34167	20258.00	59

数据来源：根据历年《中国统计年鉴》计算得到。

三、户籍制度壁垒导致农村劳动力转移就业质量低下

城乡二元户籍制度及由此衍生的城乡居民身份差异，增加了农村劳动力自由迁移的成本和风险，降低了人力资源的配置效率，影响了农民就业的行业和职业

分布，形成了农村劳动力和城镇劳动力在工资和福利待遇方面的巨大差距。城乡二元结构与二元劳动力市场的存在，使农民游离于城市生活之外。农村劳动力在城镇建设中大多从事各种脏、险、累等充满风险的工作，却不能享受到社会保障的基本待遇，难以在城市定居下来成为市民，这与城镇化进程迅速推进的现实很不协调，也导致了我国城镇化水平长期滞后于经济发展水平。

根据《全国农民工监测报告》，我国农民工数量近年来一直保持在 2.3 亿人左右，其中 1980 年后出生的达到 1.41 亿人，约占农民工总数的 61%，这是一个庞大的群体，解决好这些流动人口在城镇的就业和生活问题，关系到城镇化建设、社会和谐与发展。职业是个体社会经济地位的象征，由于体制、制度的因素导致了城市劳动力市场具有分割性，这些农村转移出去的劳动力只能就业于非正规部门，享受的工资低，没有签订劳动合同也享受不到相应的保险。受到先天的知识、学历、技能等因素的制约，这些流动人口在城镇从事的是体力劳动，简单而又繁重，技术含量低，劳动密集型行业成为他们主要的就业领域。大多数流动人口受雇于个体、私营企业，就业层次低，其职业身份让他们经常受到职业歧视。源于进城打工能获取比从事农业生产较高的收入，这种愿望和动力支撑着他们在城镇职业地位很低的状况下不断去转换工作，因此农村转移出来的劳动力特别是新生代农民工其职业流动性强，经常出现"短工化"。频繁转换工作的主要原因有收入低、工作条件差、劳动强度大、社会福利低、用工单位拖欠工资等，农村转移出来的劳动力在城镇的职业稳定性差也是他们在城镇就业质量低下的具体表现。

（一）农村劳动力转移就业安稳性差

农村劳动力转移就业很少与用工单位签订合同，这就导致他们的就业稳定性差。2016 年全国农民工监测报告的数据显示，64.9% 的农村转移劳动力没有签订劳动合同，这一比例基本与 2015 年持平，只有 19.8% 的农村劳动力与用人单位签订一年以上劳动合同，签订一年以下劳动合同的比例仅有 3.3%，12% 的转移劳动力与用人单位签订无固定期限的合同。从图 3 - 5 显示的这组数据来看，农村劳动力签订合同的情况很不理想，而且这种状况也没有太大的改观，这意味着农村劳动力职业流动性很大，因此享受不到劳动者应有的权益。

（二）农村劳动力转移就业的环境差

就业环境是衡量劳动力就业质量的重要因素。我国农村劳动力就业的环境无论在城市还是在农村都很差。目前，我国大批农村劳动力转移出来，务工经商或

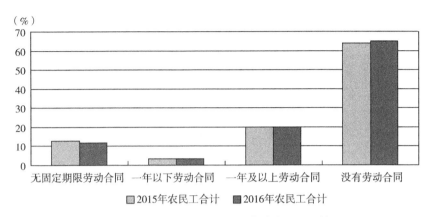

图 3 - 5　农村劳动力转移就业劳动合同签订情况

从事服务行业，承担着城市劳动者不愿意干的苦、脏、累、险和有毒的活，对城市生产和生活的正常运转起了不可或缺的作用。从农村转移出来的劳动力所从事的岗位只有32%不需要安全防护措施。但是，有需要防护措施的工作岗位上，防护措施较为齐全的仅占35%，有一些防护措施的占到53%，完全没有防护措施的比例为12%，因此，农村劳动力从事的工作危险系数高。

（三）农村劳动力转移就业收入低

改革开放以来，我国经济整体出现了良好的增长趋势，广大农村居民的收入水平也有了显著提高，但与城镇居民相比，差距十分明显。2003～2008年，外出务工的劳动力其工资增长率比务农的劳动力工资增长率还低。过低的收入水平使农民没有足够的消费资金；社会保障制度的缺失使农民对扩大消费需求更是充满后顾之忧，导致农村居民消费能力不能充分释放出来，农村有效需求明显不足；国际金融危机造成外部市场需求难以扩大，一些劳动力吸纳能力较强的企业也因此面临萎缩的局面，国内外商品消费市场低迷，从而影响农村劳动力转移就业。此外，农民从农村转移到城镇就业，要支付比农村昂贵的生活费用，如果从城镇获得的收益减去进入城镇就业所支付的各种成本，结果不能超过务农的收益，农村劳动力就会丧失向城镇转移的动力。

图3-6显示，2016年，农村劳动力转移到工业和第三产业的就业收入与2015年比较，出现上升的趋势。其中第三产业的交通运输仓储和邮政业的收入最高，达3775元，第二产业的建筑业工资收入达3687元，但这些工种劳动强度大，就业条件差，扣除城里各种生活成本后，所剩无几。

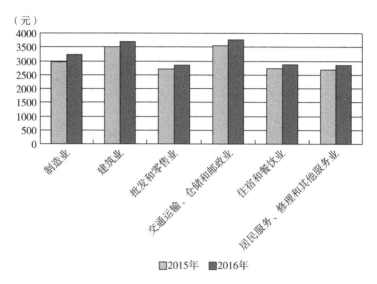

图 3-6　2015~2016 年农村劳动力转移就业的分行业收入

第四节　农村劳动力转移就业的影响因素
——基于福建省的分析

城镇化的发展依靠机制效应创造了大量的就业机会，城镇非农就业收入与务农收入的差距以及由制度安排造成的城乡公共服务供给水平和社会福利水平的差异，吸引了大量农村劳动力转移到城镇就业。政府鼓励和支持农民承包的土地向专业大户、家庭农场、农民合作社流转的做法促进了农地的集中耕种，使得更多的农村劳动力从土地上释放出来。与此同时，农业制度的创新和科技的进步，带动了农业规模化经营和产业结构的调整，现代化的农业生产方式通过延伸产业链和实现产业间的融合，在农村内部创造了非农就业机会。在"转方式、调结构、促改革"的经济发展战略下，有些行业、产业在进行结构转型升级的过程中，也引发了劳动者的摩擦性失业、结构性失业，这在一定程度上阻碍了农村劳动力的转移就业。竞争性的劳动力市场，由劳动者综合素质决定其就业的层次。根据以上对影响农村劳动力转移就业因素的分析，我们提出以下的假设：

假设 1：人口城镇化水平的提高有利于农村劳动力转移就业，但对农业就业的影响不确定。

假设2：现代化农业生产方式，促进农村相关服务业的发展，增加农村劳动力就地转移就业量。

假设3：农村劳动力受教育水平越高，掌握非农就业技能越快，从而促进农村劳动力转移就业率提高。

假设4：社会保障程度越高以及农民土地权益依法得到保障，就能消除农村劳动力进城落户的担忧，从而促进农村劳动力非农就业。

假设5：城乡收入差距越大，越能吸引农村劳动力转移到城镇工作，但是否会促进农村劳动力进城落户不确定。

假设6：城镇失业率提高会对农村劳动力转移就业造成负面影响，但是否会因此减少农村劳动力转移就业量不确定。

一、福建省人口城镇化发展现状

（一）人口城镇化评判指标

人口城镇化，通常情况下指的是人口向城镇的集中或者是乡村地区转变为城镇地区，从而变乡村人口为城镇人口，使得城镇人口的比重不断上升的过程。它也含静态意义，表示城镇人口比重达到或接近饱和，城市生活方式全面普及的一种状态，或称人口城市化。然而，人口城镇化的反映指标，就是城镇人口占年末常住总人口的百分比。人口城镇化的发展，最后表现为城镇人口的数量增加以及它在年末常住总人口中的比重不断上升的过程。20 世纪 80 年代福建省 9 个地市的人口城镇化发展在经过了停滞不前以后，改革开放以来取得了有效的进步。近几年，由于福建省经济和社会发展的步伐不断加快，使城乡的经济社会面貌有了很大的改变，城镇化水平也得到了较大的提高。依据著名的地理学家 Ray M. Northam 对于城镇化理论的表述，他认为一个国家或者地区的城镇化发展水平到达 30% 以后，城镇化发展的进程将会迅速加快，一直到 70% 才会开始减速。根据福建省统计局的统计数据显示，福建省人口城镇水平在 2005 年的时候就已经达到 47.5%，2005 ~ 2013 年，福建省的人口城镇化水平从 47.5% 上升到 60.77%，俨然福建省早已进入了人口城镇化加速发展阶段。

（二）福建省人口城镇化水平

福建省人多地少，土地总面积仅占全国的 1.29%，人均占有耕地面积不到全国的一半，2010 年福建省人均耕地面积只有 0.54 亩，因此合理高效利用现有土地成为一项紧迫任务。2010 年，福建省的城镇化率（按常住人口）为 57.1%，高于全国水平，但如果按拥有城镇户籍的人口来计算城镇化率就没有那么高，仅为 33.9%，二者相差 23.2 个百分点，这说明福建省的城镇化质量亟待提高。提高福建省人口城镇化水平最重要的环节就是加快转移农村剩余劳动力并让他们尽快融入城镇生活，这其中很关键的前提就是让他们在城镇能够找到一份稳定的工作。

人口城镇化如此快速地发展主要依靠大量的农民进城就业、农村居民向城市的迁移来实现，2000 年以来，福建省第一产业就业比例逐年下降，正好和人口城镇化水平不断提高的轨迹相吻合。农村劳动力转移就业率也从 2000 年的 38% 提高到 2010 年的 54%，与此同时农业现代化水平也逐年提高，这说明，越来越多的农村剩余劳动力离开了土地，离开了农村，到城里从事非农就业，一方面解决了人多地少的矛盾；另一方面也促进了人口城镇化水平的提高，也缓和了第二产业、第三产业中的劳动密集型企业的"用工荒"问题。

实现农村富余劳动力有序转移，提高农民就业质量，是新型城镇化建设的重点和难点。城镇化的发展与农村劳动力的转移就业相辅相成、相互促进，这种关系表现为，城镇化的建设带来了更多的就业机会，促进了农村劳动力转移就业率的提高；大量的农民进城就业、农村居民向城市的迁移也进一步提升了人口城镇化的水平。鉴于难以搜索到福建省农村剩余劳动力的数量，本书就以福建省农业城市——漳州市为分析对象，考察了当地农村劳动力的就业分布主要有三种情况，一是漳州市约有 63% 的农村劳动力从事农林牧渔业即第一产业；二是选择离乡或就近企业打工，约占农村总劳动力的 10.5%；三是转移到城镇从事餐饮业、建筑业、运输业、家政服务业等第三产业，这部分劳动力约占农村劳动力总数的 12.1%。经济学界认为，一个国家或地区从事农林牧渔业的劳动力的比重由占全社会总劳动力的 75% 降到 10% 左右，就可视为初步完成农村剩余劳动力转移。若按漳州市农村人均耕地 0.5 亩匡算，漳州市农村劳动力剩余量超过 40 万人，剩余率约在 23%，由此可见，福建省在促进农村富余劳动力转移就业以及深化农业转移人口市民化的任务还很艰巨。

二、影响福建省农村劳动力转移就业的主要因素

人口城镇化水平与农村劳动力转移相辅相成，稳步推进农村劳动力转移就业是一项复杂的系统工程，提高农村劳动力转移就业质量的问题更是一个长期渐进的过程，它贯穿于城镇化和现代化的始终。城镇化和产业发展的就业吸纳能力的有限性以及相关制度变革路径依赖的存在，意味着提高农村劳动力转移就业率的艰巨性。同时，在当前城镇人口就业压力、财力压力和资源供给压力的共同作用下，更是加大了农村劳动力融入城市社会的难度。因此，妥善处理转移劳动力的就业安置和提高他们就业质量的问题，应充分考虑影响农村劳动力转移就业的因素。

（一）指标选取及数据说明

为了进一步测度农村劳动力转移就业影响因素的作用方向和程度，这里采用主成分回归分析方法，主要从城镇化发展水平、农村基本建设及制度安排三个层面，分析城镇失业率、城乡居民收入差异、科学技术与教育水平、社会保障程度等几个影响因素，运用 2000～2011 年福建省相关数据实证考察农村劳动力转移就业率与主要影响因素之间的关系。具体方法如下：首先对变量进行适合性检验，提取公共因子，对新变量进行参数估计，得出主成分的回归分析模型；其次，根据主成分与原有解释变量之间的对应关系，得出原始变量的回归系数。拟建立如下模型：$Y = C + \alpha_1 X_1 + \alpha_2 X_2 + \alpha_3 X_3 + \alpha_4 X_4 + \alpha_5 X_5 + \alpha_6 X_6 + \varepsilon$，其中，模型中的 Y 代表农村劳动力转移就业率，X_1，X_2，…，X_6 为影响劳动力转移就业的因素，C 为常数项，α_1，…，α_6 为待估计的系数，ε 为随机扰动项，表示模型未能考虑的其他随机因素影响。

1. 指标选取

鉴于数据的可得性与理论分析的综合性，本节选用农村劳动力转移就业率（Y）作为农村劳动力转移就业的主要指标，由于难以准确收集到福建省历年的农村劳动力转移数据，故采用乡村就业人数减去从事第一产业的就业人数来近似地反映农村劳动力的转移就业量，再由这部分从事非农产业的人数占乡村就业人数的比重（%）表示农村劳动力转移就业率。在被解释变量方面，用人口城镇化水平（X_1）衡量农村人口居住地点向城镇迁移的程度，这种迁移有利于农村劳动力在城镇的稳定就业，避免由于转移劳动力的老人和子女仍生活在农村，造成已在城镇就业的农村劳动力的回流，具体用非农人口占县域总人口的比重表示人口城镇化水平；采用城镇登记失业率（X_2）来反映城镇就业的状况；用城乡居民收入水平对比（X_3）来衡量农村居民收入状况，这一指标也代表农村劳动力转移就业的拉力；采用社会保障程度（X_4）代表农村劳动力转移就业的吸引力和在城镇生活的质量，如果居民生活和就业的所在地区能提供健全的社会保障

新型城镇化进程中农村劳动力转移就业问题研究

体系，就会吸引和留住大量的农村劳动力向这个地区转移就业，本节用福建省失业保险参保人数占福建省就业人数的比重（％）表示社会保障水平；用农业现代化水平（X_5）表示随着农业现代化水平的不断提高，形成需要转移到城镇就业的农村富余劳动力的规模，这一指标用来衡量农村劳动力转移就业的推力，本节用平均每单位农业机械总动力所带来的农业总产值表示农业现代化水平；采用农村劳动力文化程度（X_6）来衡量农村劳动力转移就业的能力，尽管城镇存在失业人员，如果农村劳动力具有一定的文化程度，转移到城镇就业时掌握新工作所需要的技能也就越快，参与劳动力市场竞争就业的能力也就越强，本节以平均每百个农村劳动力中高中文化程度的人数表示农村劳动力的文化程度。

2. 数据来源

本节以 2000～2010 年福建省农村劳动力转移就业率为研究对象，考察 11 年间人口城镇化水平以及其他几个控制变量对农村劳动力转移就业的影响，其中各变量的数据主要来源于 2001～2010 年《中国区域经济统计年鉴》，有关乡村就业人数、第一产业人员占乡村就业人员比重、农用机械总动力、农业总产值、农民家庭劳动力文化状况等数据取自 2001～2010 年《中国农村统计年鉴》《福建统计年鉴》。

（二）模型构建

前面所构建的计量经济模型中包含的影响农村劳动力转移就业的六个因素之间具有一定的相关性，为了避免出现多重共线性，先把原有六个解释变量用三个综合变量来表示，把人口城镇化水平（X_1）、城镇登记失业率（X_2）作为城镇化的建设及发展指标；把城乡居民收入水平对比（X_3）、社会保障程度（X_4）作为制度安排与建设的指标；把农业现代化水平（X_5）、农村劳动力文化程度（X_6）作为农村的建设及发展指标。这样就可以运用主成分回归分析法，将解释变量转换成若干个主成分，提取出来的主成分是原有解释变量的线性组合，并且能消除主成分间的相关性，然后写成主成分与因变量的回归模型，最后再将主成分的线性方程式代入，求得原始变量与因变量间的回归系数，通过得出的影响系数来深入分析各因素对福建省农村劳动力转移就业的影响方向和影响程度。

表 3－4 只是将各变量的原始数据进行描述性统计，可以看出，农村劳动力转移就业率与人口城镇化水平在 2000～2010 年一直呈稳步提高的态势；社会保障水平标准差最小，说明这 11 年间社会保障程度变化不大；农业现代化水平、城乡收入差距这两项指标的标准差也较小；城镇登记失业率标准差较大，其中在

2000 年时，失业率最低，为 2.6，其余年份都在 4.0 左右徘徊；平均每百个农村劳动力中高中文化程度的人数变化较大，增长的趋势较为明显。

表 3-4　各变量指标的描述统计量

	N	极小值	极大值	均值	标准差
Y	11	0.38212	0.54370	0.4668308	0.05859518
X_1	11	0.41994	0.57108	0.4916529	0.04839788
X_2	11	2.60000	4.20000	3.8263636	0.42431763
X_3	11	2.30000	2.96000	2.7463636	0.20848370
X_4	11	0.14268	0.17155	0.1528115	0.00969099
X_5	11	0.48207	0.80966	0.5866400	0.11025242
X_6	11	9.68000	13.00000	11.1863636	1.42780442

　　从表 3-5 可以看出，影响农村劳动力转移就业的六个因素之间具有很强的相关性，所以要利用降维的思想，按照累计贡献率原则选取几个主成分代表原始变量的信息。

表 3-5　相关矩阵

	X_1	X_2	X_3	X_4	X_5	X_6
X_1	1.000	0.361	0.849	0.876	0.947	0.900
X_2	0.361	1.000	0.624	0.155	0.138	0.181
X_3	0.849	0.624	1.000	0.642	0.699	0.681
X_4	0.876	0.155	0.642	1.000	0.931	0.916
X_5	0.947	0.138	0.699	0.931	1.000	0.937
X_6	0.900	0.181	0.681	0.916	0.937	1.000

　　表 3-6 是利用 SPSS19.0，得到 KMO 和 Bartlett 的检验结果，KMO 值为 0.806，Bartlett 的球形度检验、近似卡方统计值为 66.400，自由度 15 下的显著性水平为 0.000，达到显著水平，说明指标变量适合因子分析。

　　表 3-7 求出因子分析的特征值和方差贡献率，提取主成分。根据特征值大于 1，总方差累积贡献率大于 85% 的原则，取前两个公共因子。其中，第一个因子解释了原始数据 67.318% 的信息，第二个因子解释了原始数据 26.651% 的信

息，两个公因子的累积方差达到了93.969%，说明两个主成分代表了原来6个指标的93.969%的信息，信息综合状况良好。

表3-6 因子分析可行性检验

KMO 和 Bartlett 的检验		
取样足够度的 Kaiser – Meyer – Olkin 度量		0.806
Bartlett 的球形度检验	近似卡方	66.400
	df	15
	Sig.	0.000

表3-7 方差贡献率

成分	初始特征值			提取平方和载入			旋转平方和载入		
	合计	方差的%	累积%	合计	方差的%	累积%	合计	方差的%	累积%
F_1	4.482	74.708	74.708	4.482	74.708	74.708	4.039	67.318	67.318
F_2	1.156	19.261	93.969	1.156	19.261	93.969	1.599	26.651	93.969

解释的总方差

为了使每个公因子的意义更加确切，我们对因子进行旋转。从表3-8看到，F_1 在 X_1、X_3、X_4、X_5、X_6 上有较大的负载，且这一因子解释了总体信息的67.318%，这表明，增加对农村科技教育的财政投入，提高农业现代化水平及农村劳动力的文化程度是关键因素；拓宽社会保障制度的覆盖面和提高社会保障水平、促进农村人口向城镇的不断迁移是主要途径；提高农村劳动力的工资水平、缩小城乡收入差距是重要保障；F_2 在变量 X_2 上的负载较大，说明 F_2 主要反映城镇失业率对农村劳动力转移就业的影响，第二个因子解释了总体信息的26.651%，这表明扩大就业机会有利于提升农村劳动力向城镇的转移就业率。

表3-8 旋转成分矩阵

	成分	
	F_1	F_2
X_1	0.914	0.360
X_2	0.028	0.975

	成分	
	F_1	F_2
X_3	0.645	0.692
X_4	0.954	0.096
X_5	0.981	0.110
X_6	0.956	0.135

注：提取方法：主成分分析法。旋转法：具有 Kaiser 标准化的正交旋转法。旋转在 3 次迭代后收敛。

从表 3 - 9 算出的各个因子得分系数，可以写出主成分的方程式：

$$F_1 = 0.46X_1 + 0.18X_2 + 0.40X_3 + 0.44X_4 + 0.45X_5 + 0.44X_6 \qquad (3-1)$$

$$F_2 = 0.84X_2 + 0.38X_3 - 0.24X_4 - 0.24X_5 - 0.21X_6 \qquad (3-2)$$

表 3 - 9　成分得分系数矩阵

	成分	
	F_1	F_2
X_1	0.46	0.00
X_2	0.18	0.84
X_3	0.40	0.38
X_4	0.44	-0.24
X_5	0.45	-0.24
X_6	0.44	-0.21

（三）回归分析

对 2000 ~ 2010 年的原始数据进行标准化后算出各年的 F_1、F_2 对应的数值，得出的两个主成分作为自变量，标准化后的 Y 作为因变量，为消除模型可能具有的异方差性，用加权最小二乘回归法，结果发现常数项不显著，接着去掉常数项再进行加权最小二乘回归，最后得出表 3 - 10 的分析结果。

由表 3 - 10 可以看出，去掉常数项后，模型的拟合优度很高，F_1 在 5% 的水平下显著，F_2 在 10% 的水平下显著。因此，F_1、F_2 与 Y 的回归模型为

$$Y = 0.456269F_1 - 0.035368F_2 \qquad (3-3)$$

为了更直接地说明解释变量与被解释变量间的关系，根据主成分因子与原有

解释变量之间的对应关系，求得原始变量的回归系数，即把式（3-1）、式（3-2）分别代入式（3-3），得出

$$Y = 0.21X_1 + 0.05X_2 + 0.17X_3 + 0.21X_4 + 0.22X_5 + 0.21X_6 \qquad (3-4)$$

从式（3-4）中可以看出，农村劳动力转移就业的各个影响因素的作用方向与被解释变量呈正相关，但影响程度却有差别。

表3-10　回归结果

变量	系数	标准差	t 值	P 值
F_1	0.456269	0.008869	51.44736	0.0000
F_2	-0.035368	0.017668	-2.001863	0.0763
R^2	0.995868	因变量均值		0.159157
调整后的 R^2	0.995409	因变量标准差		1.319354
回归标准差	0.081205	AIC 值		-2.020707
残差平方和	0.059349	SC 值		-1.948363
对数似然函数	13.11389	HQC 值		-2.066310
DW 统计量	1.606808			

（四）结论分析

从分析结果来看，城镇化水平、农村建设、社会保障制度及收入分配制度对农村劳动力转移就业的推动作用比较显著，城镇化发展相对不足、城镇失业率的增加则阻碍农村劳动力向城镇的转移。对模型分析的结果和经济意义主要有以下几个方面。

（1）在同时考虑到其他五个控制变量的影响之后，人口城镇化水平与农村劳动力转移就业率显著正相关，二者的相关系数表明城镇化水平每提高1个百分点，农村劳动力转移就业率将提高0.21个百分点。这在一定程度上反映了人口城镇化水平对劳动力转移就业具有一定的影响力，从城市和区域经济理论来看，城镇化建设为农民创造很多的非农就业机会，但模型分析的影响程度低于理论预期结果，这也说明所选取的其他五个变量对农村劳动力转移就业的影响不容忽视。

（2）农业现代化水平对农村劳动力转移就业的影响系数为0.22，表明农业现代化水平提高1个百分点，农村劳动力转移就业率将提高0.22个百分点。这

一变量是 F_1 主因子中的解释变量，负载系数高达 0.981，是两大主因子中各解释变量负载系数最大的，说明大力发展农村生产力，加大对农业的科技投入，培育新型农民，走出一条农业科技含量高、环境污染少的规模化、集约化的生产道路，无疑对推动人口城镇化及实现农村劳动力顺利转移就业具有重要的意义。

（3）农村劳动力文化程度是 F_1 主因子中的解释变量，负载系数高达 0.956，这一变量对农村劳动力转移就业率的影响系数为 0.21，负载系数和影响系数在 F_1 各个解释变量中均排在第二位，说明这个结果非常显著，表明农村劳动力文化程度每提高 1 个百分点，将会促进农村劳动力转移就业率提高 0.21 个百分点。因为文化素质较高的劳动者易于适应工作环境，接受职业培训或从实践中积累经验的能力就越强，且在工作岗位能担当技术重任，可供选择的就业面也比较宽。另外，收入是农民在城市定居的决定因素，较高的文化程度是农民获得较高收入的必要条件，正是这种预期收入效应使受过较高水平教育的劳动力容易根据劳动力市场需求结构的变化，较快提高劳动供给质量。

（4）社会保障程度对农村劳动力转移就业的影响系数为 0.21，在六个解释变量中排第二位，表明社会保障程度每提高 1 个百分点，将会促进农村劳动力转移就业率提高 0.21 个百分点，这一变量也是 F_1 主因子中的解释变量，负载系数为 0.954，在 F_1 的五个变量中排第三位，说明社会保障制度的完善对促进农村劳动力顺利转移的作用显著。城镇建立的社会保障体系越完善，越能吸引农村劳动力脱离土地，到城镇安家落户。

（5）城乡收入差距对农村劳动力转移就业率的影响系数为 0.17，在 F_1 主因子各解释变量的影响系数中排倒数第二位，这是因为农村劳动力向城镇转移就业不仅受到进城就业收入较高的吸引，还要考虑在城镇生活的经济成本，城镇的住房保障、医疗制度、养老制度、农村的土地流转等制度的健全与否，都会影响城乡收入差距对农村劳动力转移就业的拉力。

（6）城镇登记失业率是 F_2 主因子中的解释变量，负载系数高达 0.975，说明城镇就业状况对农村劳动力转移就业率发挥重要作用，但这一变量的影响系数最小，为 0.05，说明城镇失业人数的增加会抑制农村劳动力在城镇的转移就业，但由于城镇中的有些岗位工作环境差，城里人不愿意做的工作主要由农村转移出来的劳动力来做，因此，城镇登记失业率每提高 1 个百分点，农村劳动力转移就业率不至于降低，而是只能增加 0.05 个百分点。

三、协调人口城镇化与农村劳动力就业的对策措施

（一）加快健康城镇化的发展，扩张城镇就业容量

我国城镇化的发展已进入一个从规模扩张到品质提升的整体转型时期，积极稳妥地推进人口城镇化就要同时完成农村人口转移和农业生产率提高的艰巨任务。实现农村劳动力转移和充分就业的关键是积极促进经济增长、产业结构调整与就业岗位同步增加，按照城镇化率年均增长 1 个百分点估算，就业岗位需求就会增加约 1000 多万个。鉴于目前农村劳动力质量的短期转型压力较大，在城镇化进程中，应以增加城镇就业为主线，发展就业弹性大、劳动密集型产业与行业。中小企业是所有企业中创造就业岗位的主要依靠力量，因此，大力发展中小企业成为创造就业岗位、推进农村劳动力转移的重中之重。要不断扩大企业经营规模，优化企业体系结构，刺激企业使用劳动力的积极性。

在城镇化发展过程中，城镇人口增加并不会均等地分布在每个城市，区域间城镇化水平存在自东向西依次降低的梯度差，随着城镇化的发展，人口在不同规模城市间的分布最终也会稳定在一定的比例关系上。在新兴城市群崛起和收入差距的诱导下，城市群区域将是重要的人口流入地。规模较大的城市产业集聚速度很快，生产的规模经济特征比较明显，能够为大规模产业集聚提供规模市场。与此同时，受"城市病"、产业结构升级等因素影响，大城市不可能承载大量农村剩余劳动力的转移就业。为此，要优先发展区位优势明显、资源环境承载能力较强的中小城市，强化其产业集聚能力，着力加强其吸纳农村富余劳动力功能方面的建设。一方面，要在综合考虑中小城市的区位条件、资源禀赋、产业基础和文化底蕴等诸多因素的基础上，结合农村富余劳动力的供给质量，科学定位主导产业，依托产业载体增加中小城市非农就业机会；另一方面，中小城市要加大基础设施和社会服务的供给能力建设，提高城市的人口综合承载能力，促进农村富余劳动力就近就地转移就业。

（二）消除农村劳动力转移就业的制度障碍

从制度条件方面看，合理推进农村劳动力顺利转移就业要从与劳动力转移关系最密切的各种权利、制度入手，界定和保护农村劳动力的各种产权、自由选择权和平等公民权。

1. 加快户籍放开的步伐

户籍制度滞后是制约我国农村劳动力非农就业质量的基本因素。目前，全国

的户籍制度主要有两种类型，即实行城乡统一的户口登记制度和实行居住证制度，尽管这两种形式的户籍制度改革的原则是要推动农业转移人口在城镇具有稳定就业、稳定收入和稳定住所并拥有与城镇居民同等的权益，但在实践中，在城镇具有一定居住年限的农业转移人口要真正实现落户城镇还存在很多的限制条件，尤其是农业人口跨区转移的户籍制度改革进展缓慢，户籍基本没有放开。2014年制定的国家新型城镇化规划指出，要根据各级城镇综合承载能力和发展潜力，实行差别化落户政策，主要是依据城市人口规模制定落户条件同时调高城市规模划分标准，既避免了根据城市行政等级制定落户标准的诸多弊端，又相应降低了农业转移人口落户城镇的门槛；规划还要求政府要在推动农业转移人口市民化中负起责任，根据各地的具体综合条件制定落户标准，让农业富余劳动力对即将转移的地区有个理性的预期和选择。

2. 建立城乡统一的社会保障制度

根据农村劳动力收入水平低、流动性大和逐步向城镇转移的特点，要深化城镇基本社会保险制度改革。首先，对于在城镇有稳定就业和收入来源并有固定居住地的农民可以纳入城镇社会保障体系，并享受同城镇职工同等的待遇。其次，建立健全农村劳动力社会保险关系的转移和接续的机制，在不同统筹地区参保缴费的农民，若转换工作地点，其个人账户和保险权益，可以只接不转，也可以转到新工作地区，按当地缴费标准折算接续；返回农村的，允许转移个人账户进入农保；家乡没有建立农保的，应将个人交费和单位为劳动力缴纳的金额退给本人。

3. 推进农村土地流转机制改革

土地流转市场的发育程度是衡量土地产权完整程度的重要变量。在城镇收入水平较高的拉动下，农村劳动力转向城镇就业，产生现有的农业土地－劳动力配置不合理。加快土地使用权流转，可以消除土地对进城就业的农民市民化的牵制，让这部分人因放弃土地承包经营权而能够得到足够的利益补偿，从而消解土地的生活保障、就业保障和心理保障功能，同时也推动农业现代化及农业产业升级。这就要求建立和健全土地流转机制。首先，规范土地流转的程序，加强对土地测量、估价和土地合同管理等配套制度的规范，克服无组织性的土地流转的发生，保护转让双方利益；其次，因地制宜，选择或创新责任买断制、股份承包制、统一责任制等适合本地的土地流转模式，促使农民加入城镇化进程；最后，要制定合理的土地流转价格和经济补偿方案，特别是健全征地过程中的经济补偿机制，适当提高征地的补偿标准，重构土地征用的收益分配比例。

（三）提升农村劳动力转移就业能力

农村劳动力转移就业面临的主要问题是人力资本存量少、就业能力低。城镇化的实现过程需要大量优质的人力资源做保障，人力资源的提升对城镇经济结构的调整、优化、升级起支撑作用，开发、提升人力资源的根本途径是各类教育的综合发展。这就要求政府增加对农村教育的投入，优化农村教育资源，定期为农村劳动力非农就业人员进行文化知识讲座，以高等职业教育院校为依托，通过政策优惠，加强对农村转移出来的劳动力进行职业技能培训，培养能够适应社会经济发展需要的实用型专业技能人才。结合各地区主要行业的生产特点和劳动力需求特性，建立专门针对农村转移出来的劳动力的教育机构，对他们进行现代文明观念和城市意识教育，使其尽快融入城市生活。

（四）培育新型农民，提高农业现代化水平

建设现代农业，是提高农业综合生产能力、促进农民增收的基本途径，是转变农业发展方式，推进适度规模经营的重要举措。现代农业发展缺乏优质的劳动力资源，留乡务农的劳动力呈现文化素质低下、年龄偏大和以女性为主等特点，学习、接受和应用农业科技的能力相对较弱。对于这些文化程度不高的劳动力可以利用现代传媒技术，将集中培训、科技咨询、实地指导与广播、电视、多媒体教学相结合，逐步提高农民的科技应用水平和生产实践技能。实施农村实用技术培训工程，提升农业人员整体素质，除了完善农村教育、农业科技推广体系之外，还应加快农业生产性服务业发展，动用国家财力（低息贷款或无偿投资）协助建立各种类型的农业合作社和互助组织，构建连接农民与社会化大市场的桥梁。当前我国农业技术正朝"少投入、省劳力、高效率、保安全"的方向发展，农业科技的运用，在促进农业生产力和产量提高的同时，也为适度规模经营创造条件，一方面提高了农民经营农业的收入水平，另一方面促使农业剥离出更多的劳动力从而成为城镇化进程的主体。

第四章 农村劳动力转移就业质量及其影响因素

在我国，农村人口约占总人口的70%，社会的转型与发展，需要转移大量的农村人口，于是产生了农民工这个特殊的群体。自改革开放以来，农民工为中国经济建设做出了巨大的贡献，然而，这些流动人口在城镇的社会地位低下，没有享受到城里人同等的权益，提高农村转移劳动力在城镇的就业和生活质量，意义十分重大，它直接关系到城镇化建设、社会和谐与发展。职业是个体社会经济地位的象征，由于体制、制度的因素导致了城市劳动力市场具有分割性，这些农村转移出去的劳动力只能就业于非正规部门，接受的工资低，没有签订劳动合同，也享受不到相应的保险。受到先天的知识、学历、技能等因素的制约，这些流动人口在城镇从事的是体力劳动，简单而又繁重，技术含量低，劳动密集型行业成为他们主要的就业领域。大多数流动人口受雇于个体、私营企业，就业层次低，其职业身份让他们经常受到职业歧视。源于进城打工能获取比从事农业生产较高的收入，这种愿望和动力支撑着他们在城镇职业地位很低的状况下不断去转换工作，因此农村转移出来的劳动力特别是新生代农民工其职业流动性强，经常出现"短工化"，频繁转换工作的主要原因有收入低、工作条件差、劳动强度大、社会福利低、用工单位拖欠工资等，农村转移出来的劳动力在城镇的职业稳定性差也是他们在城镇就业质量低下的具体表现。

第一节 农村劳动力转移就业质量的评价指标

农村劳动力转移就业质量包含的内容是多方面的，首先，最基本的问题是关于就业的安全性和公平性，如工作环境是否存在危险因素，是否存在同工不同酬或同工不同权的现象，就业中的收入与福利水平是就业质量的主要体现。一般认为，收入越高，福利越好，就业的质量也就越高，雇主提供的各种福利，包括假期、健康保险和其他工作福利等。其次，工作时间的长短及其安排是就业质量体现的另一个重要方面。过长的工作时间或者非自愿的过短工作都会对人们的生活和幸福感产生显著的负面影响，除了工作时间的长短，工作时间的安排也会影响就业质量，如不符合正常作息的工作时间对人的身体健康也会造成影响。再次，就业的稳定性与社会保护也是反映就业质量的基本内容。农村劳动力都希望有稳定的就业，他们很重视工作本身稳定与否，或者通过劳动合同和相应的社会保护使工作变得稳定。社会保护主要包含失业保险、养老保险等。最后，技能开发与就业培训机会。劳动者职业发展空间是就业质量较高层次的内容，如果劳动者拥有技能培训的机会，可以使其劳动能力与工作本身要求的技能相匹配，这样的就业发展前景才会广阔。

第二节　农村劳动力转移就业质量的主要影响因素

人口城镇化水平与农村劳动力转移相辅相成，但是稳步推进农村劳动力转移就业是一项复杂的系统工程。城镇化和产业发展的就业吸纳能力的有限性以及相关制度变革路径依赖的存在，意味着提高农村劳动力转移就业率的艰巨性。同时，在当前城镇人口就业压力、财力压力和资源供给压力的共同作用下，更是加大了农村劳动力融入城市社会的难度。因此，妥善处理转移劳动力的就业安置和提高他们就业质量的问题，应充分考虑影响农村劳动力转移就业质量的因素。劳动力乡城转移的成功与否不仅取决于迁移者的动力、动机、能力等微观因素，也需要考虑中观因素如劳动力市场的供需信息是否畅通，更离不开社会提供健全的制度体系保障劳动力资源充分流动和劳动者合法权益充分实现。

一、人力资本对农村劳动力转移就业质量的影响

农村劳动力的就业能力决定转移就业质量的高低，具有一定就业能力的劳动

力才有外出就业的意愿和动力，就业能力是通过人力资本存量加以衡量的。人力资本不仅包括知识和技能，还包括人的身体健康状况，因此，教育培训、健康投资都是人力资本形成的主要途径，其对农村劳动力转移就业质量的影响过程如下：首先，健康人力资本通过消费满足人类基本生存的物质资料、精神食粮得以实现，当人们的营养水平不断提高，拥有健康的体魄和良好的精神状态，从而使劳动生产率得到提高，为增加工资收入创造基本前提。农村转移劳动力在城镇从事的工作多数是低层次的重体力活，因此，身体的健康状况影响到他们的生产活动、人力资本的使用，只有在吃、穿、住、用、行等各种生活条件得到改善，身体所需要的各种营养元素得到充分供给时，他们才有充足的体力和精力参与劳动，为提高劳动强度、增加劳动时间、提高收入水平提供重要保障。其次，通过受教育形成的人力资本存量是决定农村劳动力转移就业质量的重要因素。舒尔茨指出人的能力和素质是解决贫困问题的关键。劳动力受教育的程度，直接影响其在劳动力市场的地位，因而关乎劳动者的就业质量。教育人力资本主要通过内在效应和外在效应产生作用。内在效应是劳动者接受正规或非正规教育，表现为通过人力资本投资使其自身收益递增，在寻找工作或经历职业转换时能够缩短摩擦性失业时间，降低面临结构性失业的风险；外在效应是指具备一定人力资本存量的劳动者通过干中学不断提高工作效率，并使得生产要素收益递增，由此得到较高的工资收入和较稳定的工作。

二、社会资本有助于提高农村劳动力转移就业质量

作为人与人之间联系的社会资本，同物质资本、人力资本一样，会给个人带来收益，一个人能从这些关系中获取的利益越多，则他的社会资本就越多。求职者依靠社会关系网络，获得更多的求职信息和帮助，因而更容易找到合适的工作。由亲戚、朋友和老乡形成的社会关系网络对缩短农村劳动力转移就业的搜寻时间和提高就业质量发挥了重要的作用。

（一）增加就业信息量

农村劳动力外出打工所依赖的信息渠道主要来自地缘和亲缘关系，老乡带老乡形成农村劳动力集聚同一地区的就业模式，这也是农村转移劳动力在城镇就业的主要途径。社会资本存量是农村劳动力顺利转移就业的重要影响因素，当劳动力拥有较丰富的社会资本，其就业选择机会也就越多，在城镇找到较好的工作岗位的概率就越大。

（二）减少寻找就业的各种成本

人们在求职过程中需要花费时间、精力搜索就业信息，需要辨别信息的真伪，如果拥有社会资本，则可以省去这些时间带来的机会成本。社会资本的基础在于信任，人们共同遵守其中的规则才能获得行动所需的社会资本，而且这一社会关系网络通过各种方式对破坏人们信任关系的人或行为进行惩罚而得到增强，因此社会资本为各种社会组织的存在创造条件。农村劳动力依靠老乡会提供的就业信息就不会担心上当受骗，从而减少搜寻就业的时间和心理压力，找到稳定工作的可能性也就越大。

（三）提高劳动力维权能力和生存能力

农村劳动力转移到城镇，多数在非正规部门就业，这些部门一般没有存在维护劳动力合法权益的组织，通过社会资本聚集在同一单位就业的农村劳动力就形成了一个团体，与资方进行工资和福利待遇方面的谈判，保障了农村转移劳动力就业质量，同时，这种团体的力量也使得企业拖欠工资的风险降低。

三、制度对农村劳动力转移就业质量具有重要作用

完善的劳动力市场能够为就业者提供充足的就业信息，降低信息搜索成本，通过健全的制度体系保障劳动者的合法权益，从而降低劳动者转移就业的风险，提高劳动力就业质量。城镇和农村在就业机会、生活环境、社会福利等方面存在的差距是促使农村劳动力进行乡城迁移的主要动机，源于户籍制度，城镇与农村之间被划开了一道巨大的鸿沟，农村劳动力转移到城镇被视为流动群体，他们在城镇的就业缺乏各种社会保障，同时在城镇生活面临着巨大的生存成本。选择外出务工的青壮年劳动力在城镇打工一段时间后，其收入在支付各种费用之后无法在城镇安居，再者中国农民的家庭观念强，因此，对家里老小的眷恋之情会使农村劳动力外出就业积累一定资本和工作技能后选择回流。由于这些流动人口还保留农村的耕地，他们就会处于"农忙务农，农闲务工"的就业状态。由此可见，户籍制度、社会保障制度、劳动就业制度、土地流转制度、土地征用制度等改革和变动将会深刻影响农村劳动力转移就业的稳定性。

城镇化的发展依靠机制效应创造了大量的就业机会，城镇非农就业收入与务农收入的差距以及由制度安排造成的城乡公共服务供给水平和社会福利水平的差异吸引了大量农村劳动力转移到城镇就业。政府鼓励和支持农民承包的土地向专业大户、家庭农场、农民合作社流转的做法促进了农地的集中耕种，使得更多的农村劳动力从土地上释放出来。与此同时，农业制度的创新和科技的进步，带动了农业规模化经营和产业结构的调整，现代化的农业生产方式通过延伸产业链和实现产业间的融合，在农村内部创造了非农就业机会。在"转方式、调结构、促改革"的经济发展战略下，有些行业、产业进行结构转型升级的过程中，也引发了劳动者的摩擦性失业、结构性失业，这在一定程度上阻碍了农村劳动力的转移就业。竞争性的劳动力市场，由劳动者综合素质决定其就业的层次。根据以上对影响农村劳动力转移就业因素的分析，我们提出以下假设：

假设1：身体健康状况越好，转移就业质量越高。

假设2：工作技能水平越高，转移就业质量越高。

假设3：工作地老乡数量越多，转移就业质量越高。

假设4：拥有的耕地面积越多，通过土地流转，能够增加进城务工劳动力的生活收入，提高转移就业的质量。

假设5：农村土地征用制度越完善，能够使进城农民依法得到土地征用补偿款，保障他们的非农生活质量。

第三节　农村劳动力转移就业质量影响因素的实证检验

农村劳动力转移就业质量关系到劳动者在城镇的生存与发展，影响到他们在城镇的融入，关系到新型城镇化建设的目标能否实现。然而，中国农村劳动力由于自身主观条件的限制和各种体制机制的束缚，他们的非农就业质量极其低下；就业环境恶劣，缺乏安全防护措施；劳动强度大，工资水平低，没有合法的劳动关系，职业稳定性差，享受不到社会保障等福利待遇。在借鉴以往研究成果的基础上，本文将从三个方面衡量农村转移劳动力就业质量，一是劳动合同的签订情况，劳动者进入工作单位是否有签订劳动合同，是衡量工作是否正规的标志；二是工作满意度，包括对工资收入、劳动强度、福利待遇等的态度，一般来讲，工作满意度越高，其就业质量越高；三是工作的稳定性。如果员工经常变换工作，流动性大，则说明就业质量不高。影响就业质量的因素很多，包括年龄、性别、技能、文化程度、人力资本与社会资本的存量等，本节基于福建省福州市仓山区部分农村劳动力非农就业人员的问卷调查数据,通过因子分析,测量农村转移劳动力就业质量;采用方差分析,实证检验了性别、年龄、文化程度、户籍地等个性特征对就业质量的影响;运用回归分析,实证分析了人力资本、社会资本、政策和制度因素对就业质量的影响效果。

一、数据来源与变量选取

(一)数据来源

2019 年 8 月课题组选择农民工相对密集的福建省福州市仓山区、晋安区工业园开展问卷调查,涉及鞋类、服装、电子信息、机械制造等四种行业企业,每类企业各发放问卷 75 份,分别占比 25%,采用简单随机抽样的方式对上述这四种类型的企业员工发放问卷。此次调查共发放问卷 300 份,回收问卷 264 份,有效问卷回收率达 88%。

由表 4 - 1 可见,样本中男性占比为 42.8%,女性占比为 57.2%;55 岁以上仅占 3%,36 ~ 55 岁占比达到 67.4%,以中青年为主;具有初中、高中/中专/技校、大专及以上文化程度的比例分别为 31.8%、17.8%、29.6%;从农村劳动力户籍所在地来看,调查对象来自本市、本省外市、外省的占比分别为 12.5%、53.4%、34.1%。

表 4 - 1 样本基本情况统计表 (N = 264)

项目		样本数	占比%
性别	男	113	42.8
	女	151	57.2
年龄	16 ~ 35 岁	78	29.6
	36 ~ 55 岁	178	67.4
	55 岁以上	8	3
文化程度	小学及以下	55	20.8
	初中	84	31.8
	高中/中专/技校	47	17.8
	大专及以上	78	29.6
户籍	本市	33	12.5
	本省外市	141	53.4
	外省	90	34.1

（二）变量选取与赋值

1. 被解释变量：农村劳动力转移就业质量

用劳动合同的签订情况、工资水平和工作稳定性三个维度的加权结果来表示农村劳动力转移就业质量。其中，劳动合同的签订情况，选用"是否签订劳动合同"为变量，"否"赋值为"0"，"是"赋值为"1"；工资水平以"月工资收入"为衡量指标，选取了以下七个收入等级：1000 元以下、1000～1500 元、1501～2000 元、2001～2500 元、2501～3000 元、3001～5000 元、5000 元以上；工作稳定性则选用"更换工作次数"作为衡量指标：分为工作更换 1 次、2 次和 3 次及以上三种情况（鉴于农村劳动力转移就业流动性强，故不考虑无工作更换的情况）。

2. 解释变量：农村劳动力转移就业质量的影响因素

主要从人力资本、社会资本、政策和制度因素三个层面来分析。其中，用健康状况和技能水平代表人力资本存量，健康状况分为很不好、不好、一般、很好、非常好五个等级；工作技能要求分为很低、低、一般、高、很高五种等级。用工作地老乡数量表示社会资本存量，分为很少、少、一般、多、很多五种情况。用参加社保满意度、家庭承包的耕地面积满意度和土地流转收益满意度表示相关制度因素，由受访者在非常不满意、不满意、一般、满意、非常满意五种答案中选择。

（三）指标选取及数据说明

在被解释变量方面，用健康水平（X_1）衡量农村劳动力就业的基本素质条件，劳动力身体条件越好，其劳动时间越长，则工资收入就越高；采用工作对劳动力的技能要求（X_2）来反映劳动力的就业层次，劳动者就业技能越高，就业层次也就越高，其工资收入也就越高；用工作地老乡数量（X_3）来衡量农村转移劳动力拥有的社会资本存量，农村劳动力在务工地拥有的老乡数量越多，则寻找工作机会越多，同时也获取更多维权的力量；采用劳动力对参加社保的满意度（X_4）代表农村劳动力在城镇生活的质量，如果居民生活和就业的所在地区能提供健全的社会保障体系，就会吸引和留住大量的农村劳动力向这个地区转移就业，这种就业质量就较高；用家庭承包的耕地面积满意度（X_5）表示农村劳动力转移就业的生活保障，如果劳动力在农村拥有较多的耕地，在进城从事非农就业后，可以通过土地流转，增加农民的财产性收入，为农村劳动力在城镇的就业和生活提供保障；采用农村劳动力对土地流转收益满意度（X_6）来衡量农村劳

新型城镇化进程中农村劳动力转移就业问题研究

动力转移就业的稳定性，如果农村劳动力承包的土地能够流转并获得一笔较为满意的收入，则可以减少劳动力"农闲务工"的兼业行为，提高他们在城镇就业和定居的意愿。

二、实证检验与分析

（一）农村劳动力转移就业质量：测量与分析

1. 农村劳动力转移就业质量概况

如表 4-2 所示，农村劳动力转移就业合同签订情况总体不乐观，签订劳动合同的比例为 33.3%，均值为 0.33；农村劳动力转移就业工作稳定性较弱，更换 1 次工作的比例仅占 36%；农村劳动力转移就业的月工资收入差距较大，1000元以下占比 12.9%，5000 元以上占比为 15.5%，1000~1500 元、1501~2000元、2001~2500 元、2501~3000 元、3001~5000 元的占比较为平均，而且月工资收入的均值从赋值上来看为 4.12，说明农村转移劳动力的月工资收入的平均水平集中在 2000~3000 元之间。

表 4-2　农村劳动力转移就业质量描述性统计结果（N=264）

项目		赋值	占比%	均值	标准差	标准误差
合同签订情况	否	0	66.7	0.333	0.472	0.029
	是	1	33.3			
更换工作次数	1	1	36	2.015	0.859	0.053
	2	2	26.5			
	3 次及以上	3	37.5			
月工资收入	1000 元以下	1	12.9	4.121	2.038	0.125
	1000~1500 元	2	16.3			
	1501~2000 元	3	12.5			
	2001~2500 元	4	9.8			
	2501~3000 元	5	16.7			
	3001~5000 元	6	16.3			
	5000 元以上	7	15.5			

2. 农村劳动力转移就业质量分类比较

采用方差分析方法，从性别、年龄、文化程度、户籍地等个性特征分析农村劳动力转移质量的差异。

（1）女性农村劳动力转移就业质量高于男性。如表4-3所示，由女性的工资收入、工作稳定性、劳动合同签订情况三个维度表示的劳动力就业质量高于男性。因为调查对象来自工业园区鞋服、电子信息、机械制造类企业，这些单位提供的岗位要求劳动力具有细心和耐心，女性天生具有的这种特质使得她们擅长于从事制作鞋服、电子信息等工作，劳动者的工作熟练程度和劳动时间都有利于增加她们的工资收入，企业也更加愿意雇用这些熟练工并通过与劳动者签订合同避免员工的流动，这样就使得女性劳动力在这些职位的工作相对具有稳定性。

表4-3 农村劳动力转移就业质量在性别上的比较

性别	就业质量均值	N	Std. Deviation	F	Sig.
男性	-0.8524	113	0.30497	466.872	0.000
女性	0.6379	151	0.68381		

（2）中老年农村劳动力转移就业质量高于年轻劳动力。如表4-4所示，56岁及以上的劳动者转移就业质量最高，36~55岁劳动者的就业质量较高，而35岁及以下的劳动力就业质量最低。究其原因，主要有年轻劳动力刚步入社会，对职业的期望值高，但他们的社会阅历少，工作经验不足，受技能、资历等因素制约，他们只能在职业层次较低的工作岗位先就业，工资收入比较低，于是他们就通过再就业来实现他们对城镇较高生活质量的愿景，这样就影响他们就业的稳定性和劳动合同的签订。而对于外出就业时间较长也就是较为年长的劳动者，由于他们非农就业过程中已经积累较为丰富的人力资本和社会资本，就业的职位技能要求较高，企业也愿意通过效率工资留住这些技能熟练的劳动力，因此，年长的劳动者就业稳定而且工资收入较高。

表4-4 农村劳动力转移就业质量在年龄方面的比较

年龄	就业质量均值	N	Std. Deviation	F	Sig.
16~35岁	-1.0119	78	0.13609	298.298	0.000
36~55岁	0.3839	178	0.76116		
56岁及以上	1.3237	8	0.0000		

（3）受教育程度高的农村劳动力转移就业质量高于受教育程度低的劳动者。如表4-5所示，大专及以上文化程度的劳动者转移就业质量最高，高中或中专文化水平的劳动者转移就业质量较高，而初中文化程度的劳动者转移就业质量较低，小学及以下文化程度的劳动力转移就业质量最低。这个符合人力资本投资的规律，受教育程度越高的劳动者认知能力较强，能较快适应新环境，能在工作中较快接受新信息，吸收新知识并实现自身人力资本的积累和提高，因此，多数文化程度高的劳动者都具有一技之长或者具备掌握先进技术的基本素质，企业愿意高薪聘请这些高级技术工人，并创造较好的工作和生活环境留住他们，为他们缴纳社会保险，因此，这些劳动者转移就业质量较高；而对于文化程度较低的农村劳动力转移到城镇，干的是体力活，这些工作就业层次低，工作环境艰苦，缺乏安全保障措施，对技术要求低，工资收入少，企业没有为这些劳动者提供相应的福利，企业一旦出现经营效益不佳，可以随时解雇这些低层次的劳动者，因此，文化程度低的农村劳动力转移就业质量极其低下。

表4-5　农村劳动力转移就业质量在文化程度方面的比较

文化程度	就业质量均值	N	Std. Deviation	F	Sig.
小学及以下	-1.0715	55	0.08143		
初中	-0.4778	84	0.50186	378.301	0.000
高中或中专	0.2583	47	0.53089		
大专及以上	1.1145	78	0.31301		

（4）外省劳动力转移就业质量较高。如表4-6所示，外省农村劳动力转移就业质量高于本省外市和本市的农村劳动力转移就业质量。可能的原因是，福建省福州市自然地理条件良好，基础设施建设较为完善，第三产业和外贸经济发展迅速，其中，服装、纺织、建材等产业已形成完整的产业链，电子信息企业已形成集群发展态势，这些产业既有劳动密集型又有技术密集型的生产方式，劳动密集型企业的用工主要来自省外，这些外省劳动力能适应福州的气候环境，吃苦耐劳的品质能够胜任劳动密集型企业的用工需求，因此，外省劳动力就业于这些企业，能以较长的劳动时间获取较高的工资收入，由于对工作地点的自然环境和工资收入比较满意，这些劳动力也就很少更换工作，企业通过效率工资和签订劳动

合同的形式留住这些熟练工，因此他们的转移就业质量相对较高。相比之下，本市的农村劳动力因为距离老家近，他们会选择"农闲务工，农忙务农"的兼业方式，非农就业就欠缺稳定性。此外，本市劳动力凭借着地缘优势，拥有更多的社会资本能够频繁更换工作，一旦进入劳动密集型企业工作时，他们对艰苦的劳动条件和较大的劳动强度适应能力不强，只能是短时间工作获得较低的收入，这种转移就业质量很低。因此，户籍地的不同引起农村劳动力转移就业质量差异，主要跟务工地与家乡距离的远近有关系，工作地与家乡距离越远，他们在工作地由于缺乏社会资本，就业选择面较少，也较能随遇而安，不会轻易更换工作。

表 4-6　农村劳动力转移就业质量在户籍地方面的比较

户籍地	就业质量均值	N	Std. Deviation	F	Sig.
本市	-1.1151	33	0.05956		
本省外市	-0.3541	141	0.65213	439.548	0.000
外省	0.9635	90	0.49931		

（二）农村劳动力转移就业质量影响因素的回归分析

1. 数据的标准化处理及变量间相关性检验

所选取的 6 个指标存在着单位量纲和数量级上的差异，为消除这些差异，先对原始数据进行标准化处理。由于样本数量较大，这里就没有列出标准化处理后的矩阵值。表 4-7 只是将各变量的标准化数据进行描述性统计，可以看出各个指标的标准差都较大，反映个体之间的差异明显。

表 4-7　各变量指标的描述统计量

指标	平均值	标准差	样本数
健康状况	2.55	0.763	264
技能要求	2.87	0.756	264
工作地老乡数量	2.26	1.022	264
参加社保满意度	2.62	0.636	264
承包耕地面积满意度	2.94	0.818	264
土地流转收益满意度	3.08	0.946	264

进行因子分析前，还需要对标准化处理后变量间的相关性进行检验，一般采用 KMO 检验和 Bartlett 检验。结果显示，农村劳动力转移就业质量影响指标体系的 KMO 值为 0.919，大于 0.5，Bartlett 球度检验相伴概率为 0.000，表明文章选取的 6 个指标适合作因子分析。

表 4-8　因子分析可行性检验

KMO 和 Bartlett 的检验		
取样足够度的 Kaiser – Meyer – Olkin 度量		0.919
Bartlett 的球形度检验	近似卡方	1713.658
	df	15
	Sig.	0.000

2. 主成分分析

在统计学分析软件 SPSS21.0 中，采用主成分分析方法进行因子分析。结果显示，标准化处理后数据之间的相关系数很大，甚至有些都大于 0.9，这表明部分因子间存在很强的相关性，为此，使用方差极大斜交旋转方法。

表 4-9　方差贡献率

成分	初始特征根			旋转平方和载入		
	合计	方差的%	累积%	合计	方差的%	累积%
1	4.980	82.995	82.995	2.086	34.763	34.763
2	0.299	4.988	87.982	1.926	32.097	66.860
3	0.233	3.889	91.872	1.501	25.012	91.872
4	0.217	3.624	95.496			
5	0.141	2.342	97.838			
6	0.130	2.162	100.000			

注：提取方法：主成分分析。

表 4-9 求出因子分析的特征值和方差贡献率，提取主成分。根据特征值大于 1，总方差累积贡献率大于 85% 的原则，取前三个公共因子。其中，第一个因子解释了原始数据 34.763% 的信息，第二个因子解释了原始数据 32.097% 的信

息，第三个因子解释了原始数据 25.012% 的信息，三个公因子的累积方差达到 91.872%，说明三个主成分代表了原来 6 个指标的 91.872% 的信息，信息综合状况良好。

表 4-10　旋转成分矩阵

	成分		
	F_1	F_2	F_3
X_1	0.764	0.309	0.401
X_2	0.418	0.411	0.788
X_3	0.625	0.394	0.324
X_4	0.795	0.439	0.293
X_5	0.407	0.808	0.345
X_6	0.373	0.680	0.564

为了使每个公因子的意义更加确切，我们对因子进行旋转。从表 4-10 看到，F_1 在 X_1、X_3、X_4 上有较大的负载，且这一因子解释了总体信息的 34.763%；F_2 在变量 X_5、X_6 上的负载较大，第二个因子解释了总体信息的 32.097%；F_3 在 X_2 上有较大的负载，写出如下主成分方程式：

$$F_1 = \sqrt{2.086}\,(0.764X_1 + 0.418X_2 + 0.625X_3 + 0.795X_4 + 0.407X_5 + 0.373X_6)$$

$$(4-1)$$

$$F_2 = \sqrt{1.926}\,(0.309X_1 + 0.411X_2 + 0.394X_3 + 0.439X_4 + 0.808X_5 + 0.680X_6)$$

$$(4-2)$$

$$F_3 = \sqrt{1.501}\,(0.401X_1 + 0.788X_2 + 0.324X_3 + 0.293X_4 + 0.345X_5 + 0.564X_6)$$

$$(4-3)$$

3. 回归分析

由于各个自变量已经过标准化处理，由此算出各年的 F_1、F_2、F_3 对应的数值，得出的三个主成分作为自变量，标准化后的农村劳动力转移就业质量 Y 作为因变量，运用软件 SPSS21.0 进行回归分析。

由表 4-11 可以看出，模型的拟合优度非常好，说明上述采用主成分分析农村劳动力转移就业质量的主要因素通过了多元线性模型检验，因此，建立如下多元回归模型：

$$Y = 0.591F_1 + 0.588F_2 + 0.273F_3 \qquad (4-4)$$

为了更直接地说明解释变量与被解释变量间的关系，根据主成分因子与原有解释变量之间的对应关系，求得原始变量的回归系数，即把式（4-1）至式（4-3）分别代入式（4-4），得出

$$Y = 1.038X_1 + 0.956X_2 + 0.964X_3 + 1.135X_4 + 1.123X_5 + 1.062X_6 \qquad (4-5)$$

表 4-11　回归结果

变量	系数	t 值	容差	方差膨胀系数	P 值
F_1	0.591	19.831	1.000	1.000	0.000
F_2	0.588	19.715	1.000	1.000	0.000
F_3	0.273	9.150	1.000	1.000	0.000
Weighted Statistics					
R^2		调整后的 R^2		F 值	
0.769		0.766		288.553	

三、结论

从回归结果来看，农村劳动力转移就业质量与人力资本、社会资本和相关制度密切相关。其中，参加社保满意程度 X_4、对承包耕地面积的满意度 X_5、对土地流转收益满意度 X_6 这三者对农村转移劳动力就业质量的影响效果很好，分别为 1.135、1.123、1.062，表明相关政策及制度对农村转移劳动力就业质量发挥重要作用。这是因为，农村转移劳动力在城镇享有养老保险、医疗保险、失业保险等社会保障时，则他们在城镇的就业和生活更有保障，可以增强他们农转非的信心；如果农村家庭承包的耕地数量越多，在进城之后，通过土地流转获得可观的资产性收益，既避免了农村劳动力处于农忙务农，农闲务工的兼业状态，又增加了他们在城镇的生活来源，因而提高了他们在城镇就业的稳定性，有利于加快农民市民化的步伐。此外，劳动者的健康状况 X_1 对农村劳动力转移就业质量的影响也极为显著。这是因为农村劳动力转移到城镇多数是干重体力活，劳动强度大，对身体素质的要求特别高，只有身体条件好的劳动者才能通过延长劳动时间获得更高的工资收入。而工作技能 X_2、工作地老乡数量 X_3 对农村劳动力转移就

业质量也具有较强的积极作用。究其原因，拥有一定工作技能的劳动者可以有更多的资本择业，可以获得更高收入、更好的工作环境和更多职业提升机会；而社会资本越丰富，劳动力能够以较低的成本获得广泛的就业信息，找到收入高、就业环境好、稳定性高的工作的概率也会较大。

四、启示

（一）构建统一的劳动力市场

随着新型城镇化建设的逐步推进，农村劳动力异地转移的规模日益庞大。然而，农村劳动力跨省转移就业还存在组织化程度低，盲目转移，转移成本高，转移意愿不强等问题。为此，要以劳动力市场的供求规律为主导，政府积极引导，强化统筹发展的意识，完善公共就业服务平台，加强劳务输出的组织和管理并改善劳务输入地的就业环境，实现本地与外地劳动力一体化管理，从而促进劳动力资源的优化配置。

（二）完善城乡统筹的社会保障制度

新型城镇化与农民市民化进程中要注重平衡保障水平的差距，确保农民工能享有社会保障，能公平地参与社会竞争。要通过再分配的手段逐步缩小由于劳动能力的差异和生产要素质量的差别而导致的社会成员之间收入分配的差距，实现劳动力要素的公平竞争和有效配置，促进农村转移劳动力在城镇的生活方式发生质的改变。

（三）深化农村土地制度改革，保障农民的经济收益

如何保障土地流转的参与主体间利益均衡是农村土地制度改革的难点之一。首先，明确土地产权，建立完善的土地流转管理机构。随着农村地区土地流转规模的扩大，土地纠纷也不断增加，要发挥专业管理机构在规范土地流转合同签订和土地流转形式的作用，促进农村地区的社会安定。其次，土地流转中，为解决土地增值收益分配不平衡的问题，应赋予农民知情权、参与权、申诉权、监督权，建立向农村集体和农民倾斜的土地增值收益分配机制，完善农村集体经济组织对收益的分配和管理，增加农民的财产性收入。

（四）加大对农村人力资本投资力度

由于中国教育资源分配的城乡差异及地区不平衡导致农民工文化素质不高和职业技能缺乏，影响到他们进城后对新环境的适应能力、对新知识的学习能力、在劳动力市场上的议价能力、人与人之间的沟通能力，以及与当地政府和社会组

织的互动能力。近年来，国家扎实推进新型城镇化战略和乡村振兴战略，增加了对农村的基础教育和职业教育的投入，有效推动了城乡融合发展。由于人力资本投资具有投资周期长、成本高、风险大、收益不确定等公共物品的特性，使政府成为人力资本投资的直接投资者和组织引导者。各级政府要落实农村教育的各项政策，创新农村教育经费保障机制，加大对农村教育的投入力度，优化成本和收入分配，充分调动企业和个人进行人力资本投资，提高人力资本投资效率。

第五章　以乡村振兴战略为契机，促进农民工返乡创业

——以福建省为例

习近平同志在党的十九大报告中再次指出："我国社会主要矛盾已经转化为人民日益增长的美好生活需要和不平衡不充分的发展之间的矛盾。""美好生活需要"既包括了"日益增长的物质文化需要"这些"硬需要"，又包括了追求获得感、幸福感、安全感以及尊严、权利等"软需要"；既要求更稳定的工作、更满意的收入、更好的教育、更高水平的医疗卫生服务，又要求更优美的环境、更丰富的精神文化生活。就业是最大的民生。近几年，农村劳动力转移就业形势平稳增长，全国农民工总量从2012年末的2.63亿人增加到2018年末的2.88亿人，新生代农民工占到了近五成。对农民工群体就业问题的关注，体现了促进共同富裕的指向。目前，农民工对就业的关注焦点不仅仅是"找工作"，还有如何在城市扎根，享有更好的教育、医疗条件，甚至一些有文化、有技术的农民工走上了创业之路。研究农村劳动力转移就业存在的主要问题，促进农村劳动力充分就业是新时代满足人民日益增长的美好生活需要的重要内容。

构建新型城乡关系、加快城乡融合发展是中国特色社会主义新时代的重大课题。推进城乡融合发展，既要持续深化新型城镇化向高质量发展，又要推动乡村全面振兴。党的十九大报告明确提出"实施乡村振兴战略"，强调要支持和鼓励农民就业创业，拓宽农民就业创业的渠道。实施乡村振兴战略是解决"三农"问题的重大战略举措，对进一步促进深化改革、不断推进城乡一体化发展以及大力推动农村现代化进程具有深远意义。当前，在乡村振兴战略驱动下，大批外出农民工返乡创业，由此衍生出一系列亟待解决的问题，将农民工返乡创业这一社会现象置于乡村振兴战略背景下进行研究，具有时代特色和现实意义。

第一节 乡村振兴战略与农民工返乡创业的逻辑关系

农民工返乡创业是在个人、家庭、宏观社会经济环境等多种因素的影响下，运用打工期间积累的资金、技术和管理经验，实现创业梦想的过程，农民工返乡创业可以满足个体追求较高的经济收益，满足照顾老人、孩子的家庭需求，可以提高自身的社会地位。在人民日益向往美好生活的新时代，实施乡村振兴战略是解决"三农"问题的总抓手。实现乡村全面振兴迫切需要一个突破口，鼓励并支持外出农民工返乡创业，落实就业优先政策，以创业带动就业，促进农村一二三产业融合发展，实现更充分更高质量的就业，是实施乡村振兴战略的重要举措。

党的十九大报告明确了实施乡村振兴战略的总要求，即"产业兴旺、生态宜居、乡风文明、治理有效、生活富裕"，实现这些目标与农民工返乡创业具有内在的逻辑关系，具体表现在：第一，产业兴旺与返乡创业相辅相成。乡村产业兴旺将会吸引从农村转移出去的劳动力带着知识、技能、资本返乡创业，这些返乡创业者也正是推动乡村产业兴旺的生力军，通过发展创新型产业，延长产业链条，形成规模经济，产生巨大的经济效益，创造了农村劳动力就地转移就业的机会。第二，生态宜居与返乡创业协同发展。宜居的生态环境为农民工返乡创业提供了良好的创业环境，提高了创业者的生活质量；返乡创业投资领域应主要发展绿色产业，有助于推动乡村生态宜居建设。第三，乡风文明与返乡创业相互促进。乡风文明可以激发乡村发展的活力，吸引更多的优秀劳动力返乡创业，返乡创业者以其在城镇接受的良好行为规范，通过言传身教、教育培训等方式推动乡风文明建设。第四，治理有效与返乡创业互为补充。乡村治理水平提高了，才能具备良好的营商环境，为农民工返乡创业提供动力；返乡创业的农民工在外出就业期间培养良好的从业素质和法治观念，可以带动当地农村劳动力向上向善，从而促进乡村社会和谐有序。第五，生活富裕与返乡创业互为因果。生活富裕的关键是要解决农民的就业问题，农村劳动力返乡创业正是解决农民就业问题的重要手段。

一、乡村振兴战略为农民工返乡创业带来的现实机遇

现阶段，我国正处于小康社会建成的关键时期，党的十九大明确提出了乡村振兴战略，大力鼓励和支持农民工返乡创业。乡村振兴战略的实施为福建省农民工返乡创业提供了制度和政策保障。

（一）土地制度改革带来的红利

乡土资源是农民工返乡创业的优势资源。农民工返乡创业，不仅需要土地来发展现代农业，也需要土地来兴建厂房等基础设施，国家对农村土地"三权分置"制度的落实，既能使土地的使用、流转更为灵活，又能为农民工返乡创业提供优质的生产资料。

（二）开拓融资渠道，带来各类资金扶持

创业所需的资本仅仅依靠农民工在城市从事劳动密集型产业所积累的资金是远远不够的，融资难是农民工返乡创业的一大障碍。国家推行乡村振兴发展战略，在财政、税收、金融等方面向"三农"倾斜；出台政策引导更多社会资本和金融资源进入乡村振兴领域，形成多元投入的新格局；制定金融机构服务乡村振兴考核评估办法，不断提高金融服务乡村振兴事业的质量和水平，有效帮助农民工解决创业过程中的资金不足的难题。

（三）培养"三农"工作队伍，为农民工返乡创业提供人力资本

2018 年中央一号文件《中共中央　国务院关于实施乡村振兴战略的意见》中提出要加强农村专业人才队伍建设，全面建立职业农民制度，发挥科技人才支撑作用，并汇聚全社会力量，为农民工返乡创业提供人力资本。在乡村振兴发展背景下，农业现代化的实现，必须要形成明确的创业分工体系，推动农村三产融合发展，这不仅要培养造就一支懂农业、爱农村、爱农民的"三农"工作队伍，还要培养农民企业家和新型职业农民。农民工返乡创业，用从城市学到的先进生产方式和现代化经营理念，为传统农业的发展和转型升级注入新活力，同时也促进劳动力、资本、技术等生产要素在城乡之间的优化配置。

（四）乡村振兴战略为农民工返乡创业提供项目和平台

农业产业结构转型是促进乡村全面振兴的重要举措。为此，各地在实施乡村振兴战略过程中进行大量探索，如鼓励发展家庭农场、积极组织各类合作社；在新型经营主体的运营下，配合电商农业、休闲农业的发展要求，不断挖掘农民工返乡创业的新项目和新领域。创业服务平台、创业孵化园区、现代农业示范园的

建立，不仅给农民工返乡创业提供了更好的公共服务和规划引导平台，而且也带来了更多的创业选择和项目指导，在此基础上，农民工返乡创业可以更好地结合当地各种资源要素，形成地方特色产业，并辐射周边地区，带动当地农村剩余劳动力就业。

二、农民工返乡创业是实现乡村振兴的重要载体

随着农民工创业人数不断增加，催生出了创业热潮。农民工返乡创业涌现出了大量的中小微企业，拓宽了农村剩余劳动力转移就业和增收的途径；农民工返乡创业作为经济发达地区劳动密集型产业向经济欠发达地区转移的主要载体，起到了延长和承接发达地区的产业链，强化新型城镇产业支撑的功能，有利于推动农村产业结构升级，因此，农民工返乡创业为乡村振兴战略的实施提供了强大的动力。第一，农民工返乡创业为乡村振兴提供了业务、客户、技术、财务、行业等资源，这些资源要素为乡村发展现代化农业、实现产业集聚以及建设生态宜居的美丽乡村提供了强大的支撑。第二，返乡创业的人才多数具有专业技术、管理才能和实践经验，这些高素质人才返乡创业，为乡村有效治理、乡风文明建设和乡村现代化建设提供重要的智力支持。第三，创业企业发展需要借助信息网络、资源网络、物流网络、交通网络等网络资源，这些网络要素为乡村振兴战略提供重要依托。第四，创业要求创业者要有创新思维及其经营能力，具有创新精神的农民工返乡创业，是推动乡村振兴的能量源泉，也是实现乡村生活富裕、治理有效的重要动力。第五，返乡创业企业的可持续发展，离不开合理的章程和完善的制度，这些制度要素保障返乡创业企业的有序运行，同时也有利于提高乡村市场经济意识和法治经济观念。

第二节　福建省农民工返乡创业的发展现状

由于农村地区经济落后，务农收入有限，大量农村剩余劳动力转移到经济较为发达的沿海地区以扩大发展空间和增加收入。近年来，福建省各县市有序推动农业人口转移，在脱贫攻坚和福建省农业现代化、人口城镇化进程中发挥了重要的作用。从福建省各设区市对农村劳动力转移情况粗略估计数值来看，2016 年，福建省农村劳动力人数达 1360.51 万人，其中已转移出去的劳动力有 781.57 万人，占总数的 57.45%；转移出去的劳动力一般打工时间较长，超过半年以上；打工地点主要集中于县域内，约占一半（51.91%），其余主要集中在市外本省内以及省外；从事行业主要以第二、第三产业为主，占 78.45%。总体来看，转移出本设区市的劳动力数量要略高于外地转移入本设区市的劳动力人数，但从各设区的情况看，经济较为发达的设区市，外地转移来的劳动力数量要大于转移出本设区的劳动力人数，呈现净流入现象，如福州、莆田、泉州等；相反，经济相对落后的设区市则呈现净流出现象，如三明、南平、龙岩、宁德等。从以上数据可以得出如下结论：福建省农村劳动力有一半以上转移出去，而且转移出去的劳动力再回到本地务农的可能性不是太大；离土不离乡的观念较重（仅县域内就能占到总转移出去的劳动力人数的一半左右）；劳动力主要流向经济较发达地区。

在全面建成小康社会的决胜阶段，党的十九大明确提出实施乡村振兴战略，强调要支持和鼓励农民就业创业，促进农民工多渠道就业创业。截至 2017 年 11 月，国家已先后对 341 个县市区结合新型城镇化开展支持农民工等人员返乡创业试点，福建省的邵武市、长汀县、连城县、武平县、古田县位列其中。2015 年 12 月，福建省政府出台《关于支持农民工等人员返乡创业十二条措施的通知》，从政策、项目和渠道等方面支持农民工等人员返乡创业。

一、福建省农民工返乡创业的特点

（一）农民工返乡创业规模扩大

福建省各县市认真贯彻落实中共福建省委农业转移人口的八项措施，帮助农民工返乡创业，2012～2017 年，共有 244.85 万个农村劳动力实现转移就业，为农村贫困家庭的 7.52 万人提供创业就业援助。经济新常态下，我国加大了产业结构优化升级力度，城镇就业需求发生了巨大的变化，这一现象推动了大量从农村转移出来的劳动力开始返乡就业。从福建省农民工返乡创业试点地区的数据来看，2017 年福建省邵武市新增返乡创业农民工人数 5816 人，武平县新增 3364 人，长汀县新增 3126 人，古田县新增 6034 人，连城县新增 4236 人（见表 5-1）。

（二）返乡创业地区相对集中

农民工返乡创业主要集中于 13 个县级市（南安市、福清市、长乐市、建瓯市、龙海市、晋江市、武夷山市、漳平市、石狮市、福鼎市、邵武市、福安市、永安市）及返乡创业试点区政府规划的各工业园，究其原因是县级市距离家乡近，便于创业者照顾家庭，而且县级市的基础设施比农村齐全，这种地理优势既降低了创业成本，又提高了创业就业的保障性，因此福建省农民工返乡创业就业地区主要集聚在农村或距离家乡较近的城镇。

表5-1　2017年福建省农民工返乡创业试点地区农民工返乡创业新增人数

试点地区	邵武市	武平县	长汀县	古田县	连城县
农民工返乡创业新增人数	5816	3364	3126	6034	4236

数据来源：邵武市、武平县、长汀县、古田县和连城县五个地区的统计局。

（三）回乡创业者大多从事非农产业

福建省农民工返乡创业主要集中在门槛较低、进入比较自由的产业，如特色养殖种植业、农产品加工业、小型工矿企业、餐饮业、交通运输业、商务旅游业、乡村特色旅游业等，其中从事第一产业的占26.4%，从事第二产业的占32.6%，从事第三产业的占32.1%，其他领域的占8.9%（见表5-2），即使多数返乡创业者主要从事非农产业，但98.5%的农民工仍然拥有耕地，与农业保持自然联系。

表5-2　农民工返乡创业就业产业总体分布情况占比

农民工返乡创业就业产业	第一产业	第二产业	第三产业	其他
占比（%）	26.4	32.6	32.1	8.9

数据来源：福建省统计局。

（四）返乡创办的企业形式以个体和私营为主，企业规模较小

返乡农民工创办的企业形式主要是个体和私营，其中个体经营企业数量占比达到68.7%，民营企业数量占比20.2%，股份制企业占6.5%，此外还有承包、租赁经营形式，约占4.6%（见表5-3）。由于农民工创办企业的启动资金较少，因而企业规模较小，年产值不高。

表5-3　返乡农民工创业就业主要经营形式占比

农民工创业就业主要经营形式	个体经营	民营企业	股份制企业	承包、租赁经营
占比（%）	68.7	20.2	6.5	4.6

数据来源：福建省统计局。

二、福建省农民工返乡创业试点取得的成效

2015年以来，在全国范围内实施了支持农民工返乡创业试点工作，促进了农村地区产业集群的培养，振兴了农村的产业。福建省先后入选了邵武、长汀、武平、古田、连城五个创业试点。因此，福建现在已有五个新型城镇化开展支持农民工等人员返乡创业试点地区。创业试点的推进主要有两方面的好处，首先，通过设立创业试点，可以更好地落实有关农民工返乡创业的各项政策，有助于整合乡村地区创业资源，进一步盘活存量并促进国家对各试点在政策、资金、项目、渠道和人员等方面的支持。其次，确立创业试点，为乡村创造了更多的就近就业机会，减少由于青壮年外出打工而造成的留守儿童和空巢老人现象，有利于加快培育经济社会发展的新动力，有效促进脱贫工作稳步向前，对于推进民生的改善有着重大意义。福建省五个创业试点工业园，配备设施充足，为创业者提供便利并形成以下几方面的经验。

（一）邵武市支持农民工返乡创业的具体做法

在南平县推进了"构建和谐劳动关系示范市"和"无欠薪工业园区的试点建设"，加强推进"三无"创建活动，加强了创业试点的劳动保障监察，改善了试点的交通、水利、工业园区的基础设施建设等，营造了良好的创业用工环境。

（二）长汀县支持农民工返乡创业的成功经验

长汀县近年来一直把服务好农民工返乡创业作为一项重点民生工程。长汀县成立了企业家专家指导小组，为农民工返乡创业者提供"一对一"指导，解决返乡农民工在创业过程中遇到的各种问题，并提供政策咨询、业务指导、认证指南、创业培训等具体服务，以提高创业成功率。为避免返乡创业农民工对相关扶持政策不了解，长汀县政府加大对农民工创业扶持政策的宣传，使农民工深入了解有关创业的扶持政策，有效营造了支持创业、鼓励创业、投身创业、服务创业的氛围；通过打造长汀县电商产业园、物流园和腾飞开发区，鼓励有实力的民营

企业入驻创业园，为农民工积极打造创业平台。此外，长汀县还加大创业专项扶持资助力度，每年将安排 500 万元支持创业示范基地和创业孵化基地，资助科技行业，对新成立的小微企业给予奖励和补贴，努力营造良好的创业环境。近年来，该县每年返乡农民工增加 3000 多人，带动 1.5 万人以上的当地农村劳动力实现了就地就近工作。

（三）连城县支持农民工返乡创业的具体做法

连城县以建设"创业连城"为目标，对创业者在场租补贴、融资补助、创业服务、技术培训等方面提供自主创业扶持专项资金以吸引农民工返乡创业。为打造积极的创业环境，连城县加快了包括众创空间、创业孵化基地、科技企业孵化器等平台建设，为返乡农民工搭建了低成本、全方位、专业化的创新平台。

（四）武平县支持农民工返乡创业的成功经验

武平县为了更好地吸引农民工返乡创业，县地税部门积极推行农民工创业就业优惠、小微企业税收优惠、农林牧副渔减免税等税收优惠政策。此外，武平县还成立了"农民工创业服务"志愿者团队，到农村、民营企业走访宣传，鼓励农民工将自己所拥有的技能专长与地方农产品资源结合起来，以最大限度地发挥自身技能创业优势。为了更好地服务农民工返乡创业，武平县还开辟了"绿色办税服务通道"、代填单、免填单服务。目前，武平县政府已深入各乡镇开展针对农民工返乡创业税收优惠政策宣传共 16 场次，累计减免农民工创业税收总计 33.65 万元。

（五）古田县支持农民工返乡创业的成功经验

农民工返乡后积极参与中介组织和合作组织，成为农民合作经济组织的经纪人或领导者，农民工返乡创业，不仅帮助当地剩余劳动力开拓了新的广阔平台，而且还带回了家乡缺少的市场信息和技术经验，在农村创业的示范和推广中发挥了作用。古田县的晟农食用菌专业合作社，依托技术和资源优势，为丰都、吉祥、平湖等五个乡镇（街道）的农民提供食用菌种植技术服务，仅仅一个月的时间，他们共同生产了 160 万袋海鲜蘑菇和 10 吨鲜蘑菇，为农民开辟了增加产量和收入的新渠道。2018 年，古田县为加快农民创业示范园建设，投入 280 万元作为农民创业示范园专项资金。

第三节　福建省农民工返乡创业存在的主要问题

改革开放以来，数以亿计的农村剩余劳动力相继进城务工，这股"民工潮"为中国的工业化和城镇化做出了巨大的贡献。长期以来，农村转移劳动力在城市社会被"边缘化"，加上他们本身具有浓厚的乡土情结，近些年来，外出劳动力出现明显的回流迹象，他们当中有不少人在家门口找到了适合自己发展的创业之路。农村劳动力外出打工达到一定阶段而返乡创业，是实现乡村振兴发展的有效载体，有利于解决农村劳动力就近就地就业，是推动中国实现新型城镇化目标的重要途径。积极营造返乡创业的氛围，激发农民工返乡创业的意愿，促进更多农民工返乡创业，是实现乡村全面振兴的重要内容。福建省地理位置优越，改革开放以来城乡统筹和农村发展取得了历史性进步，但与相邻的沿海省份相比，还存在农村发展不平衡和不充分的问题，农民工返乡创业进程中还面临以下困难。

一、缺乏足够的资金进行创业

农村劳动力在外务工的收入都较低，虽然返乡时已积累了一定的资金，但这部分的资金远远不足以支付其在创办企业和生产经营过程中所需的相关费用。即使农民工成功创办了企业，但很多时候会因为缺少流动资金而使企业运转陷入困境。返乡农民工创办的大多是中小型企业，想要通过正规的金融渠道以取得贷款的可能性极小。虽然创业试点给予了创业农民工一定的资金支持，但申请条件较为严格，从而出现返乡农民工很难获得资金支持和扶持基金难以充分发挥作用的问题。

二、对农民工创业技能培训不足

大多数返乡创业农民工的教育水平高于普通农民，但总体水平仍然很低。根据福建省统计局的统计数据，福建省高等教育以上的农民工人数占比为32.6%、初中学历的占57.2%、小学学历的占10.2%。受到高水平教育的农民工能在城市工作期间更好地接受和掌握信息并学习技能，能更好地将这些知识和技能付诸于返乡创业实践。然而，返乡创业的农民工整体的受教育水平偏低，参与高等级的创业技能培训的机会不多，从根本上制约了农民工创业企业的发展和壮大。基于对福建省新生代农民工的问卷调查和访谈，只有61%的新生代农民工参加过专业技能培训，51%的新生代农民工掌握了非农技能。在市场经济体系薄弱的情况下，仅依靠"胆大"即使可能成功创业，但是随着市场经济体制的不断完善和发展，需要更加敏感的市场观念、强大的信息收集和分析能力以及综合管理能力，才能在激烈的市场竞争中站稳脚跟。

三、返乡创业企业多数处于产业链低端，发展受限

由于返乡农民工缺乏知识以及农村地区缺乏人才和技术支持，在返乡创业的初期比较盲目，不知道该怎样进行市场分析和产品定位，或者听取偏见，这会给创业带来风险。农民工创业后，往往缺乏科学合理的管理体制。决策不民主，机制不合理，难以适应市场变化，影响企业的可持续发展。结合福建省五个创业试点的相关创业项目可以发现，创业项目相对狭窄，大多数还是依托当地农业生产产业链，以农业副产品的加工、农产品产业链的延长和食品加工行业为主，创业试点没有挖掘出相对新颖的创业项目，加上农民工创业能力有限，很难找到合适的创业项目。大多数农民工很容易选择模仿在外出工作期间从事的与行业高度相关的机械发展道路，投资少、见效快、风险低。企业产品品种单一，市场应变不强，集中在产业链末端，过度竞争、低水平、能耗高、污染高，易造成资源和财富的严重浪费。

四、农民工创业园区建设不够完善

福建省创业试点发展过程中，各地建立了农民创业园区，包括连城农民创业园、古田农民创业园等。创建农民工创业园区有利于更好地促进农民工返乡创业形成集群效应。但是就目前的农民工创业园区的建设来看，园区规模较小，园区基础设施建设还不够规范，农民工创业过程并不懂得如何合理地利用创业园区带来的优势，使创业园区的建设失去意义。

五、缺少创业所需的相关服务

政府部门积极开展对农民工返乡创业的扶持工作，但农民工创业所需的服务还是相对落后，有关农民工返乡创业的规章制度还不成熟，相关配套政策还不够具体，可操作性不强，对农民工返乡创业没有产生足够的吸引力。此外，由于宣

传不到位，许多返乡农民工并不了解相关扶持政策。由于农民工并不了解如何办证，需要提供哪些资料等，导致创业初期需要辗转多个部门办理创业所需的相关手续。目前福建省农民工返乡创业服务的专门机构还不健全，相关的指导人员也没有配备齐全，从而导致农民工在创业初期由于没有专业人士的培训指导，对于创业中出现的各种问题不能有效应对。

第四节　福建省农民工返乡创业意愿的分析

国内关于农民工返乡创业问题的研究，主要集中在以下几个方面：一是关于农民工返乡创业动机研究。创业动机是创业者追求成就过程中在头脑中形成的一种内在驱动力，这种内在驱动力会直接影响人们发现创业机会、获取创业资源和开展创业活动。影响农民工产生返乡创业动机的原因很多，从需求层次差异角度看，农民工返乡创业动机可以分为经济动机、成就动机、社会动机和环境动机。二是关于农民工返乡创业意愿及影响因素研究。创业意愿是潜在的创业个体是否愿意开展某项创业活动的主观态度，是潜在的创业个体对创办新企业或实施创业行为的一种心理准备状态，包括对自身素质和外在因素的主观评估。农民工返乡创业意愿的影响因素主要包括农民工个人、家庭和环境三个层面，张新芝（2014）基于实证研究，认为家庭经济状况、外出打工的收入与农民工返乡创业的意愿呈"U"形关系，受教育与掌握技能程度、个人与家庭的人脉关系等因素对农民工返乡创业具有积极影响；外部宏观环境因素中，城市的就业压力和生活成本对农民工返乡创业产生推进作用，但融资困难与创办困难又会阻碍农民工返乡创业；具体微观环境中，城乡二元结构的不公正待遇、家乡的发展环境改善与劳动密集型产业转移等对农民工返乡创业均有积极的促进作用。三是关于乡村振兴与农民工返乡创业关系的研究。王轶（2018）认为农民工返乡创业与乡村振兴相辅相成，具体表现在：农民工返乡创业可以更好地结合当地各种资源要素，形成地方特色产业，实现农村产业兴旺，并辐射周边地区，带动当地农村剩余劳动力就业，改善农民生活；返乡创业者以其在城镇接受的良好行为规范，通过言传身教、教育培训等方式推动乡风文明建设。乡村振兴政策是劳动力决定是否返乡的拉力因素，各个区域结合自身的区位优势所制定的推动乡村振兴的政策，包括创业扶持、金融扶持、税收扶持等政策，是劳动力返乡创业的重要动力。

综上所述，学术界深入剖析了乡村振兴战略与农民工返乡创业的关系，卓有成效地研究了农民工返乡创业的动机、行为、影响因素及作用关系，然而现有文献对农民工返乡创业意愿的影响因素分析，仅仅着眼于创业者自身和家庭因素，实际上创业者所在家乡的经济、社会、政策发展的宏观环境，家乡的经济发展水平及与周边地区经济发展差距对农民工返乡创业也会发生不同程度的影响。激发外出劳动力返乡创业的意愿并促成返乡创业的行动，提高农民工返乡创业的质量是新时代走好乡村振兴之路的根本途径。

一、研究假设

在我国新型城镇化进程中，农村劳动力的流动具有自由、双向的特征。农民工在城市中主要依靠简单的体力劳动，就业质量低下，无法获得公平的社会待遇和城市融入感，在这种推力的作用下，农民工开始回流；中国人独特的恋乡情结使大部分农村劳动力仅仅把外出务工作为增加收入的途径，当他们在城市积攒足够的资金、技术和创业经验，尤其是接受城市文明的熏陶，自身素质不断提高，社交网络得到扩大，就会选择返乡创业为家乡的发展做贡献；农村就业环境的改善、创业扶持政策的落地、沿海发达地区劳动密集型产业向中西部地区的转移以及农村产业融合新业态的出现，为农民工返乡创业提供了强大的支撑和动力。

马斯洛需求层次理论认为，人们实现较低层次的需求之后，还会追求更高层次的需求，其中，生理需求、安全需求大多可以通过物质条件得到满足；社交需求、尊重需求以及自我实现的需求则要通过内在的精神因素才能实现，因此，当外出劳动力追求高层次需求的动机越强则他们的返乡创业意愿也就越强。落叶归根，思乡情结，是驱动农民工回乡创业的情感因素。农民工在外辛苦打拼也是为了家庭的幸福，他们希望给孩子在情感上更多的关爱，陪伴着孩子的健康成长；他们希望在家照顾父母，为老人尽孝；他们也希望夫妻团聚，家庭和睦。据此本文提出研究假设。

假设1：自我价值实现的需要和亲情促进农民工返乡创业意愿的形成。

劳动力的迁移是一种特殊的人力资本配置方式。经济个体在一定的区域内形成人力资本后，如果所处的环境不利于发挥人力资本的作用，导致人力资本个体在该区域内的所得低于其他区域时，则会发生人力资本迁移。因此，当人力资本较高的农村劳动力，在流入地的就业所得低于期望值时，将会促使他们流动就业。从农村劳动力在流入地人力资本回报较低的角度，借鉴托达罗模型和刘易斯二元经济发展模型，运用推拉理论可以解释农村劳动力返乡创业的决策，即当劳动力在农村就业的预期收益增加时，就会发生劳动力回流现象。据此，提出研究假设。

假设2：农村就业的预期收益高于外出务工的实际收益，有助于促进农民工返乡创业的意愿。

创业环境是能够激发潜在创业者的创新思想和开展创业活动的各种因素和条件，主要包括市场机制、融资条件以及优惠政策，经济活动是制度化、社会化的过程，农民工返乡创业行为包含认知嵌入（受教育水平、工作经验和技能）、网络嵌入（劳动力流出地社会关系网络）、文化嵌入（劳动力流出地构建的行为规范）和政治嵌入（各种政策和法律法规），流动人口的增加以及将农民工纳入社保体系也会促进农民工返乡创业，据此，本文提出研究假设。

假设3：优化创业环境及提高农民工对创业政策的认知水平有助于农民工形成返乡创业意愿。

农民工返乡创业的资源禀赋包括内部和外部两个方面。内部资源禀赋主要指农民工的人力资本、社会资本、经济资本；外部资源禀赋主要指硬环境和软环境，包括基础设施、人文环境、自然地理和政策制度等，这些资源禀赋条件相互影响，对农民工返乡创业发挥着协同促进的作用。农民工拥有的人力资本存量越多，外出务工的就业层次也就越高，容易接触到更多的社会资源，从而拓宽了社会关系网络，扩展了社交模式，丰富了其社会资本。当农民工拥有的社会资本越多，使其获得更多的社会支持，有利于拓展其获取创业知识、信息、政策的途径，进而提升个人的人力资本。当农村劳动力人力资本存量得到提高，社会资本不断拓展，其积累的经济资本越多，创业能力就越强，从而增强其自身的返乡创业意愿。据此，本文提出研究假设。

假设4：资源禀赋有助于形成农民工返乡创业意愿。

二、农村劳动力返乡创业意愿的实证分析

（一）数据来源及基本统计描述

农民工返乡创业是指具有农村户口的劳动力外出务工后回到家乡所在地进行创业的行为。2015年以来，在全国范围内实施了支持农民工返乡创业试点工作，促进了农村地区产业集群的培养，振兴了农村的产业，与此同时，福建省先后入选了邵武、长汀、武平、古田、连城五个创业试点。为深入了解福建省农民工返乡创业的意愿，实证研究乡村振兴战略背景下农民工返乡创业的影响因素，以期对完善福建省农民工返乡创业扶持政策体系提供有益的参考建议，本书课题组来到上述五个创业试点对创业者或曾有创业经历的农民工进行访谈。同时对在泉州地区务工的福建省农村劳动力开展问卷调查，主要是因为福建省民营经济高度发达，享有"民营经济集聚区"的美誉，泉州市以民营企业为主力、以轻工业的产业集聚为特点的经济发展模式，连续二十年蝉联福建省经济总量首位，同时也大大吸纳了福建省其他地区农村劳动力转移就业。因此，本课题组成员来到泉州市几家劳动密集型企业，通过设计调查问卷，了解外来农民工返乡创业的意愿。问卷内容主要从农民工的个体特征、家庭状况、政策环境等三个方面进行设计。其中，农民工的个体特征主要包括农民工的性别、年龄、婚姻状况、文化水平、交际能力、农民工对创业机会的把握能力；家庭状况包括家庭的经济负担、外出打工的月平均工资；政策环境包括对创业政策的了解程度、对现有工作的满意程度、是否经历创业培训等。调研选取了泉州的晋江市、石狮市、南安市、丰泽区、鲤城区等五个制造业发达，劳动密集型企业多的地区，采用随机调查的方式，总共发放400份问卷，其中有效问卷达366份，问卷有效率达91.5%。被调查的366个农民工中，有返乡创业意愿的达129人，占35.25%，无返乡创业意愿的有237人，占64.75%。由此可见，农民工返乡创业意愿并不强烈，究其原因主要是福建省泉州市是沿海地区经济发达城市，经济发展机会充分，加上晋江市、石狮市等民营经济发达，作为国家和福建省新型城镇化试点，其产业集聚带动人口集聚，产业升级伴随户口入籍，并且注重农村转移出来的劳动力在人居环境、社会保障、生活方式等方面实现由"乡"到"城"的转变。这些优越的地理位置和政策条件，吸引并留住了很多外来劳动力。此次问卷调查情况为，从性别来看，男性有292人，占80%，女性有74人，占20%；在年龄区间的分布上，25岁及以下的农民工有30人，占8.2%，25~35岁的农民工有87人，占23.77%，36~45岁的农民工有228人，占62.3%，46岁及以上的农民工有21人，占5.74%，这说明当前外出务工的福建省农村劳动力的年龄大多数在36~45岁之间；从文化程度来看，大多数农民工只有小学和初中的文化水平，累计百分比达77.05%，高学历的农民工较少；从婚姻状况来看，被调查的农民工大多数已婚，占比达60.66%，因此，家庭经济负担较重。本次调查样本的基本情况如表5-4所示。

表 5 - 4 被调查样本的基本情况

变量名称	变量含义	百分比（%）
性别	男	80
	女	20
年龄	25 岁及以下	8.2
	25~35 岁	23.77
	36~45 岁	62.3
	46 岁及以上	5.74
学历	小学及以下	31.97
	初中	45.08
	高中	13.93
	专科及以上	9.02
婚姻状况	已婚	60.66
	未婚	39.34
工作满意程度	不满意	18.85
	一般	74.59
	很满意	6.56
家庭经济负担 （抚养子女人数）	轻（1~2 人）	35.25
	较重（3~4 人）	58.20
	很重（大于 5 人）	6.56
创业培训经历	有	27.05
	无	72.95
外出打工的月平均工资	2000 元以下	12.30
	2000~3000 元	31.15
	3001~4000 元	31.15
	4000 元以上	25.41
对创业政策的了解程度	差	5.74
	一般	76.23
	强	18.03
对创业机会的把握能力	差	9.84
	一般	72.95
	强	17.21

变量名称	变量含义	百分比（%）
交际能力	差	23.77
	一般	63.93
	强	12.30

（二）模型构建

本书的被解释变量为农民工返乡创业意愿，分为"有返乡创业意愿"和"无返乡创业意愿"两种情况。Logistic 回归分析是个体决策行为的最佳方案，因此本文选取二元 Logistic 回归模型来分析影响农民工返乡创业意愿的因素。如果农民工有返乡创业的打算，那么被解释变量赋值为 1；反之，则赋值为 0。二元 Logistic 回归模型是因变量为 0 或 1 的二元变量，这个模型函数是逻辑概率分布函数，具体公式如下：

$$P_i = F(Z_i) = \frac{1}{1 + e^{-Z_i}} \tag{5-1}$$

$$\ln \frac{P_i}{1-P_i} = Z_i = \alpha + X_i \beta + u_i \tag{5-2}$$

其中，P_i 是在泉州务工的福建省农村劳动力是否有返乡创业意愿的概率，β 为待估计参数，X_i（$i = 1$，2，$\cdots$，11）为解释变量，u_i 为误差项。解释变量共有 11 项，分别为性别、年龄、学历水平、婚姻状况、工作满意程度、家庭经济负担、创业培训经历、外出打工的月平均工资、交际能力、对创业机会的把握能力、对返乡创业政策的了解程度等，以上变量均采用李克特 5 级量表进行测量并赋值和统计，具体说明如表 5-5 所示。

表 5-5　模型所使用的解释变量及说明

变量名称	说明及定义
性别	男 = 1
	女 = 0
年龄	30 岁以下 = 1
	30~40 岁 = 2
	41~50 岁 = 3
	50 岁以上 = 4

续表

变量名称	说明及定义
学历水平	小学及以下 = 1
	初中 = 2
	高中 = 3
	专科及以上 = 4
婚姻状况	已婚 = 1
	未婚 = 2
工作满意程度	不满意 = 1
	一般 = 2
	很满意 = 3
家庭经济负担 （抚养子女人数）	轻（1~2 人）= 1
	较重（3~4 人）= 2
	很重（大于 5 人）= 3
创业培训经历	有 = 1
	无 = 2
外出打工的 月平均工资	2000 元以下 = 1
	2000~3000 元 = 2
	3001~4000 元 = 3
	4000 元以上 = 4
交际能力	差 = 1
	一般 = 2
	强 = 3
对创业机会的把握能力	差 = 1
	一般 = 2
	强 = 3
对返乡创业政策的 了解程度	差 = 1
	一般 = 2
	强 = 3

（三）模型分析

1. 模型结果

本书运用 SPSS19.0 软件对样本数据进行二元 Logistic 分析，结果显示，模型的 Cox & Snell R^2 值为 0.142，NagelkerkeR^2 值为 0.195，拟合效果较好，具体的分析结果如表 5 - 6 所示。

表 5 - 6　农民工返乡创业意愿模型结果

变量	回归系数	Wald 值	显著性
性别	- 1.091 ***	17.077	0.000
年龄	- 0.152	0.548	0.459
文化程度	- 0.388 ***	8.303	0.004
婚姻	- 0.213 *	0.010	0.056
外出务工收入	- 0.035 **	0.059	0.042
工作满意度	0.218	0.955	0.328
家庭经济负担	- 0.364 *	2.754	0.097
创业培训	- 0.313	1.181	0.277
交际能力	0.619 **	4.263	0.039
创业机会把握能力	0.577 *	3.775	0.052
政策了解程度	0.612 ***	7.092	0.008
常数项	1.484	1.268	0.260
样本个数	366	Nagelkerke R^2	0.195
X^2 统计值	419.107	预测准确率	71.3%
Cox & Snell R^2	0.142		

注：*、**、***分别表示在10%、5%、1%水平下显著。

2. 模型结果分析

从表 5 - 6 模型回归结果可以得出，农民工的年龄、工作满意度、创业培训经历对返乡创业意愿没有发生显著性影响，可能的原因是返乡创业意愿的主导因素是创业资金、经营管理能力和社会资本，年龄的大小不能决定是否有返乡创业的意愿；对目前工作的满意程度未通过显著性检验，可能是因为城市基础设施比农村完善，使农民工对现有工作的满意程度对返乡创业的意愿不起支配作用；创业培训也未通过显著性检验，可能的解释是农民工参加创业培训收效不大，未能直接激发其返乡创业意愿。

农民工性别在1%的显著性水平上通过检验，但回归系数为负，表明女性的返乡创业意愿比较强烈，可能的原因是女性的家庭观念比男性强，她们更希望能够在获得经济收入的同时照顾好家人。农民工的文化程度在1%的显著性水平上通过检验，但回归系数为负，表明农民工文化程度越高，返乡创业意愿就越弱。可能的解释是，学历水平低的农民工认知能力、交流能力比较差，其在城市的工作层次也较低，他们在城市难以生存和发展，因此返乡创业的意愿较强烈，学历较高的外出务工者，由于拥有一定的人力资本和社会资本，在城市获得职位稳定并且工资待遇较好的工作，其返乡创业意愿则低。婚姻状况在10%的显著性水平上通过检验，且回归系数为负，说明未婚的农民工更有创业的意愿，可能原因是已婚的农民工需承担较多的家庭费用，更向往稳定的生活，不愿意冒险。农民工的家庭经济负担在10%的显著性水平上通过检验，并且回归系数为负，说明家庭经济负担较重的农民工，其返乡创业的意愿较弱，主要原因是这些农民工上有老，下有小，加上农村的医疗、养老保险体系不健全，他们要承担孩子的抚养费用和教育支出、老人的赡养费用、农村的人情交往开支，经济压力大，导致他们承受风险能力低，更看好外出务工获取工资收入。农民工的交际能力在5%的显著性水平上通过检验，且系数为正，表明农民工交际能力越强，在城市务工积累的社会资本越丰富，越容易促进创业成功，其返乡创业意愿就越强。农民工外出打工的月收入在5%的显著水平上通过检验，但回归系数为负，说明农民工在城市务工月平均收入越高，返乡创业意愿越弱，反映出农民工是基于经济收入而做出返乡创业的决策。农民工对创业机会的把握能力在10%的显著性水平上通过检验，且回归系数为正，这是因为对机会的识别能力是创业活动必不可少的因素，只有善于发现创业机会，把握市场规律，才能更好地创业，因而具有较强烈的返乡创业意愿。农民工对返乡创业政策的了解程度在1%的显著性水平上通过检验，且系数为正，表明农民工对返乡创业的政策了解越充分，越能激发农民工返乡创业的意愿，主要是因为政府的扶持政策更加坚定了农民工返乡创业的信心和决心。

三、结论及建议

本书基于在泉州地区打工的366位福建省农村劳动力的调查数据，运用二元Logistic模型分析了乡村振兴战略背景下影响农民工返乡创业意愿的主要因素。研究结果表明：农民工对返乡创业扶持政策了解越充分、交际能力越强、对创业机会的把握能力越强，越促进农民工返乡创业意愿的形成；已婚个体和家庭经济负担重的农民工，抗风险能力低，因而返乡创业的意愿较弱；学历较高的外出务工者通过参加职业培训、"干中学"等形成一定的工作技能，因而职位稳定、工资收入可观，其返乡创业意愿低。基于上述分析和研究结论，本文提出如下政策性建议：

第一，以乡村振兴战略为契机，构建农民工返乡创业平台。乡村振兴战略是一项系统工程，其主要目标是以城乡资源要素良性互动，实现农村地区一二三产业深度融合和城乡融合发展。乡村振兴战略推动农民工返乡创业的实现路径主要包括以下几个方面：首先，把促进农业人口转移和加快农民工返乡创业有机结合，加快农村城镇化和人口城镇化进程。随着乡村振兴战略的推进，广袤的乡村为农村外出劳动力回到田间创业提供了巨大的舞台，他们为家乡产业经济发展带来了先进的技术和经营理念，提升了产业发展能力，同时也促进资本、技术、劳动力等生产要素在城乡之间的优化配置。其次，加快落实农村土地"三权分置"制度，使土地的使用和流转更为灵活，为农民工返乡创业提供优质的生产资料。再次，加大对乡村振兴战略的金融支持力度。要积极引导更多的社会资本服务乡村振兴，推进财政、金融向"三农"倾斜的政策，提高金融机构服务乡村振兴发展的质量，有效解决农民工返乡创业的融资难问题。最后，大力发展新型农村经营组织。在实施乡村振兴战略过程中，通过培育家庭农场主、农业企业骨干和农民合作社负责人，不断壮大新型农村经营组织，让广大农民成为新型农业经营主体和农业生产服务主体；应用网络营销让农村经济更好地对接大市场，适应新需求，通过发展休闲农业和创意旅游，让美丽的乡村成为返乡创业型的新型职业农民施展才华和实现理想的舞台。

第二，营造鼓励创新的氛围，激发农民工返乡创业的热情。根据调研统计的情况来看，外出务工者文化程度不高，主要从事生产劳动，经济基础较弱并在技能培训和创业培训方面的人力资本投入不足，分析信息和识别机会的能力相对匮乏，因此，这部分人返乡创业的意愿弱，缺乏自信和创新精神。新生代农民工一般在毕业后选择到城市就业，然而他们在城市的生活质量低下，返乡创业政策的利好有助于促成农民工返乡创业的意愿，这就要求政府和用人单位联合出资让农民工接受技能培训、创业培训，提升农民工人力资本水平；构建竞争性的薪酬机制和晋升机制以激励勇于创新的农民工，奖励和提拔在生产中具有思想创新和技术创新的农民工；各个乡镇要通过树立并推广返乡创业的典型，宣传他们的创业精神和成功经验，营造出农民工想创业和敢创业的浓厚氛围，为吸引更多的农民工返乡创业提供动力。

第三，提供完善的创业信息服务，优化农民工返乡创业的政策环境。从调研中发现，当前农民工对返乡创业的优惠政策普遍不了解，因此，要大力宣传乡村振兴战略带来的返乡创业的有利形势，帮助他们消除创业的顾虑，形成浓厚的创业氛围。为进一步降低农民工寻找项目时产生的机会成本，要为农民工提供丰富的项目信息、政策咨询等多项服务，可以由乡镇组织相关人员入村宣讲当地农民工返乡创业在土地、税收、融资方面的政策支持和配套服务，也可以通过新闻媒体和网站使农民工及时了解返乡创业的相关补贴和优惠措施，增强他们返乡创业的意愿。要加大对农民工创业的政策扶持力度，首先，增加财政专项补贴的资金总额，比如对优秀的创业项目和辐射带动就业人数多的创业项目给予奖励性的补贴；其次，对创业担保贴息要安排好财政资金，鼓励银行等金融机构对农民工返乡创业提供有力的信贷支持，落实好创业定向减税及降费的措施；最后，解决返乡创业者的生活保障问题，将这些人员纳入城镇住房、医疗、社会保障、教育等公共服务的范畴。

第四，探索农民工返乡创业技能培训的实施模式。大多数农民工的文化素质不高，在城市中从事简单的技术活，缺乏完善的创业经营的理论知识和正确的引导，这是致使返乡创业意愿薄弱的主要原因之一。在乡村振兴发展战略的指导下，政府应普及返乡创业的技能培训，提高农民工的人力资本，增强其业务能力。首先，要对农民工返乡创业流程进行指导，组织他们参加培训以了解如何办理营业执照、如何申请贷款等各种创业手续；其次，为提高农民工返乡创业的素质，可以通过开设创业信息、创业心理、创业管理、创业能力等职业素质方面的培训；再次，通过开展互联网的使用、信息搜集和分析等创业技术领域的培训，提高农民工识别和发现市场机会的能力；最后，以市场为导向，将培训内容与创业项目相结合，探索易于农民工掌握的培训形式，将专业知识和实地操作相结合，通过创业基地建设，搭建农民工返乡创业平台。

第六章 国外人口流动与就业的经验与启示

纵观发达国家农村剩余劳动力转移与城镇化发展的历程，我们可以看到不少发达国家农村劳动力转移与工业化、城市化是完全同步的，这主要跟发达国家的工业化水平高、发展速度快，以及劳动力数量不多等经济发展特征有关，国外由于不存在阻碍劳动力流动的制度因素，因此，国外的农村劳动力转移实际上就是农村劳动力的流动与就业。发展中国家由于劳动力数量众多，尤其是农业存在大量富余劳动力，工业化又发展较慢，导致农村剩余劳动力非农就业受到限制，因此也就阻碍了人口城镇化的进程。

第一节 国外人口流动与就业的经验

美、英、日三国都在工业化过程中完成了劳动力的迁移，经济发展水平、历史文化制度等方面的差异决定了三国劳动力迁移各具特色。这三个国家的劳动力在迁移过程中也相应解决了迁移劳动力的就业问题。梳理这三个国家劳动力迁移模式、迁移机制可以为中国解决城镇进程中农村劳动力转移就业的问题提供借鉴。

一、英国政府消除人口流动的制度障碍

英国在 15 世纪的时候由于当时发展养殖业获取的利润丰厚，导致在英国东南部农村，地主开始圈占土地，失去土地的农民不得不远走他乡四处流荡。16 ~

17世纪，英国的工厂手工业快速发展，城市兴起，对农产品的需求日益增加，于是英国政府通过立法公开支持圈地运动，使圈地运动以合法的形式进行。大量失去土地的农民移居到城市，促进了城镇人口的增加。同时，圈地运动也促进了农业和农村生产力的发展。由于土地的集中，更适合农场主精耕细作，提高农业经营效益。圈地运动及后来的工业革命推动农村经济大变革，随着农业耕地制度的确立，生产规模化和农业机械化水平大大提高，使农村形成大量剩余劳动力。这些劳动力为了生存和发展，大量迁往城市，形成英国第二次劳动力快速向城市迁移的浪潮。在英国出现劳动力迁移规模最大、流动最稳定的是在18世纪60年代的工业革命，因为在这之前，尽管圈地运动释放出大量的农业剩余劳动力，但当时英国政府通过颁布《济贫法》和《定居法》，对劳动力的流动进行限制，因此，这个时候英国的农业人口仍占80%以上。到了18世纪下半叶，英国的工业革命使机器生产大量代替手工劳动，国家的产业结构发生重大变化。农业和手工业在国民经济中的比重逐年下降，从事制造业、采矿业、运输业、商业和家庭服务业的人口逐年增加。到19世纪中叶，英国从事农业的人口占总人口的25%。

英国以工业革命为标志开始了工业化的进程。随着农村转移出来的劳动力大量迁移到城镇和生产要素的日益集中，推动了一大批城市的兴起。为了满足城市第二、第三产业的发展对劳动力的巨大需求，工业革命后，政府颁布和修改了一系列的法律制度，消除了人口流动的制度障碍。其中，1846年颁布的《贫民迁移法》使一些贫民不再被遣返原籍；1865年议会通过的《联盟负担法》扩大了救济贫民的区域范围和贫民居住地范围，于是，取消了对劳动者定居地的限制。英国政府通过消除这些阻碍人口流动的制度之后，加快了劳动力的迁移速度和城市化的进程。

英国劳动力迁移的原因，除了有农业生产方式的变革带来农业剩余劳动力大量产生这个推力之外，还有工业革命之后大批城市的兴起和工业化的迅速发展对农村剩余劳动力产生巨大的拉力。这种拉力主要有四个方面：首先，城市工资收入比农村高，为了获取更多的经济利益，大量农村劳动力往城市迁移；其次，城市救济水平比农村高，很多穷人为了得到政府的救济迁往城市；再次，城市的生活条件比农村优越，对长期处于单调生活状态下的农村劳动力产生了吸引力；最后，工业革命也促进了交通运输业的发展，这为农村剩余劳动力转移提供了物质条件。

二、美国政府保护农民的迁移权

有些国家在工业化、城镇化进程中，虽然政府有出台鼓励农民向城市迁移的措施，但政府最终是让居民拥有自己选择迁移的权利，由农民在农业与非农业、农村与城市之间做比较再最终选择是否要迁移。美国劳动力的迁移就属于这种自由迁移的模式。美国由于人少地多，劳动力极其短缺。在英国工业革命的推动下，美国开始了工业化的进程，到 19 世纪末完成工业化。工业化的生产方式也推动了农业的生产技术提高，大批农业机械的使用，解决了美国农业耕作面临的劳动力严重不足的问题。美国的工业化、非农化和城市化是同步进行的，先进的生产方式促进了美国新兴城市的兴起，这些新城市焕发的生机和活力不断吸引着农村劳动力往城市迁移。但是，美国农村劳动力的迁移是自发和自由的。工业化和城市化的发展，产生了大量的劳动力需求，美国政府采取了宽松和便利的移民政策，吸引劳动力资源丰富的其他国家劳动力移入美国。与此同时，美国通过交通革命为本国劳动力迁往城市创造条件，修建铁路，把全国大小城镇连成一片，降低运输成本，既促进了物流业的发展，也使劳动力的迁移更加顺畅。

三、日本政府积极引导农村劳动力转移就业

日本因为人多地少的矛盾，政府通过立法和制定政策积极引导农村剩余劳动力转移就业。首先，20 世纪 60 年代初，日本政府在经济增长计划中，指出要降低农业的比重，减少农业劳动力并促进劳动力转移到城镇满足第二、第三产业的用人需求。于是，1961 年，日本政府颁布了《农业基本法》《农业现代化资金筹措法》，规定用 10 年的时间将农户总数的 60% 转移到城镇从事非农就业，同时国家通过补贴利息，向农户提供低息贷款以促进农业产业化和现代化的生产。此外，国家建立覆盖城乡的社会保障体系，实现全体国民均保险的目标。其次，为了促进农村转移出来的剩余劳动力在城镇迅速就业，日本重视劳动密集型产业和服务业的发展，走出了一条跳跃式发展道路，即不是遵循第一产业－第二产业－第三产业转变的模式，而是第三产业就业优先。再次，日本在促进农村劳动力转移就业的过程中，根据劳动力转移速度、经济增长速度、经济发展各个阶段的特征为依据，在不同时期采取不同的转移就业路径。"二战"前，日本的工业发展较快，这时，政府通过大力扶持劳动密集型产业和服务业，促进农村剩余劳动力

转移到城镇非农就业。当经济增长速度缓慢时，日本政府就采取农村剩余劳动力就地解决就业的策略，即鼓励农民在农村内部转移，向农村的第三产业（主要是农业的生产服务业）、商业、交通运输业、服务业转移；通过农村剩余劳动力内部转移的方式，日本实现了经济结构的转变。最后，日本农村剩余劳动力转移速度尽管很快，但是土地集中却缓慢，出现了农业兼业化的现象，日本政府就因势利导，鼓励城市企业到农村投资办厂并兴建基础设施，为农民兼业创造条件。此外，日本政府重视对劳动力的教育投资，普及国民教育，大力发展初等教育和职业技术培训，提高劳动者素质，增强劳动力的转移就业能力。

四、韩国政府消除二元经济结构，实现农村劳动力转移

发展中国家农村人口数量大且增长快，工业化和农业现代化进程缓慢，因此，农村劳动力转移就业面临很大的压力。二元经济结构的存在决定了发展中国家在解决农村剩余劳动力转移就业问题中实行统筹城乡发展战略。"二战"后一些发展中国家和地区成功地消除了二元经济结构，实现了农村剩余劳动力的转移。韩国是其中的典型代表，这些成功的经验对中国这样一个农业人口大国实现农村劳动力有效转移就业提供了借鉴。

20世纪60年代以前，韩国是一个以农业为主的经济发展较为落后的国家。1963年，韩国人均国民收入仅为109.6美元，农业在GDP中所占比重高达42.7%，农业劳动力在全部就业人口中所占比重为63.2%。韩国在"二战"前是日本的殖民地，已形成了一小块工业基地。"二战"结束后经过一段经济恢复时期，1963年韩国现代部门在GDP中所占比重为57.3%，其中工业比重为19.8%，是一个典型的二元经济类型的国家。由于人口稠密，自然资源相对稀缺，人均耕地面积仅为0.93亩，因此，韩国农业部门存在不充分就业的情况，属于劳动剩余经济类型的地区。然而，今天的韩国，经济发展水平和就业结构发生了根本性的变化。2000年，人均国民生产总值达到8910美元，农业在生产总值中所占比重降至5.2%，农业劳动力在全部就业者中所占比重降至10.4%，基本完成了农村劳动力向现代部门的转移。

（一）大力发展现代经济

韩国农村劳动力的顺利转移是与现代部门的迅速发展分不开的。韩国在第二次世界大战后又经历了3年朝鲜战争，经济发展受到很大影响，直到1958年经济发展还未恢复到1940年的水平，1954～1962年国民生产总值年均增长率为

0.4%。韩国经济的迅速发展是在20世纪60年代中期以后。1963～1996年韩国国民生产总值年均递增率为8.5%，主要是现代部门的增长。虽然1997～1998年，受亚洲金融危机的影响，韩国经济出现下滑，但是1999年以后又恢复了较快增长。现代部门的发展，使产业结构发生重大变化。1964～2001年，工矿建筑业比重由20.59%上升到41.4%，第三产业比重由33.64%上升到50.13%，农业占GDP的比重由45.77%下降到4.4%。

（二）提高非农产业的就业吸纳能力

随着产业结构的变化，劳动力大量由农业向工业和服务业转移。大体以1980年为界分为两个阶段。第一阶段是1964～1980年，农业和社会新增劳动力主要流向工业。1964～1980年总就业人数增长72.5%，净增加574.2万人。其中，农业劳动力减少7.2%，净减少31.3万人，工矿建筑业劳动力增长347.2%，净增加309万人；第三产业劳动力增长148.8%，净增加劳动力303.1万人。第二阶段是1980年以后，农业和社会新增劳动力主要流向第三产业。据世界银行1984年的一份报告显示，进入20世纪70年代中期以后，韩国剩余劳动力已全部吸收完毕，工资水平开始明显上涨。

五、国外人口流动与就业经验的总结

由此可见，政府的宏观调控在引导劳动力流动和就业中发挥重要的作用。从发达国家的农村劳动力迁移就业的过程来看，都有一个共性的地方，那就是不存在限制农民进入城镇的制度。国外农民的迁移大体上可以分为主动迁移和被动迁移。农民主动迁往城镇工作、生活主要有两种情况。一是农民接受了现代高等教育，他们向往着来到能够有用武之地的城镇，因为在城镇，他们的知识和技能才能得到最大程度的运用。二是本国工业化的发展创造大量就业岗位，城镇现代的生活方式和较高的收入吸引着农民主动融入城镇非农就业，由于这些国家劳动力的供给相对于工业化创造的劳动力需求严重不足，因此，从农村迁移出来的劳动力一旦在城镇获得工作机会之后，就很少再选择返回农村。此外，国外农民迁移还存在着被动的情况。这类情况主要出现在一些国家，由于工业化、城镇化的发展，需要新建城市或扩张原有城市的规模，这就使城市所在地和周边的农民被城镇化，实现向市民的身份转变。

第二节　国外人口流动与就业对中国的启示

各国农业剩余劳动力转移的历程表明：农业剩余劳动力的转移是一个不可逆转的、长期的阶段性进程，各国应结合本国的实际来选择农业剩余劳动力转移的正确道路。国外人口城市化进程中主要通过优化城镇发展格局和城乡统筹发展战略促进农村劳动力向城镇转移就业。

一、构建城镇发展的合理布局

发展中国家在发展经济的过程中，受到资源、技术、资本等要素资源的限制，加上农村人口规模大，往往通过先发展基础条件好的地区，再通过辐射效应带动周边地区的发展。然而，在经济发展实践中，政府公共政策偏向城市，导致城乡发展结构失衡，大城市以发达的基础设施、完善的社会福利和公共服务吸引了大量农村劳动力向城市转移就业，导致了城市各种自然资源和经济资源供给紧张，出现了"城市病"。农村劳动力转移到城市，其就业机会非常有限，只能在一些劳动环境差、劳动强度大、技术含量低、工资收入低和缺乏社会保障的非正规部门工作，这些农村转移劳动力在城镇就业质量和生活质量低下，形成了城市中的"贫民窟"。像巴西、印度、墨西哥等国家在人口城市化进程中都存在农村劳动力过度转移到城市就业的问题，影响城市化的发展质量和进程。为解决这种劳动力转移过度集中引发的问题，国外实行"逆城市化"发展道路。比如韩国通过区域平衡发展战略，促进生产要素向卫星城市转移，加大对中小城市的基础设施建设力度，实现城镇空间的合理布局。

中国新型城镇化进程中一定要根据各地区经济发展水平、人口结构和农村劳动力的实际情况，制定相应的城镇化战略和农村劳动力转移就业的合理路径。

我国工业化、城镇化以及对外贸易的快速发展，产生了大量的劳动力需求，也为农村劳动力的转移就业创造了机会，一股蔚为壮观的"民工潮"由此产生，农村劳动力浩浩荡荡地从中西部地区流向经济相对发达的东部地区；在 2008 年全球金融危机爆发之后，我国加大了经济增长方式和经济结构的调整力度，对劳动密集型产业、技术密集型产业和知识密集型产业进行了区域间的合理布局，为此，劳动力资源的流动方向也出现了变化，形成了"返乡潮"。随着西部大开发战略的深入推动，中西部地区的劳动力大省出现了农村劳动力就近就地非农就业的倾向。此外，我国大、中、小城市和小城镇协调发展的格局日趋形成，农村劳动力就地转移就业已成为一种趋势。

二、注重城乡统筹发展

无论是发达国家还是发展中国家，在推动农村劳动力转移就业进程中都注重城乡统筹发展。政府加大对农业、农村的财政资金投入，大力发展农村基础设施和公共服务，增加农村的非农就业机会，提高农村劳动力转移就业的稳定性。比如，美国，从20世纪中期开始加大对农业固定投资力度，实现农业规模化经营和农业现代化，扶持农村劳动力发展各种职业，提高兼业收入。法国通过对农村基础设施建设和社会事业建设，提高农村对劳动力就地转移就业的吸引力。日本通过"一村一品"建设，增强农业发展的竞争力，为农村劳动力就地转移就业创造机会。印度和韩国政府通过发展农村工业，实现乡村和城镇统筹发展，推动农村劳动力就地转移就业。此外，国外在统筹城乡发展进程中，建立城乡统筹的社会保障体系。

中国在人口城镇化进程中，要解决大量农村劳动力的非农就业问题，应该借鉴国外城乡统筹发展的经验做法。2014年，我国在实施新型城镇化发展战略中，通过调结构、补短板，实现基础设施均衡发展，不仅缩小了城镇和乡村的距离，也缩小了城乡基础设施和公共服务水平的差距，为农村劳动力转移就业提供机遇和便利。党的十九大提出了乡村振兴发展战略，对农业产业化、农村城镇化和现代化发展带来了前所未有的机遇，必将促进农村非农就业机会的增加和农村劳动力转移就业质量的提高。在新型城镇化战略的指引下，国家先后出台一系列政策，加强对贫困农村劳动力就业指导与服务，大力鼓励和扶持有条件的外出务工人员返乡创业，以创业带动更多农村劳动力就地转移就业。

此外，国外政府注重农村劳动力的职业技术教育，提高农村劳动力转移就业能力。我国农村劳动力总体文化程度低，决定了他们在劳动力市场中处于低层次就业状态，为此，要加大对农村劳动力基础教育和职业技能培训的资金投入和政策扶持，全面提升农村劳动力的转移就业能力。

第七章　城镇化进程中农村劳动力转移就业的优化对策

　　加快推进以人为本的新型城镇化建设是以习近平为总书记的中央领导集体的重大战略决策。新型城镇化的"新"体现在更加关注人的因素，把人的生产、生活和交往空间从传统转换成现代，不仅仅是农村人口简单地集中形成物理意义上的城镇。习近平在论述以人为本的新型城镇化的核心内容时强调，"持续进行的新型城镇化，将为数以亿计的中国人从农村走向城市、走向更高水平的生活创造新空间"。也就是说，为广大农民群众建构新的空间，是以人为本的新型城镇化的根本目的。深刻领会和准确把握这一要求的实质，是保证城镇化正确方向的思想前提和理论基础，也是最终实现以人为本的新型城镇化的正确路径。首要的是，新型城镇化要建构新型的就业空间。正如习近平同志所指出的，要保证社会和谐稳定，根本前提就是要让群众有事干、有钱挣、有盼头。要建构新型的就业空间，应该抓好两个方面的工作：一是在新型城镇化过程中，发展新业态，拓展就业渠道。在新型城镇化进程中，要始终把创造就业岗位、增强劳动就业的吸纳能力作为经济和社会发展的重要指标。如积极探索发展旅游休闲、劳务服务、生态健康等新型业态，通过扩充新型产业领域来构建新型就业空间。二是提高农村劳动力的就业技能。加强农村劳动力的职业技术教育，使农村转移出来的劳动力能够适应和胜任新型城镇化进程中的就业岗位。

　　以城镇化引领未来一个时期中国经济平稳健康发展，是中国经济发展的战略选择。协调推进城镇化和农村劳动力转移就业，需要从全局出发，研究和探讨一些影响深远、意义重大的问题，并明确相关的政策思路。

第一节 扩大我国农村劳动力转移就业的路径

基于城乡统筹的目标从产业局部的角度，在经济比较发达的农村地区，县域城镇可以实现凭借当地的资源优势主动承接相关产业，带动本地区的农村剩余劳动力就地转移就业，这一过程亦即就地城镇化；在经济欠发达的农村地区，农村剩余劳动力则主要转向劳动密集型产业和中小企业、民营企业数量较多的城镇，这种过程亦即异地城镇化，两种城镇化的方式都是解决农村剩余劳动力转移就业的路径。

宏观经济的稳定增长是实现就业充分的基础。近些年来，国家实行的城镇化发展战略，促进了国内消费、投资需求的增长，确保了在外贸的增长受到国际经济环境不景气的影响下，我国的宏观经济保持稳健增长的态势。经济总量的增加是农村剩余劳动力转移就业的根本保证。现阶段，我国的经济增长进入了新常态。在调整经济结构和转变经济增长方式的发展阶段，劳动力的就业面临着新挑战，将出现城镇就业压力与农村剩余劳动力转移就业相互交织的压力。

新型城镇化的发展战略和发展模式创造了大量的就业机会，并随之带来城镇就业和非农就业的不断增加。城镇化主要通过农民向城镇的转移和定居来实现，我国农村劳动力基数大的基本国情决定了城镇化进程中转移农村劳动力任重而道远。因此，我国城镇化要解决农业经济向工业经济的一般转型，同时也要探索城乡统筹发展背景下如何扩大农民就业的问题。为此，要加快中小城市和小城镇发展，合理布局城镇空间。

从城市就业容量看，城市经济所提供的工业就业岗位以及所带动的服务业的就业岗位有限，现有城市产业无法及时创出与农村所释放出来的剩余劳动力同等规模的就业岗位，城市化的推进速度、规模和水平还必须和地方的经济承受能力、生态环境承受力相适应。因此，要提高中小城市、小城镇的就业容纳能力和综合承载能力，加大对中小城市、中西部地区、乡镇和村的优质公共服务资源配给，要坚持推进农村劳动力就地转移就业与异地转移就业并行不悖。

一、发挥中小城市的辐射带动作用

城镇化是解决中国农民就业问题从而推动中国农村发展的一条有效路径。目前，中国的城市群数量不足与质量不高并存，小城镇数量多、规模偏小，集聚产业和人口能力有限，中小城市潜力还没有得到充分发挥。为此，城镇空间布局要合理化，其中，要重视发挥中小城市的发展扩散作用。中小城市在发展过程中，将资本、知识、技术、制度、观念、信息等向周边地区传递与输送，可以间接促进其他地区经济增长，这种中小城市的经济扩散促进了农村剩余劳动力的就业，缓解了就业压力。围绕城镇化战略格局，完善综合交通运输网络，统筹推进城市基础设施建设，在中小城市经济高速发展中，提高了中小城市和周边地区的通达性，促进中小城市产业及各种生产要素逐渐向周边广阔空间转移。一方面，解决中小城市由于工业过度集中引发的交通拥挤、环境恶化等"城市病"；另一方面，促进中小城市对周围地区的带动作用，使城市发展的资源在空间上优化配置，获取集聚效应和规模经济效益，从而促进中小城市和小城镇更高效率的互动，缩小区域间的经济发展差距，最终提高社会总体城市化水平和质量。

二、加快小城镇建设

小城镇转移是农村剩余劳动力转移的合理模式，这是因为，农村剩余劳动力向小城镇转移具有以下优势：第一，小城镇的普遍特点是人口数量少、基础设施不完善、工业化程度低。通过农村剩余劳动力向小城镇转移，这种转移模式符合小城镇加强基础设施建设、集聚人口发展的需要。第二，尽管工业化的发展促进了大量农村剩余劳动力向城镇转移，但这些劳动力在城镇务工的收入水平低，要想通过在大、中城市买房携同家人一起进城落户的可能性太小，唯有选择进入小城镇，因为距离近、成本小，可以实现举家迁移，这种转移模式在一定程度上降低了心理成本。因此，在今后的城镇化发展格局中，应该统筹兼顾，重点发展有利于促进农村剩余劳动力就业的小城镇。从产业合理布局的角度看，小城镇作为城乡的连接枢纽，适合做和农村生产生活联系比较密切的工业和服务业，如农产品加工业，农业产前、产中、产后的各种服务型行业，这些行业技术要求不高，适合农村转移出来的文化程度相对较低的农民做。同时，小城镇作为城镇体系的最低层次和最初发展，应该积极融入周围大中小市的经济网络，积极承接上游城市产业结构调整中转移出来的低层次的劳动密集型行业或高端行业中的加工环节，与上游城市形成紧密的产业群和产业链，大量吸收农业转移出来的劳动力。

三、实现农村城镇化，促进农村劳动力就地转移就业

农村城镇化是有中国特色的城镇化道路的重要步骤。它是以乡镇企业为载体，实现乡村向小城镇转变的过程，其内涵包括将农业现代化经营模式下剥离出来的农村剩余劳动力合理有效地转移到县域或外地从事非农产业，改善务农劳动力的生产、生活条件，促进转移劳动力的居住地迁至城镇区域，提高农村居民的生活质量和科技文化素质。随着工业化的推进，生产要素的优化配置和劳动力的迁移，增加了城镇的人口，也催生了更多的非农就业需求。因此，工业化时期，农村城镇化的基本动因是工业化从根本上改变了社会结构，导致了劳动力重新配置的结果。实现农村城镇化的主要途径有：农业产业化和新农村建设。

（一）农业产业化

农业产业化要实现可持续发展，必须形成一套有效运转的机制，形成各个主体之间稳定而有效的利益联结关系，以农业规模化生产和市场化经营为基础，以政府的宏观管理为保障，形成有效的运行系统。农业产业化的主体，很显然包括农民、企业、政府与社会各界，农民与企业是农业产业化链条中生产和经营部分的主体，政府承担着宏观管理体制和公共服务的投入，社会是农产品的市场需求者。

农业产业化的关键是形成稳定的农业生产经营系统。农业根据产前、产中、产后的产业链关系，以市场需求为导向，形成一个联结稳定、利益分割合理、分工明确的体系。农业作为弱势产业，即使是产业化经营，也需要政府的扶持和管理，农业产业化涉及生产、流通、消费、金融、保险和科技推广等各个领域。要用法律形式规范农业产业化组织的地位、行为。大力加大农业基础设施的投资，尤其是在交通、通信以及水利等领域，将农村和城镇的发展纳入统一系统，加大对农村的倾斜力度，加强农村信用体制的完善，为农业产业化的发展提供畅通的融资渠道。继续深化户籍制度改革，以赋予农民的迁徙权为重点，减少农民的数量；同时继续深化农地使用制度改革，以促进土地使用权的流转为重点，扩大农户的经营规模。建立科技服务体系，扩大农产品消费周期，建立互联网的信息服务体系，提高信息的科技含量，建立城市直销网点的服务体系，使农产品的收入最大化。农业实现产业化经营，经营效益提高，生产规模得以扩大，农村剩余劳动力的就业机会也就增加了。

（二）新农村建设

新农村建设的首要任务是发展生产，如果没有坚实的产业基础，仅靠外出务工和政府补贴，不可能形成农民增收的长效机制。加快新农村建设步伐，必须从"乡村"这一最基础和最关键的环节抓起，发展现代农业，扶植乡村农业主导产业，发展一村一品、一乡一业，有利于巩固各地传统产业和传统农艺，有利于把具有较大成长潜力的特色产业进一步做大、做强，不断增强农产品的国内外市场竞争力，增强农村和农业对农村劳动力转移就业的吸纳能力。

新农村建设的开展、运行、结果的最终承担者都是农村劳动力。通过新农村建设，激发农村劳动力就地转移就业的热情，是有效推动农村劳动力就地转移就业的首要条件和微观基础。此外，通过新农村文化建设，组织各种文化资源下乡以改变广大农村长期文化生活空间狭小的现状，丰富农村劳动力的业余生活，培养农村劳动力的情操，使劳动者之间的关系更加和谐，构建其乐融融的工作和生活环境；通过建设农村的图书馆、组建农村劳动力学习团体，并组织一批志愿者来到农村向劳动力传播文化知识，帮助农村劳动力提高综合素质和就业能力。

第二节 优化产业结构，促进农村劳动力转移就业

新型城镇化的本质是实现要素在城乡之间的流动与重新配置，促进产业发展和结构优化，使城市集聚经济充分发展，形成大中小城市和小城镇的合理布局与协调发展。城镇化的速度和质量取决于资源配置的效率，市场是产业结构转换的核心动力、聚集经济效应的内生动力、生产要素流动的直接动力，因此，要深化改革，充分发挥市场在资源配置中的决定性作用，调节各种生产要素在城乡之间、区域之间合理流动，实现要素配置效率的最大化。

一、调整产业结构，优化区域产业布局

从就业弹性来看，以服务业为主体的第三产业比第一、第二产业具有更强的就业吸纳能力。新型城镇化进程中，由于人口的聚集，带动了各种服务业需求的增长，服务业朝着规模化和分工更加精细化发展，成为解决城镇就业的主要途径。为此，要加快现代服务业体制和机制创新，吸引更多的民间资本进入现代服

务业，满足不同层次的市场需求。推动家政服务、商业服务等传统服务业的细分和升级，延长传统服务业的产业链条，充分挖掘传统服务业的就业潜力。对于人口红利逐渐消失并且处于新常态下的中国来说，靠大量出口廉价的劳动密集型加工制造品以促进经济增长的方式已经难以为继，未来应注重提升制造业的竞争力，保持制造业在城镇的一定比重，满足不同层次的就业需求。

从区域间的比较优势来看，应该尊重产业的发展规律，统筹区域间的产业分工。东部地区由于经济比较发达，在新一轮的经济结构和产业结构调整过程中，应该逐步把劳动密集型制造业和低端的服务业向中西部地区转移；中西部地区要发挥劳动力资源丰富的优势，培育劳动力密集型产业，主动承接东部地区的产业转移，实现中西部地区农村剩余劳动力就地解决非农就业。在承接东部沿海产业转移的过程中，承接地要打造好承接载体，形成工业园区，促进转入产业集聚发展，通过园区经济规模效应辐射带动周边地区工业化和城镇化发展，为当地农村劳动力就地转移就业创造条件。此外，要大力发展机械制造等先进制造业和现代物流业为主的生产性服务业和旅游业为主的生活性服务业，优先发展劳动密集型产业和服务业，并适当将第二产业布局在农村，以构建城镇、农村工业体系，同时支持、鼓励和引导农村劳动力进城就业和创业。

二、以产业转移带动农村劳动力就地转移就业

产业转移是优化区域产业分工格局的必然要求。中国东、中、西部在经济发展过程中形成产业结构失衡，这种产业梯度差有利于东部地区产业向中西部地区转移。近年来，东部地区以制造业为主的传统产业不断转移到中西部地区，促进了中西部地区工业化和城镇化水平提高。中西部地区的经济快速增长，吸引了外出打工的农村剩余劳动力向中西部回流，这种以产业转移带动劳动力回流的战略既为中西部地区经济发展提供劳动力、资金、技术等生产要素，同时劳动力的回流也缓解了东部地区的城市问题，因此，"双转移"是全面提升劳动力就业水平和生活质量的重要战略。中西部地区应抓住"双转移"的战略机遇，以产业转移培育经济落后地区新的经济增长点，合理引导外出农村劳动力回流，提高农村劳动力转移就业质量。

在国内外产业发展环境发生深刻变化的条件下，东部地区产生迁出传统产业的推力；中西部地区因为产业发展相对落后，同时具备要素成本优势，对东部地区迁出产业形成较强的拉力，这种"推力"和"拉力"的相互作用，使东部地区劳动密集型制造业等产业转移到中西部地区，例如，中国的纺织服装制造业于2003年开始存在梯度转移。随着部分产业落户到中西部地区，流入东部地区的农村外出劳动力也开始出现回流的趋势。产业转移使东部地区和中西部地区在就业机会和劳动收入的差距日益缩小，两个区域的生活成本存在较大的差距，因此，农村劳动力在理性比较就业的成本和收益之后做出回流的选择。

"双转移"战略的重要意义之一就是通过大量外出劳动力就近转移就业以实现就地城镇化。这就需要发挥大城市的集聚和辐射效应，带动周边地区经济发展，增强中小城市和小城镇的就业容纳能力，吸引农村劳动力在就近的城镇安居乐业。中国人口城镇化进程主要通过大量农村剩余劳动力向城镇转移来实现。传统城镇化发展模式下，大规模人口流动呈现"候鸟型"和"钟摆式"特征，这些流动人口以非家庭式迁移和异地转移的方式外出就业。根据全国农民工监测调查报告统计，举家迁移异地就业的农民工占全部外出农民工的比例大约两成。这种非家庭式迁移导致农村留守老人生活无人照料、留守儿童缺乏教养、留守妇女婚姻家庭不稳定等问题。"双转移"能有效提高农村劳动力转移就业质量，促进人口就地城镇化。首先，在经历"离土又离乡"的转移就业之后，农村劳动力通过在城镇打工的实践，增长了见识，掌握了信息，拥有了资本，还受到城市中创业观念的熏陶，纷纷返乡创业，带动了当地农村劳动力就业，同时也避免了非家庭式异地转移产生的代价。其次，产业转移能够夯实中西部地区城镇化发展的产业基础，为中西部地区中小城市、小城镇创造更多的就业岗位，降低农村劳动力异地转移的意愿，促进农民工就地就近转移就业，增强他们融入城市的能力。

第三节　加强政府对农村劳动力转移就业的引导

新型城镇化进程中，农村剩余劳动力转移就业问题的解决，是一项长期性、系统性和复杂性的工程。新时期，经济增长方式的转变、经济结构的转型升级以及劳动力市场供需数量新的变化，对农村剩余劳动力转移就业带来了新的挑战。区域经济发展的差异性表现为地区间就业机会的不均衡，在市场机制下，劳动力受到经济利益的指引，自由选择流向。为了避免这种人口流动的盲目性以及某个地区、某个产业因为劳动力流失过多而出现经济的倒退，政府就要统筹规划，采取行政、法律的手段来协调农村劳动力的转移就业。

一、政府充分发挥宏观政策的调节作用

政府在城镇化中发挥对农村劳动力转移就业的引导作用主要体现在以下方面：政府应主动承担起贫困地区组织农村劳动力转移就业的责任，组建劳务公司，并进行相应劳务培训；通过制定相关政策扶持中小企业发展，对吸收农村转移劳动力就业的企业给予税收的减免；通过经济适用房和保障房建设，保证转移劳动力在城镇的住房问题得以解决；通过加强小城镇基础设施建设和提供均等的公共服务，使农村转移劳动力在城镇安稳工作和生活。

中国的劳动力市场出现了新的变化，劳动年龄人口的增量呈每年递减的趋势，劳动力需求增长速度超过劳动力供给增长速度，这就使劳动力市场供需总量矛盾有所缓解，然而，劳动力市场的结构性矛盾日益凸显。尽管促进劳动力自由流动和迁移的相关政策不断出台，但大量农村剩余劳动力到城镇的转移就业质量却不高，受自身素质的限制，农村劳动力在城里只能从事低层次的工作，获得的工资收入只能维持温饱的生活水平，无法实现在城里买房并举家迁移的愿望。针对这种"半城镇化"现象，政府又从户籍方面进行改革，放开城镇入户限制，取消城镇户籍与社会福利相挂钩，实现社会公共服务均等化，其目的是要稳步提高户籍人口城镇化水平，使从农村转移出来的劳动力真正实现市民化。然而，事与愿违，农户对入户城镇的热情并不高，他们对市民化以后的生活充满担心，其主要原因是害怕农转非之后，失去了农村土地承包权。因此，政府在新一轮户籍制度改革中，应该解除农民市民化的后顾之忧，应该尽快落实中央关于农户土地承包关系长久不变的决定，通过法律的形式有效保护农民的土地财产权利。让进城落户的农民带着土地财产权去从事非农工作，有助于提高他们抵御城镇生活各种风险的能力。

新型城镇化的发展应该着重统筹城乡发展，这就要求政府要运用好公共财政手段，财政开支要实现向农村的倾斜。通过建立支援农村建设的专项财政基金，用以补贴纯农户、增加农村的基础设施、提高农村的公共服务水平、改善农业生产条件、发展农村经济发展的金融服务，从财政和金融两种手段支农、惠农，提高劳动者的收入和生活质量。此外，政府在新型城镇化进程中要进一步促进城乡一体化制度建设。逐步消除城乡隔离的二元制度，使从农村转移到城镇的劳动力及家庭成员能够享受当地城镇职工在子女上学、医疗、保险等社会保障上的同等

待遇，并把这些纳入政府财政有关项目的统一支出范围。

二、统筹城乡基本公共服务

就地城镇化在实现大量农村劳动力转移就业方面发挥了重要作用，因此成为未来城镇化发展的主要方向。当前，制约农村发展和就近城镇化的因素依然存在，农村城镇化质量难以快速提高，究其原因，主要是资源分配在区域之间、城乡之间存在不平衡。各级政府的基础设施建设资金，首先投向了北上广深等一线城市和沿海城市，难以形成对中西部地区和中小城镇的充分支持，由此导致中、西部地区城市以及市、县、镇地区，因为其基础设施建设落后、投资环境恶劣，很难吸引外部资金、技术，影响本地产业的发展，从而使劳动力供给充沛的地区因为当地就业机会不足，数以万计的农村劳动力不得不背井离乡。新常态下，我国农村外出劳动力回流趋势明显，为广大农村劳动力提供基本而有保障的公共产品，已成为扶贫的关键举措，也是全面提高农村劳动力转移就业质量的路径依赖。

在推动我国农村就地城镇化进程中，首先需要政府按照城镇化发展的要求，加强基础设施建设，改善投资环境。政府在安排基础设施投资时，要更加注重投资的公平性，特别是要加大对中、西部地区的县、镇、村的基础设施建设，缩小与东部地区的差距，为县、镇、村的加工业、制造业和服务业的发展创造条件，从而引导中西部地区的农村劳动力就地转移就业。

由于城乡分割体制强化了二元结构并由此造成城乡居民发展机会的不平等，城乡劳动力人力资本存在巨大的差异，城乡劳动者在面对不同类型的失业时，表现出来的脆弱性也有差异。农村剩余劳动力转移到城镇就业，是提高人口城镇化水平的重要途径，这些劳动力成为城镇劳动力市场的主要供给来源，他们的就业容易受到经济周期性的影响，随宏观经济的变化而出现短缺和失业。只有通过扩大城镇公共服务的覆盖面，让农村出去的劳动力在城镇均等地享有城镇的公共服务和社会福利，才能稳住这些劳动力在城镇工作、生活。一个国家在经济的高速增长过程中，创造了大量工作机会，如果基本公共服务体系不健全，就会使经济增长带动就业增长的机制受到影响。为了避免经济波动对农村剩余劳动力在城镇就业的影响，政府应该提供完备的市场信息，减少这部分劳动者的摩擦性失业和结构性失业，同时应该为从农村转移到城镇的劳动力就业提供服务，由社会和企业共同出资，对劳动者进行职业技能培训，提高他们的就业能力。这些从农村转移出来的劳动力进城落户，他们的家庭成员都应该享有城镇的各类教育资源、基本医疗和公共卫生服务，政府为他们提供保障性住房，加强对他们的就业服务，提供职业介绍，减少他们在城镇生活的生活成本。

三、扶持中小企业发展，扩大劳动力需求

企业在城镇化中的作用是担负着产业的发展。独木不成林，一个企业的力量不足以形成人口的聚居，众多相关产品的企业的集合形成一定的产业，不同产业的集合形成产业结构，产业结构是农、工、商三类产业的相互关系和数量对比。工业和商业多定居城市，把劳动力、资金、技术、城市土地等资源结合在一起形成一定产业。按生产要素的集中度，可将产业划分为劳动密集型、资金密集型和技术密集型三类。产业结构的变化极大地影响着人口结构和城镇化的水平和质量。劳动密集型产业以大量普遍而廉价的劳动力为需求特点，在民营经济发达的东南沿海地区如福建泉州地区兴起大批鞋、帽、服装、石材等加工制造企业，这些企业生产的产品技术含量较低，吸收了大量来自本地和外地的农村富余劳动力。

在我国，中小企业大多属于劳动密集型行业，其中不乏一些小型、微型企业，按照现行统计的划分方法，我国中小企业的数量占到企业总数的99%以上，经济总量占到60%，就业人数占到80%左右。因此，政府要积极扶持中小企业发展，通过税收减免，出台政策扶持吸纳农村劳动力转移就业的中小企业，使之发挥对农村劳动力转移就业的吸纳作用。

第四节　深化体制机制改革，提高农村劳动力转移就业质量

新阶段农村劳动力转移就业对于人口城市化进程和全面决胜小康社会具有重要的现实意义。促进农村劳动力转移就业不仅仅是单纯将经济社会的资源配置从偏向城市转变为城乡统筹，而是要着眼于新型城镇化发展目标和城乡统筹发展的框架合理配置全社会的经济资源，尤其是农村劳动力资源。农村劳动力就地转移和异地转移的就业战略关键是体制改革和观念创新，是政府与市场的有机协调，

要充分发挥市场机制在经济社会资源配置中的主导作用，而相关制度创新是实现农村劳动力顺利转移就业的关键因素。

制度的变革，不仅是生产力发展的客观需要，也是经济社会结构转型的内在要求。城镇化是一个以工业化为根本动力，以经济结构与社会结构的变迁为内容，城市文明在全社会普及和共享的过程。目前，尽管有大量农村剩余劳动力转移到城镇工作、生活，但他们的家庭和各种社会政治权力却保留在农村。当前中国社会经济结构与制度之间的矛盾突出表现在生产力的发展已经把两亿多农民拉入非农业，制度的限制却让这庞大的群体仍维持另一个产业从业者的身份。因此，中国城镇化制度的创新，主要解决经济社会结构转变与制度结构转变不同步的矛盾，也就是要实现"农民工"向市民的身份转变。

一、建立城乡一元户籍制度，使农村劳动力能够"转出去"

劳动力资源等生产要素能够自由流动是市场经济运行的基本条件。中国过去实行以户籍制度为标志的城乡二元体制，限制了劳动力城乡自由流动。尽管改革开放以来逐步放宽劳动力流动限制，但由于户籍制度衍生出来的其他一系列政策和制度对农村劳动力转移形成了强大的阻力。广大农村劳动力转移到城市后无法与城市市民权利对等，在城市社会沦为弱势群体，导致农村劳动力转移就业稳定性差和成本高。户籍制度改革的终极目标是赋予公民自由流动和迁徙权，实现市场经济体制下的人口自由流动，最终实现城乡一体的公民平等权。户籍制度改革就是要使附在户籍上的各种社会福利与户籍相脱离，使户籍仅具有人口登记的功能。这项改革实际上是城乡及城市间各种资源和利益的重新配置，也是部门间权利的重新组合，只有统筹解决城乡的就业、教育、社会保障、住房等问题，促进社会公共服务均等化，才能使城乡二元经济一元化。政府要直接筹资，加大廉租房建设，解决农村转移出来的劳动力在城镇的住房问题和子女平等受教育的权利。

当前户籍制度改革主要是探索健全适应城乡劳动力有序流动转移、城乡一体的人口户籍登记管理制度，使之成为中国社会各阶层均衡进步和构建和谐社会的基石。2014年7月，国务院推出了关于进一步推进户籍制度改革的意见，新一轮的户籍制度改革触及了许多难啃的"硬骨头"。但是，户籍制度改革是一项系统复杂的工程，牵一发而动全身，要剥离户籍制度与社会福利相挂钩，实现公共服务均等化，面临最大的困难是资金短缺。地方政府的财政收入要承担诸如保障性住房建设、公共福利支出，存在很大的压力，因此要建立由政府、企业和农村转移劳动力三者共同分担的机制。

二、完善教育培训制度，使农村劳动力转移就业能够"过得好"

目前农村劳动力转移就业过程中结构性矛盾日渐凸显，新常态下，随着产业结构的转型升级，农村劳动力由于缺乏转岗职业技能，面临结构性失业难题。对此，加强对农村劳动力的基础教育和职业技能培训，是提升农村劳动力转移就业层次和收入水平的重要途径。这是因为，大多数农村劳动力由于人力资本水平低下，只能转移到城镇劳动密集型企业从事技能要求低的工作。在新生代农村劳动力转移就业过程中，也很少有接受技术培训，即使有参加，也只是短期培训，只有少数新生代农村转移劳动力接受过中等职业技术教育。城乡劳动力受教育水平的差距成为城乡收入分配差距的主要根源。当前，城乡大学生的比例分别是82.3%和17.7%，面对当前农村转移劳动力文化程度低、职业技能缺乏的现状，一方面要完善农村基础教育制度，提高农村劳动力的文化素质，促进农村劳动力自我发展，为转移就业积累人力资本；另一方面，通过健全农村培训制度，使农村劳动力转移就业在务工地域、行业和工种等方面具有更大的选择空间。

（一）完善农村基础教育制度

要加大对农村教育尤其是基础教育的财政资金投入，在国家财力改善的条件下优先把农村高中教育纳入农村义务教育范畴，实现农村义务教育经费投入的省级统筹；加强对农村基础教育师资队伍建设，通过政策激励机制吸引和留住从事农村基础教育的高素质人才；加大对贫困地区农村基础教育的财政投入和政策支持，实现基础教育的地区均衡；优化农村基础教育的内容体系，在提高农村劳动力基本文化素质的同时，增加劳动技能知识与训练，使农村劳动力在接受正规学习之后获得相应的职业技能，为其转移就业奠定基础。

（二）健全农村培训制度

要建立对农村劳动力职业培训的长效机制，主要包括以下措施：第一，由于农村培训不同于农村基础教育，由政府搭建职业教育平台，对农村劳动力培训经费进行补贴，培训经费主要通过引入市场机制，建立以企业投入为主体、社会组织参与和农户合理分摊的资金投入体系。第二，整合社会教育资源，完善培训基地。充分利用农村义务教育学校、农村职业学校和政府招标的培训机构对农村劳动力提供便捷的职业技能培训；以村为单位，建立培训学习中心，完善培训基地的软硬件环境，为农村劳动力提供免费的技术援助，不断扩大培训规模。第三，建立培训基地和用人单位的沟通联动机制。农村培训基地在培训内容、信息和培训师资与城市培训组织方面实现共享，使农村劳动力供给能够及时满足劳动力市场的需求；通过引导农村培训基地与企业建立互利双赢的合作关系，通过签订培训订单，实现农村劳动力和企业之间无缝对接和良性互动。

三、完善劳动力市场运行机制，使农村劳动力转移就业能够"留得住"

农村劳动力进入城市劳动力市场，一般经历非正规就业到正规就业这两个阶段。中国由于户籍制度的藩篱，劳动力市场分割，这种城市二元劳动力市场产生利益严重失衡，农村劳动力由于户籍、学历等原因游离于城市正规劳动力市场之外，绝大多数农村劳动力转移到城镇只能在低端的职业层次就业。健全劳动力市场运行机制是消除城乡劳动力市场分割的重要途径。促进农村劳动力转移就业的劳动力市场机制主要包括完善城市劳动力市场、建设农村劳动力市场和形成城乡一体化劳动力市场。农村劳动力转移就业，对城镇劳动力市场就业信息需求大，加强农村劳动力市场的制度建设，通过公共职业介绍机构为农村劳动力提供免费服务，可以避免农村劳动力盲目流动，降低转移成本。

中国劳动年龄人口增量逐年减少，人口老龄化加速，"民工荒"出现，这些都意味着劳资关系的调整进入了关键阶段，劳动者对政府提供更高水平和均等保护的呼声越来越高。政府不断加快劳动力市场的制度建设，突出表现为以立法的形式保护这些转移劳动力的就业。2008年颁布实施的《劳动合同法》以及《劳动争议调解仲裁法》，增强了农村转移出来的劳动力的维权意识，遏制企业拖欠工资、侵犯劳动者权益的行为。政府通过建立最低工资制度，增强工会的作用，形成劳资关系的协调机制。要特别重视对农村转移出来的这些劳动力的保护力度，对于最低工资水平的标准应及时与市场工资率的增长幅度保持一致。在劳动力就业从供给的总量性矛盾转化为结构性矛盾时，这些农村剩余劳动力在城镇就业成为弱势群体，他们就业的主要模式是非正规就业。因此，要通过完善非正规就业制度以促进农村劳动力在城市的职业发展。同时要形成以政府和社会为主体的保护机制，降低农村剩余劳动力转移就业的风险，提高他们的收入水平，减少贫困的发生。社会保护的内涵比社会保险、社会救助、社会福利丰富，针对从农村转移出来的劳动力在城镇就业的现状，可以通过建立相关政策和制度保护他们的就业安全、劳动者权益，对一些脆弱人群和困难群体提供社会救助，减少因失业、伤残、疾病和年老导致的生活贫困。

四、建立城乡一体的社会保障制度，使农村劳动力转移就业能够"留得下"

经济发展水平是影响社会保障制度的重要因素。一方面，经济发展水平高，政府提供社会保障的能力就强；另一方面，经济发展水平高了，人民生活水平就高，个人对于社会保障的需求层次就会不断提高。从最初的要求保障基本生存权发展到还要维护个人的发展权，这就要求政府不断加大社会保障投入，提高保障水平。但目前的保障水平与社会保障的实际需求还有很大差距，受保对象保障水平还很低，广大农民参保率还很低，因此，社会保障制度的发展和完善任重而道远。农村社会保障的建立需要政府庞大的财力做支撑，目前要全面按照现有城市户籍人口的标准提供社会保障水平，还有一定的困难，可以本着保证重点、循序渐进的原则，解决农民急需的、对农民生产和生活有重大影响的医疗保险、养老保险、失业保险、工伤保险等问题；在制度设计上，要建立适应农民工特点的低交费、低水平、广覆盖、可接转和可持续的社会保障制度；按照渐进式改革的思路逐步扩大公共服务供给面，在常住人口概念的基础上，首先提供农民工子女教育、社保等最基本的、要求最为迫切的公共服务，然后再逐步提高标准，扩大覆盖面，实现公共服务均等化的目标。

新一轮的土地制度改革战略的核心是引导农村土地承包经营权有序流转，鼓励和支持承包土地向专业大户、家庭农场、农民合作社流转，土地集中耕种之后，就会进一步从土地中释放出劳动力，这就要解决土改后农村劳动力转移就业的安置问题、医疗保障等一系列保障问题。因此，要建立城乡统筹的社会保障制度，为农村劳动力转移就业和生活提供安全保障。

首先，农村保障制度和城市保障应该统一，尤其是社会保障内容和机制要逐步统一。在内容构成、资金来源及缴纳方式上应逐步统一。通过建立农村个人社会保障账户，由政府、集体、个人三方共同承担缴纳义务，政府可以用农业税收或财政资金投入，这是所有农民都统一享受的一部分，不论公民是务农、打工还是经商，政府对公民的保障责任是无差别的。集体经济可以根据本地发展状况酌情投入，应该有一个底线，但上不封顶。新农村建设发达的东部地区可以多交，为本地农民提供高水平的社会福利；经济发展较差的中西部地区可以少交，但不至于跌破农民基本保障水平，农民个人可以根据自身的生产状况和经营特点，以实物换保障，如土地经营权、粮食、畜牧产品、水产品、林木可以折算成一定资金缴纳保费。社会保障的内容要广覆盖，当然，在当前经济发展实力不够强的条件下，最低生活保障制度是最重要的，另外，基本医疗保险制度和养老保险制度在重要性排序上也紧随其后。特别强调这些社会保障制度在建立机制上要逐步和城市保障制度统一，这样才有利于形成城乡统一的社会保障制度。

其次，管理体制的统一。城市社会保障由劳动和社会保障部门来管理，农村社会保障管理分散。农村养老、社会救助、社会福利主要由民政部门来管理；合作医疗主要由地方政府委托卫生部门来管理；社会保障基金的管理，在农村则是由地方政府的下属机构来管理。目前我国养老保障的统筹范围太小，导致农民工在跨区流动时所办理的专户手续十分复杂，而且各地缴费率不统一，因而农民工跨省转移时几乎无法转户，一般都选择退保，导致参保中断。应该建立中央统筹级别统一账户，由国家社会保障部门集中管理，在全国范围内建立统一使用的社会保障个人账户，推动社会保障体系的城乡整合，统一的个人账户、账号可以同身份号码相同，缴费率低标准，企业所缴进入中央统筹，个人所缴进入个人账户。缴费部门为邮局、银行和国家社会保障中心，资金直接注入国家农民工社会保险个人账户，并且实现账户积累的保险金在全国范围内都可以划拨。

五、加快农村土地制度改革，使农村劳动力转移就业能够"安下心"

在农民工进城落户时，许多地方的政策规定要进城劳动力放弃承包土地，即"弃地进城"，这使得政府放开户籍限制以提高人口城镇化率的目标难以实现。究其原因是农民不愿失去与农村户籍相关联的福利，即不愿意放弃在农村的土地承包经营权。土地对于农村劳动力来讲具有生活保障、就业、资产增值、融资、财富积累等功能，农村转移出去的劳动力在城镇生活面临着工作不稳定、收入没保障、不能享受与城镇原住居民同等的福利待遇等风险，一旦失去土地，他们将处于进退两难的困境。因此，以法律的形式有效保护农民的土地财产权利，让他们带地进城可以解除进城落户的担忧。

从全国范围来看，土地流转的比例并不高，整体在10%左右，而且区域之间的差异大，东部地区超过了10%，中部地区多在5%~10%，西部地区低于5%。正是土地流转制度及其相关制度安排的滞后与不完善，使农村劳动力转移不足，不愿意放弃农村土地，阻碍着农村劳动力的彻底转移就业。

2014年，中央政府提出三权分置的农地制度改革，即在坚持农村土地集体所有的前提下，促使承包权和经营权分离，形成所有权、承包权、经营权三权分离，经营权流转的格局。这一轮的土地制度改革将消除农民担心进城会失去农村集体分红和福利，担心进城后会失去农村住房和宅基地造成较大的利益损失等顾虑；鼓励土地流转、依法保障农民的土地权益，也可以消除农村劳动力进城后因为转移就业质量不高而造成城市内部的二元结构。

此外，要规范土地征用制度。土地产权制度的创新，让农民在市场面前和房地产开发商面前有了更大的自主权和谈判砝码，有更有力的制度依据来保护自己的利益。因此还需要有土地市场交易制度创新，允许农用集体土地进入市场交易。农民在交易过程中可以为保护自己权益而谈判的同时，为城镇化发展带来整个社会进步的"帕累托改进"做出"不经意的贡献"，也就是把城镇化过程中是否损害弱势群体、是否实现利益分配公平的裁判监督权交还给弱势群体，让弱势群体监督针对弱势者的资源改革，使结果更加符合社会群体利益的最大化，不至于一方获取暴利，一方被严重剥夺。土地交易制度的改革也是调整国家、企业、农民三者关系的重要方面，尤其在城镇化过程中，利益分配机制建立在各方主体地位平等、公平谈判的基础上，这将降低政府在无数次征地纠纷中的作为裁判员的反复交易成本，同时也会避免因企业利用政策便利所进行的粗放式扩张而对社会资源造成的浪费。加快农村集体土地流转制度改革，可以使农民拥有创业资本和进城拥有社会保障资金。

提高农村劳动力转移就业质量是一项系统的工程，要增强市场对资源配置的主导作用，同时也需要政府、社会以及农村劳动力自身的共同努力，健全农村劳动力转移就业的搜寻匹配机制。首先，政府要加强就业信息网络建设，使农村劳动力及时得到用工需求的信息，从而缩短搜寻工作的时间。市、县的劳动部门和就业服务中心通过建立网络信息平台，搜集就业信息，运用电视广告、手机短信、网络等这种载体向农村劳动力及时发布就业信息。其次，充分发挥劳动力市场的作用，举办针对农村劳动力转移就业的用工招聘会，建立专门为农村转移劳动力服务的社会中介机构，使农村劳动力及时了解当地各种岗位的求职信息，能够及时与用人单位进行沟通，促进农村劳动力有效转移就业。再次，要建立农村劳动力转移就业、培训、职业指导和维权等社会服务体系。通过把农村转移劳动力纳入用人单位的工会组织，在农村劳动力转移集聚地成立社区工会和行业工会，在县、乡、村分别成立农民工工会，实现政府指导下的农村转移劳动力自主管理模式，使农村转移劳动力获取归属感，从而扩大农村劳动力保护合法权益的途径。社区组织也可以把农民工纳入，为他们提供当地就业信息，同时建立农民工与当地城镇居民的交流平台，增强农村转移劳动力，提高就业质量的社会资本。最后，农村转移劳动力自身也要改变思想观念，积极融入城镇，不断积累社会资本。囿于农村劳动力转移就业的能力，他们的搜寻匹配成功率较低。为此，农村转移劳动力要充分利用时间进行文化知识的学习和工作技能培训，为提高工资收入和获取正规工作创造人力资本条件。

参考文献

[1] Baum J R, Locke E A. The Relationship of Entrepreneurial Traits, Skill, and Motivation to Subsequent Venture Growth [J]. The Journal of Applied Psychology, 2004, 89 (4): 587 –598.

[2] Chan K W. Economic Growth Strategy and Urbanization Policies in China, 1949 ~ 1982 [J]. International Journal of Urban & Regional Research, 2010, 16 (2): 275 –305.

[3] Fei C H, Rains G A. Theory of Economic Development [J]. American Economic Review, 1961, 51 (4): 533 –558.

[4] Jonasson E, Helfand S M. How Important are Locational Characteristics for Rural Non – agricultural Employment? Lessons from Brazil [J]. World Development, 2010, 38 (5): 727 –741.

[5] Jones H, Pardthaisong T. The Impact of Overseas Labour Migration on Rural Thailand: Regional, Community and Individual Dimensions [J]. Journal of Rural Studies, 1999, 15 (1): 35 –47.

[6] Lewis. W. Arthur. Economic Development with Unlimited Supplies of labor [J]. The Manchester School, 1954 (22): 139 –191.

[7] Maria de Hoyos, Anne Green. Recruitment and Retention Issues in Rural Labour Markets [J]. Journal of Rural Studies, 2010, 27 (2): 171 –180.

[8] Nelson P B, Nelson L, Trautman L. Linked Migration and Labor Market Flexibility in the Rural Amenity Destinations in the United States [J]. Journal of Rural Studies, 2014, 36 (10): 121 –136.

[9] Scott J C. The Moral Economy of the Peasant: Rebellion and Subsistence in

Southeast Asia ［M］. New Haven： Yale University Press，1977.

［10］Scott S，Edwin A L，Christopher J C. Entrepreneurial Motivation ［J］. Human Resource Management Review，2003，13 （5）：257 – 279.

［11］Shirai Y，Fox J，Leisz S J，et al. The Influence of Local Non – farm Employment on Rural Household Structure in Northeast Thailand ［J］. Journal of Rural Studies，2017，54 （8）：52 – 59.

［12］Silva J G D，Grossi M E D. Rural Nonfarm Employment and Incomes in Brazil：Patterns and Evolution ［J］. World Development，2001，29 （3）：443 – 453.

［13］2013 年农业农村工作的总体要求 ［N］. 新华社，2013 年 2 月 1 日.

［14］2013 年中央一号文件解读：农民合作组织将获更多政策支持 ［N］. 中央政府门户网站，2013 年 2 月 4 日.

［15］白海琦，刘义臣. 新农村建设背景下农村剩余劳动力转移研究——以河北省为例 ［J］. 经济与管理，2012 （6）：44 – 47.

［16］蔡昉. 农民工市民化有利于提高劳动参与率 ［N］. 人民日报，2013 年 2 月 5 日.

［17］蔡昉. 中国的二元经济与劳动力转移 ［M］. 中国人民大学出版社，1990.

［18］蔡昉. 中国的二元经济与劳动力转移——理论分析与政策建议 ［M］. 北京：中国人民大学出版社，1990.

［19］蔡昉. 中国人口与劳动问题报告 No. 12 ［M］. 北京：社会科学文献出版社，2011.

［20］蔡淑芳，许标文，郑回勇. 农业现代化与农业内部就业——基于 2014 年全国数据的实证分析 ［J］. 中国农学通报，2016 （34）：200 – 204.

［21］曹广忠. 中国省区城镇化的核心驱动力演变与过程模型 ［J］. 中国软科学，2010 （9）：91 – 100.

［22］曹阳. 中国农业劳动力转移宏观经济结构变动 ［M］. 武汉：湖北人民出版社，1999.

［23］陈斌. 贵港西江经济带城镇化发展的动力机制研究——基于 VECM 模型的分析 ［J］. 企业科技与发展，2015 （16）：1 – 5.

［24］陈柳钦. 产业发展与城市化 ［J］. 中国发展，2005 （3）：42 – 48.

［25］陈明星，唐志鹏，白永平. 城市化与经济发展的关系模式——对钱纳

里模型的参数重估［J］．地理学报，2013（6）：739－749．

　　［26］陈时兴，卢宁，俞云峰．切实引导城镇化健康有序发展——当前推进城镇化进程中的难点与对策［J］．浙江经济，2012（18）：48－49．

　　［27］陈文超．农民工返乡创业的影响因素分析［J］．中国人口科学，2014（2）：96－105．

　　［28］陈锡文．创新农业经营体系不是否定家庭承包经营制度［N］．中央政府门户网站，2013年2月1日．

　　［29］陈扬乐．中国农村城市化动力机制探讨——兼论中西部加速农村城市化的战略选择［J］．城市问题，2000（3）：2－5．

　　［30］陈瑛，梁双陆．就业结构、产业结构与经济发展方式转变途径研究：云南案例［M］．昆明：云南大学出版社，2012．

　　［31］陈征．资本论和中国特色社会主义经济研究［M］．山西：经济出版社，2005．

　　［32］陈征．资本论解说1－3卷［M］．福建：人民出版社，1985．

　　［33］谌新民．当前的结构性失业与再就业［J］．经济学家，1999（4）：3－5．

　　［34］成必成．劳动力市场结构性失业的成因及解决策略［J］．企业经济，2013（5）：155－157．

　　［35］池巧珠．福建省农村富余劳动力就地就业的税收制约与政策优化［J］．福建论坛（人文社会科学版），2012（11）：152－156．

　　［36］初汉芳，胡成祥．土地流转背景下的农民就业路径探析［J］．农村经济与科技，2016（10）：152－153．

　　［37］崔曙平，赵青宇．苏南就地城镇化模式的启示与思考［J］．城市发展研究，2013（10）：47－51．

　　［38］崔晓等．就地城镇化背景下回流农民工创业研究［J］．安徽农业科学，2015（1）：32－36．

　　［39］单卓然，黄亚平．"新型城镇化"概念内涵、目标内容、规划策略及认知误区解析［J］．城市规划学刊，2013（2）：16－21．

　　［40］但俊，阴劼．中国县内人口流动与就地城镇化［J］．城市发展研究，2016（9）：88－93．

　　［41］邓成超．我国农村剩余劳动力转移与城镇化的实现路径［J］．改革与

战略，2013（4）：87－90．

［42］邓伟根．城镇化的潜力和难点都在农村［J］．经济导刊，2013（5）：
54－55．

［43］邓文勇，霍玉文．农民工结构性失业与教育救济——实然困惑与应然
选择［J］．河北师范大学学报（教育科学版），2018（2）：80－86．

［44］邓小平．邓小平文选1－3卷［M］．北京：人民出版社，1994．

［45］丁伯康．新型城镇化政府投融资平台的发展转型［M］．北京：中国
商务出版社，2014．

［46］丁守海．中国城镇发展中的就业问题［J］．中国社会科学，2014
（1）：30－47．

［47］董延芳．新生代农民工市民化与城镇化发展［J］．人口研究，2011
（1）：66－73．

［48］范德成，王绍华．农村劳动力转移视角下的农业规模化经营促进城镇
化的作用研究［J］．经济体制改革，2011（11）：81－84．

［49］方创琳，马海涛．新型城镇化背景下中国的新区建设与土地集约利用
［J］．中国土地科学，2013（7）：4－9．

［50］方茜，伏绍宏．成本分担视角下农村劳动力异地就业问题分析［J］．
当代经济，2012（1）：8－9．

［51］冯道杰．四化联动：中国农村劳动力转移的思路创新——基于日本经
验的思考［J］．华南农业大学学报，2010（1）：146－150．

［52］符瑾．新型城镇化进程中人力资源的转移与开发［J］．南京理工大学
学报（社会科学版），2013（6）：8－13．

［53］高飞．中国农业转移人口市民化政策研究［M］．北京：科学出版
社，2016．

［54］龚维斌．外出劳动力就业与农村社会变迁［M］．北京：文物出版
社，1998．

［55］龚晓文，陈心德，蔡春芳，李二敏．土地流转对新型农村社会养老保
险的影响与风险研究［J］．劳动保障世界，2013（6）：24－26．

［56］辜胜阻，易善策，李华．中国特色城镇化道路研究［J］．中国人口·
资源与环境，2009，19（1）：47－52．

［57］辜胜阻．城镇化转型的轨迹与路径［M］．北京：人民出版社，2016．

[58] 辜胜阻. 非农化与城镇化研究［M］. 杭州：浙江人民出版社，1991.

[59] 谷彬. 劳动力市场分割、搜寻匹配与结构性失业的综述［J］. 统计研究，2014（3）：106－112.

[60] 关于加大改革创新力度，加快农业现代化建设的若干意见［N］. 新华社，2015年2月1日.

[61] 关于全面深化农村改革，加快推进农业现代化的若干意见［N］. 新华社，2014年1月2日.

[62] 郭丹，谷洪波，尹宏文. 基于农村产业结构调整的我国农村劳动力就业分析［J］. 中国软科学，2010（1）：18－24.

[63] 郭晓鸣，张克俊，虞洪. 实施乡村振兴战略的系统认识与道路选择［J］. 农村经济，2018（1）：11－20.

[64] 郭晓鸣. 乡村振兴战略的若干维度观察［J］. 社会科学文摘，2018（7）：16－18.

[65] 韩俊，何宇鹏. 新型城镇化与农民工市民化［M］. 北京：中国工人出版社，2014.

[66] 韩俊. 跨世纪的难题——中国农村劳动力转移［M］. 太原：山西经济出版社，1994.

[67] 何侍昌. 中国农业劳动力空心化与难题破解刍论［J］. 改革与战略，2014（4）：76－79.

[68] 贺雪峰. 关于实施乡村振兴战略的几个问题［J］. 南京农业大学学报（社会科学版），2018（3）：19－26.

[69] 胡杰. 我国新型城镇化存在的问题与演进动力研究综述［J］. 城市发展研究，2014（1）：25－30.

[70] 胡俊波. 农民工返乡创业行为影响因素研究——以四川省为例［J］. 农村经济，2014（10）：12－16.

[71] 胡银根，廖成泉，刘彦随. 新型城镇化背景下农村就地城镇化的实践与思考——基于湖北省襄阳市4个典型村的调查［J］. 华中农业大学学报（社会科学版），2014（6）：98－103.

[72] 黄迈，徐雪高，王宏，石颖，胡杰成. 农民工等人员返乡创业的政策匹配［J］. 改革，2016（10）：73－83.

[73] 黄维海. 中外农业就业统计若干问题研究［J］. 统计与决策，2018

(11)：5 - 11.

[74] 黄文秀，杨卫忠，钱方明，缪仁余．农业转移人口就地城镇化满意度影响因素研究——来自浙江省海盐县的调查［J］．浙江社会科学，2017（8）：93 - 99.

[75] 黄文秀，杨卫忠，钱方明．农户"就地城镇化"选择的影响因素研究——以嘉兴市海盐县为例［J］．浙江社会科学，2015（1）：86 - 92.

[76] 黄亚平，陈瞻，谢来荣．新型城镇化背景下异地城镇化的特征及趋势［J］．城市发展研究，2011（8）：11 - 16.

[77] 黄祖辉．准确把握中国乡村振兴战略［J］．中国农村经济，2018（4）：2 - 12.

[78] 贾淑军．城镇化中农户移居与农民工转户意愿研究［J］．经济管理，2012（11）：177 - 184.

[79] 姜长云．实施乡村振兴战略需努力规避几种倾向［J］．农业经济问题，2018（1）：8 - 13.

[80] 蒋选．我国中长期失业问题研究——以产业结构变动为主线［D］．中央财经大学，2003.

[81] 焦晓云．新型城镇化进程中农村就地城镇化的困境、重点与对策探析——"城市病"治理的另一种思路［J］．城市发展研究，2015（1）：108 - 115.

[82] 柯珍堂．发展乡村生态旅游与"三农"问题关系探析［J］．生态经济，2010（3）：114 - 117.

[83] 孔祥云，王小龙．略论我国农村城镇化模式的选择［J］．农村经济，2013（2）：95 - 99.

[84] 匡远凤．人力资本、乡村要素流动与农民工回乡创业意愿——基于熊彼特创新视角的研究［J］．经济管理，2018（1）：38 - 55.

[85] 兰景力，佟光霁．中国农村劳动力转移的理论启示与制度完善［J］．学习与探索，2011（2）：170 - 171.

[86] 乐章等．农民就业问题研究［J］．人口与经济，2010（3）：34 - 39.

[87] 李爱．农村劳动力转移的政府行为［M］．济南：山东人民出版社，2006.

[88] 李昌明，张向东，李丽杰．河北省新型城镇化建设的路径选择［J］．

产业与科技论坛，2013，12（5）：38－39.

［89］李飞，杜云素.“弃地”进城到“带地”进城：农民城镇化的思考［J］.中国农村观察，2013（6）：13－21.

［90］李红梅.走出“三农”困境的城镇化发展研究［M］.北京：知识产权出版社，2013.

［91］李家祥，李喆.城镇化与农村转移劳动力就业［J］.中国特色社会主义研究，2013（1）：105－109.

［92］李建建.统筹城乡发展，建立城乡统一的劳动力市场［M］.当代中国经济问题探索（上册），2004.

［93］李建平.资本论第一卷辩证法探索［M］.北京：社会科学文献出版社，2006.

［94］李健，杨传开，宁越敏.新型城镇化背景下的就地城镇化发展机制与路径［J］.学术月刊，2016（7）：89－98.

［95］李靖，徐雪高.农村劳动力就业对“十二五”时期农业与农村经济发展的影响研究［J］.经济研究参考，2010（5）：2－13.

［96］李敏.大众创业背景下农民工返乡创业问题探究［J］.中州学刊，2015（10）：79－82.

［97］李培林.农民工：中国进城农民工的经济社会分析［M］.北京：社会科学文献出版社，2003.

［98］李培林等.就业与制度变迁［M］.浙江人民出版社，2000年12月.

［99］李强，陈振华，张莹.就近城镇化与就地城镇化［J］.广东社会科学，2015（1）：186－199.

［100］李强，张莹，陈振华.就地城镇化模式研究［J］.江苏行政学院学报，2016（1）：52－60.

［101］李帅帅，李向晖.劳动力结构失衡对劳动就业的影响与对策［J］.长白学刊，2000（4）：64－65.

［102］李涛，陈彦桦，王嘉炜.新型城镇化水平及其动力研究——以广西为例［J］.湖南城市学院学报，2014，35（3）：8－13.

［103］李先玲，王彦.基于农民收入结构对比的农村劳动力转移地区差异分析［J］.商业时代，2012（22）：12－14.

［104］李晓梅，赵文彦.我国城镇化演进的动力机制研究［J］.经济体制

改革，2013（3）：20 - 24.

［105］李笑含．农民工回乡创业问题研究［J］．兰州学刊，2013（1）：217 - 219.

［106］李旭照．试论体制性失业与结构性失业的成因及对策［J］．山西煤炭管理干部学院学报，2003（3）：26 - 27.

［107］李琰．我国农村劳动力转移的趋势与政策建议［J］．农业现代化研究，2014（7）：188 - 191.

［108］李亦楠，邱红．新型城镇化过程中农村剩余劳动力转移就业研究［J］．人口学刊，2014（6）：75 - 80.

［109］李毅中．深化改革与走新型工业化道路［J］．中国流通经济，2013（27）：4 - 6.

［110］李永乐，吴群．农民城镇化路径与可持续性分析［J］．城市发展研究，2014（1）：14 - 18.

［111］李仲生．发达国家的人口变动与经济发展［M］．北京：清华大学出版社，2010.

［112］厉以宁．中国城镇就业研究［M］．北京：中国计划出版社，2001.

［113］刘林，龚新蜀．新疆城镇化动力机制的实证分析［J］．改革与战略，2009，25（10）：109 - 112.

［114］刘社建．深化改革推动实现更高质量就业探讨［J］．东南大学学报（哲学社会科学版），2013（4）：11 - 15.

［115］刘世薇，张平宇，李静．黑龙江垦区城镇化动力机制分析［J］．地理研究，2013，32（11）：2066 - 2078.

［116］刘雪梅．新型城镇化进程中农村劳动力转移就业政策研究［J］．宏观经济研究，2014（2）：81 - 86.

［117］刘易斯．二元经济论［M］．北京经济学院出版社，1989.

［118］刘志阳，李斌．乡村振兴视野下的农民工返乡创业模式研究［J］．福建论坛（人文社会科学版），2017（12）：17 - 23.

［119］龙新．农业农村部大力实施乡村就业创业促进行动［N］．农民日报，2018年4月26日.

［120］卢锋，杨业伟．未来20年我国农业就业趋势将如何演变［N］．中国财经报，2012年7月14日.

［121］陆大道，陈明星．关于"国家新型城镇化规划（2014－2020）"编制大背景的几点认识［J］．地理学报，2015（2）：179－185.

［122］吕文静．论我国新型城镇化、农村劳动力转移与农民工市民化的困境与政策保障［J］．农业现代化研究，2014（1）：57－61.

［123］罗竖元．农民工市民化意愿的模式选择：基于返乡创业的分析视角［J］．南京农业大学学报（社会科学版），2017（2）：70－81.

［124］马克思．资本论1－3卷［M］．北京：人民出版社，2007.

［125］马克思恩格斯全集第3、4、20卷［M］．北京：人民出版社，2006.

［126］毛丰付．新型城镇化与住房发展［M］．广州：广东经济出版社，2014.

［127］潘海生．"就地城镇化"：一条新型的城镇化道路——关于浙江省小城镇建设的调查与思考［J］．中国乡镇企业，2010（12）：46－50.

［128］潘素，梅周立．推进以村镇融合为特色的就地城镇化［J］．中州学刊，2014（11）：57－62.

［129］潘雨红，潘永飞，蔡亚军．就地城镇化路径研究及可持续发展评价——以重庆酉阳自治县为例［J］．中国人口·资源与环境，2016（1）：49－52.

［130］庞革平，刘佳华．农业新发展，就业路更宽［N］．人民日报，2018年8月17日．

［131］祁新华，朱宇，周燕萍．乡村劳动力迁移的"双拉力"模型及其就地城镇化效应——基于中国东南沿海三个地区的实证研究［J］．地理科学，2012（1）：25－30.

［132］钱芳，陈东有．强关系型和弱关系型社会资本对农民工就业质量的影响［J］．甘肃社会科学，2014（1）：56－59.

［133］钱纳里，塞尔奎因．结构变化与发展政策［M］．经济科学出版社，1991.

［134］邱晖．新型城镇化研究文献综述［J］．合作经济与科技，2015（22）：34－35.

［135］任志成．国际产业转移的就业效应研究［M］．北京：经济科学出版社，2012.

［136］阮骋．新型城镇化背景下的土地流转政策研究［J］．城市发展研究，

2014（3）：61－65.

[137] 申鹏．农村劳动力转移的制度创新［M］．北京：社会科学文献出版社，2012.

[138] 沈费伟．赋权理论视角下乡村振兴的机理与治理逻辑——基于英国乡村振兴的实践考察［J］．世界农业，2018（11）：77－82.

[139] 沈清基．论基于生态文明的新型城镇化［J］．城市规划学刊，2013（1）：29－36.

[140] 石丹淅，赖德胜，李宏兵．新生代农民工就业质量及其影响因素研究［J］．经济经纬，2014（3）：31－36.

[141] 石虹．农村劳动力非农就业能力的分析与建议——以贵州省为例［J］．湖北社会科学，2012（1）：91－93.

[142] 石永会等．农村转移劳动力就业质量实证研究［J］．经济与管理，2015（1）：86－89.

[143] 舒尔茨．改造传统农业［M］．商务印书馆，1987.

[144] 宋雪梅．解决农村转移劳动力就业问题的多维分析［J］．理论导刊，2014（9）：66－69.

[145] 宋艳，李勇．老工业基地振兴背景下东北地区城镇化动力机制及策略［J］．经济地理，2014，34（1）：47－53.

[146] 宋艳姣．中国农民工返乡决策与就地城镇化路径探析［J］．兰州学刊，2017（2）：185－192.

[147] 谭崇台．发展经济学的新发展［M］．武汉大学出版社，1999.

[148] 谭永生．建立扩大消费需求长效机制的对策探讨［J］．消费经济，2011，27（6）：27－30.

[149] 檀学文，胡拥军，伍振军，魏翔．农民工等人员返乡创业形式发凡［J］．改革，2016（11）：85－98.

[150] 滕玉成，张新路，李学勇．新型城镇化动力机制及其优化策略——以山东省为例［J］．山东科技大学学报，2015（4）：57－64.

[151] 田静．基于摩擦性失业与结构性失业二维度的职业稳定性测度［J］．统计与决策，2015（2）：56－59.

[152] 田利军，宋殿清．包容性增长视域下的新型城镇化道路探索［J］．财税金融，2013（7）：96－98.

［153］托达罗．第三世界经济发展（上）［M］．中国人民大学出版社，1988.

［154］汪昕宇，陈雄鹰，邹建刚，任启敏．我国农民工返乡创业影响因素研究的回顾与展望［J］．北京联合大学学报（人文社会科学版），2018（3）：86 - 99.

［155］汪增洋，费金金．人口迁移的空间抉择：本地城镇化抑或异地城镇化［J］．财贸研究，2014（6）：61 - 67.

［156］王海浪．结构性失业形成机理及高校人才培养策略解析［J］．中国成人教育，2016（9）：50 - 52.

［157］王建永，孔德博等．农村劳动力非农就业与培训问题的探讨［J］．商业时代，2010（24）：111 - 112.

［158］王玲杰．新型城镇化的综合测度与协调推进［M］．北京：经济管理出版社，2014.

［159］王宁西．农业现代化的就业效应分析［J］．兰州学刊，2013（12）：70 - 74.

［160］王树春，王俊．论新常态下提高城镇化质量的动力机制［J］．贵州社会科学，2016（1）：117 - 121.

［161］王晓东．城镇化的动力机制与水平预测［J］．河北师范大学学报，1993（3）：80 - 83.

［162］王亚华，苏毅清．乡村振兴——中国农村发展新战略［J］．中央社会主义学院学报，2017（6）：49 - 55.

［163］王阳．我国就业质量水平评价研究——兼析实现更高质量就业的政策取向［J］．经济体制改革，2014（5）：15 - 19.

［164］王宇鹏．新型城镇化下农村富余劳动力就业困境与对策［J］．渤海大学学报，2014（6）：54 - 57.

［165］王元颖，王筝．论我国失业问题的起因与对策［J］．河南商业高等专科学校学报，2000（5）：28 - 29 + 31.

［166］王征．透视新型城镇化过程中的产城统筹问题［J］．现代城市，2014（2）：31 - 34.

［167］魏冶，修春亮，孙平军.21 世纪以来中国城镇化动力机制分析［J］．地理研究，2013，32（9）：1679 - 1687.

［168］吴碧波．农民工返乡创业促进新农村建设的理论和现状及对策［J］．农业现代化研究，2013（1）：59－62.

［169］吴春飞，罗小龙，田冬，刘永敬．就地城镇化地区的城中村研究——基于福建晋江市、石狮市8个典型城中村的实证分析［J］．城市发展研究，2014（6）：86－91.

［170］吴磊，郑风田．创业环境维度视角下的农民工回乡创业选择［J］．中国人口·资源与环境，2012（9）：116－120.

［171］吴礼宁．新型城镇化与农民权利保障［M］．北京：法律出版社，2015.

［172］吴旭晓．新型城镇化效率演化趋势及其驱动机制研究［J］．商业研究，2013（3）：44－51.

［173］习近平．让广大农民共享改革发展成果［N］．新华网，2015年5月2日．

［174］习近平．习近平定调农村土地制度改革：尊重农民意愿［N］．地产中国网，2014年9月30日．

［175］习近平．习近平在中央城镇化工作会议上发表重要讲话［N］．新华网，2013年12月16日．

［176］新玉言．新型城镇化模式分析与实践路径［M］．北京：国家行政学院出版社，2013.

［177］熊斌．关于我国的结构性失业分析与治理［J］．人口与经济，2001（3）：52－56＋27.

［178］熊智伟，王征兵．基于TPB理论修正的农民工返乡创业意愿影响因子研究——以江西省262名农民工微观数据为例［J］．人口与发展，2012（2）：54－60.

［179］徐安勇．新型城镇化建设与农村劳动力转移就业的促进［J］．江汉学术，2013（5）：20－25.

［180］徐永新．市民化视角下的农民工就业质量问题研究［J］．中州学刊，2014（5）：82－86.

［181］许晓红．农村劳动力转移就业质量影响因素的研究［J］．福建论坛（人文社会科学版），2014（12）：30－37.

［182］许晓红．我国农村剩余劳动力就业问题研究——以马克思资本有机构

成理论为视角［J］．闽南师范大学学报，2015（1）：53－60.

［183］许晓红．新型城镇化与农村劳动力转移就业的关系研究［J］．中国矿业大学学报，2015（2）：61－67.

［184］颜雅英．福建省城乡经济一体化进程及对策研究［J］．福建论坛（人文社会科学版），2015（9）：193－196.

［185］杨虹．中国自上而下城市化与自下而上城市化制度安排的比较［J］．华中理工大学学报，2000（2）：77－79.

［186］杨鹏，雷宏谦．邢台市城镇化建设中人口与土地两者协调发展的实证研究［J］．邢台学院学报（社会科学版），2014（2）：33－34＋38.

［187］杨祥禄，侍慧宇，李华．农村人口结构特点与推进农村劳动力有序转移研究［J］．农村经济，2012（4）：99－103.

［188］杨增旭．农村劳动力转移对农业生产性服务业发展影响机制研究［J］．商业时代，2014（27）：126－128.

［189］姚海琴．中国农村劳动力转移研究——以住宿餐饮业增长为切入点［J］．浙江学刊，2012（1）：154－158.

［190］于水．"空心化"背景下农村外出劳动力回流意愿研究［J］．华东经济管理，2013（11）：97－101.

［191］元新娣．山西省农业就业和生活保障功能研究［J］．生产力研究，2014（6）：158－160.

［192］曾凡慧．我国农民工回乡创业面临的问题及对策［J］．北方经济，2016（4）：59－62.

［193］曾湘泉，陈力闻，杨玉梅．城镇化、产业结构与农村劳动力转移吸纳效率［J］．中国人民大学学报，2013（4）：36－46.

［194］曾湘泉．深化对就业质量问题的理论探讨和政策研究［N］．中国劳动保障报，2012年12月22日.

［195］张车伟，蔡翼飞．中国城镇化格局变动与人口合理分布［J］．中国人口科学，2012（6）：44－57＋111－112.

［196］张红宇．新型城镇化与农地制度改革［M］．北京：中国工人出版社，2014.

［197］张建雷．土地流转与农村中老年劳动力的就业变动［J］．北京社会科学，2015（1）：11－17.

［198］张军．乡村价值定位与乡村振兴［J］．中国农村经济，2018（1）：2－10．

［199］张俊霞，索志林．发达国家农村劳动力转移模式比较及经验借鉴［J］．世界农业，2012（7）：36－39．

［200］张立新，林令臻，孙凯丽．农民工返乡创业意愿影响因素研究［J］．华南农业大学学报（社会科学版），2016（5）：65－77．

［201］张亮，李亚军．就近就业、带动脱贫与农民工返乡创业的政策环境［J］．改革，2017（6）：68－76．

［202］张培刚．农业与工业化（上卷）：农业国工业化问题初探［M］．武汉：华中科技大学出版社，2002．

［203］张务伟，张福明，杨学成．农村劳动力就业状况的微观影响因素及其作用机理——基于入户调查数据的实证分析［J］．中国农村经济，2011（11）：62－74．

［204］张晓波，阮建青．中国产业集群的演化与发展［M］．杭州：浙江大学出版社，2011．

［205］张新芝．农民工返乡创业的影响因素及作用机理——基于系统基模的分析［J］．南昌大学学报（人文社会科学版），2014（4）：66－72．

［206］张秀娥，王冰，张铮．农民工返乡创业影响因素分析［J］．财经问题研究，2012（3）：117－122．

［207］张毅．我国城镇化与农村劳动力转移问题研究——基于金融视角下的相关影响因素实证分析［J］．理论研究，2012（5）：27－31．

［208］赵春雨，辛凤，盛楠．农村劳动力转移就业空间决策过程地域差异——以安徽省四个样本村为例［J］．人口与发展，2015（2）：40－49．

［209］赵春雨等．农村劳动力就业空间行为研究［J］．人文地理，2011（6）：107－113．

［210］赵德昭．农民工返乡创业绩效的影响因素研究［J］．经济学家，2016（7）：84－91．

［211］赵路．中国农村劳动力转移就业研究综述［J］．未来与发展，2012（7）：95－98．

［212］赵周华．中国农村人口变化与乡村振兴：事实特征、理论阐释与政策建议［J］．农业经济与管理，2018（4）：18－27．

［213］郑新立．坚持走中国特色新型城镇化道路［J］．全球化，2013（12）：14－20＋123.

［214］周宇飞，兰勇，贺明辉．新农村文化对农民工返乡创业行为的影响［J］．西北农林科技大学学报（社会科学版），2017（1）：83－88.

［215］朱红根，康兰媛．农民工创业动机及对创业绩效影响的实证分析——基于江西省15个县市的438个返乡创业农民工样本［J］．南京农业大学学报（社会科学版），2013（5）：59－66.

［216］朱慧劼．人力资本、家庭禀赋和农村劳动力就业——基于代际差异的视角［J］．内蒙古社会科学（汉文版），2017（6）：175－181.

［217］朱康对．来自底层的变革——龙港城市化个案研究［M］．杭州：浙江人民出版社，2003.

［218］朱农．中国劳动力流动与"三农"问题［M］．武汉：武汉大学出版社，2005.

［219］朱宇．城镇化的新形式与我国人口城镇化政策［C］．中国地理学会、中山大学、中国科学院地理科学与资源研究所．中国地理学会2004年学术年会暨海峡两岸地理学术研讨会论文摘要集．中国地理学会、中山大学、中国科学院地理科学与资源研究所：中国地理学会，2004：140.

［220］祖章琼．试析我国的就业形势及治理对策［J］．贵州师范大学学报，2000（3）：78－81.

后　记

　　妥善解决农村劳动力转移就业是新型城镇化进程中关键性问题之一。党的十八届三中全会提出"健全促进就业创业体制机制"，并且要"完善城乡均等的公共就业创业服务体系"，党的十九届五中全会提出"优先发展农业农村，全面推进乡村振兴"，可见，实现新型城镇化的发展目标，需要农村劳动力转移就业与农村劳动力返乡创业二者并驾齐驱。

　　本书是作者多年来关注农村劳动力就业问题的阶段性成果，以新型城镇化为研究背景，阐释促进农村劳动力转移就业的重要意义，分析农村劳动力转移就业的主要形式、基本现状，指出农村劳动力转移就业不充分，质量不高的问题，结合新型城镇化就业创造机理和农村劳动力转移就业的微观动力机制，提出促进我国农村劳动力优化配置的政策分析框架。受本人学术水平、研究能力以及搜集数据资料的难度所限，现有研究成果还存在以下不足：

　　第一，比较研究欠缺。在国家实施"引导1亿人口在中西部就近城镇化"战略下，产业有序转移，中西部地区新型城镇化加快发展，对于吸引劳动力从东部地区回流有着重要作用。作者在研究农村劳动力转移就业质量和返乡创业问题时，抽样调查对象仅限于在闽务工的农村劳动力，缺乏东、中、西部进行农村劳动力抽样对象，从而影响结论的说服力。

　　第二，理论建构不到位。本书就提升农村劳动力转移就业质量提出一些政策建议，但是还没有形成比较系统、完善的战略和路径，具体的操作性方案研究不够深入，有待在以后的研究中进一步深入。

　　第三，定量分析不够。本书剖析人口城镇化与农村劳动力转移就业的关系，估算出人口城镇化的不同发展水平需要转移的农村劳动力数量，受搜集的数据量所限，未能计量分析二者之间是否具有长期均衡关系并预测二者的变化趋势。

上述局限和不足以及研究过程中发现的新问题，都为作者后期继续深化研究提供了方向。在未来的道路上，作者及所在团队将基于共同的学术兴趣和不同的学科背景，持续关注农村劳动力就业问题，为创新中国城乡融合发展理论和实践不懈努力。

许晓红

2020 年 6 月